기도와 명상의 만남―통합명상

기도와 명상의 만남—통합명상

이 재 영 지음

국학자료원

추천의 글

한국명상학회 회장 조옥경

명상에 대한 관심이 높아지고 명상 인구도 점점 늘어나고 있다. 그런 시대의 흐름을 반영하듯 명상 관련 서적도 넘쳐나고 있다. 물질의 풍요와는 극명하게 대비되는 정신의 빈곤이 만연하는 요즘 명상으로 마음을 평화롭게 하고 관계를 행복하게 하는 명상인의 수가 늘어나는 것은 무척이나 반가운 일이 아닐 수 없다.

이 책의 저자 이재영 교수는 신학 박사이자 명상학 박사이다. 그런 저자의 특이한 이력은 기독교와 불교 명상을 통합하는데 있어 누구보다도 저자가 유리한 입장에 있음을 보여준다. 그런 점에서 『통합명상』을 저술하기에 더없이 적합한 분이 아닐까 한다. 이 책에서도 그는 다양한 명상전통을 소개하고 있는데, 특히 기독교의 관상기도와 불교수행을 비교하면서 그 최종단계를 언급한 부분이 흥미롭다.

『New MBSR』 저자이기도 한 이재영 교수는 종교 간의 통합 뿐만아니라 고대수행과 현대수행의 통합을 시도하고 있다. 또한 명상이 현대인들의 스트레스를 어떻게 해소하고 심신을 치유할 수 있는지도 저자 특유의 관점으로 잘 정리하고 있다. 마지막에 추가한 저자 자신의 수행체험은 명상이나 기도를 통해 내면의 길로 들어서려는 입문자에게는 훌륭한 길잡이가 될 것이다.

통합의 시대를 여는 21세기에 『통합명상』은 명상에 관심을 가진 분들에게 선한 가이드북이 될 것이므로 적극 추천하고 싶다.

통합명상을 출판하면서

　필자가 65세 정년퇴임하고 삶의 화두가 회향(廻向)이다. 그동안 하나님과 부처님으로부터 받은 은덕을 세상에 돌려준다는 의미이다. 명상지도자로 고통받는 사람들을 위해 명상을 지도했고 대학과 외부 기관에서 명상을 기반으로 한 인문학 강의를 했다.

　그러나 코로나 19 팬데믹의 영향으로 외부강의보다는 40여 년간 연구하고 가르쳤던 내용을 책으로 출간하자고하는 생각으로 매일 원고와 씨름하였다. 그 결과로 『New-MBSR』『신예수전』『가정교회가 답이다』의 3권의 책과 이번에 『통합 명상』을 출간하게 되었다. 나는 이 책들을 코로나19가 준 선물이라고 생각한다.

　이 책의 집필은 서울불교대학원대학 전임 총장 황윤식 박사님의 "기독교인을 위한 명상학을 써보라"는 제안으로 시작되었다. "신학과 불교 명상을 전공한 이 교수가 종교 간에 통섭과 회통할 수 있는 명상학을 쓰면 어떻겠냐?"는 제안이 이 책을 쓴 동기다.

　필자의 불교명상학 박사 논문 제목이 「불교명상이 유일신 신앙자의 신앙발달에 미치는 영향」이다. 본 책은 필자의 박사학위 논문이 기반이 되어 불교명상과 기독교 신앙의 통합과 통섭을 시도한 내용으로 구성되었다. 불교명상을 기독교에서 수용하고 공유한다면 양 종교가 이해와 일치의 길을 갈 수 있다고 본다.

　종교학자 윌리엄 제임스는 "종교적 사상과 교리 논쟁은 끝이 있을 수 없다. 다만 종교적 경험을 가지고 대화하면 종교 간에 화해와 일치가 가능하다."고 하였다. 그것은 기도나 명상의 궁극적 목적이 같고 일어나는 현상이 같기 때문이다. 필자는 기도를 통해서 경험한 현상과 명상을 통해 일어나는 현상이 같다는 것을 깨달았다.

　오늘날 서양에서는 명상 관련 책들에 대한 관심과 인기가 많다. 이러한 책들이 한국에서 번역되어 쏟아져 나오고 있다. 본 책은 단순히 명상을 소개한 것이 아니라 전통 명상과 현대 명상의 통합, 기독교의 기도와 불교 명상의 통합, 명상의 이론과 경험의 통합 등을 시도한 책이다. 따라서 특정한 종교인이나 수행자뿐만 아니라 누구나 쉽게 접근할 수 있는 명상의 이론과 실제를 다룬 책이다.

이 책이 출간되기까지 내용 수정 보완과 꼼꼼하게 원고 교정까지 해주신 전 서울불교대학원 대학 황윤식 총장님과 나의 명상학의 지평을 열고 학문으로서의 명상학을 접하게 해주신 서울불교대학원대학 정준영 교수님에게 감사드린다.

목 차

제6부 명상과 심신치유

제7부 생활 명상

제1부

수행과 명상

제1장

제4차 산업사회와 수행

1. 제4차 산업사회 – 정신산업

미래 학자들은 4차산업혁명시대가 도래하면서 장차 인간의 삶과 문화가 어떻게 변할 것인지에 대한 예측을 내놓고 있다. 인간의 가치관, 삶의 스타일 등이 크게 달라질 것이라는 예측을 즉 인간의 할 일이 AI(인공지능)로 대체되어 현재 직업 절반이 없어지고 심신 건강관리, 레포츠 산업 등이 활성화될 것이라는 전망을 하고 있다. 급격한 물질의 풍요와 생활의 편리함 속에 인간의 정신적 상태는 더 고갈되고 가치관의 혼돈을 겪게 될 것이라고 전망한다. 경쟁과 갈등으로 스트레스의 증가, 빈부의 격차와 소외감, 고령화 시대의 도래, 세대간의 갈등 등이 심화될 것이다. 이러한 심리변화와 사회적 문제가 결국 우울증, 공황장애, 불안장애, 분노조절장애 등의 정신질환을 발생시키는 요인이 된다.

4차산업시대의 도래로 우리의 삶이 풍요로워지고 안락해지면서 인간 안에 내재된 쾌락의 욕구는 더 증가하고, 그 욕구와 불만족으로 인간 마음의 밭은 더욱 황폐하게 될 것이다. 따라서 미래에는 정신적인 갈등을 치유하는 직업이 각광을 받을 것으로 예측된다. 스트레스 케어, 노인 케어, 가족 치유 등에 종사하는 정신과 의사, 상담사. 사회복지사 등이 떠오르는 직업이 될 것이다. 이러한 일들은 AI 로봇으로 대체될 수 없기 때문이다. 물론 최근에 등장한 AI인간을 보니 이러한 직업도 어느 정도는 대체할 수 있을 것 같다. 그러나 이들은 영혼이 없는 로봇에 불과하다.

물질적으로 풍요롭고 윤택한 생활에 비례해서 왜 정신질환자가 많이 생기는 것일까? 그것은 인간의 탐욕 때문이다. 인간의 욕망이라는 기차는 결코 멈추지 않는다. 인간의 탐욕적 욕구는 하나를 성취하면 두 개를 성취하고 싶고 작은 것을 성취하면 더 큰 것을 성취하고 싶어한다. 계속 증가하는 욕구와 그것을 채우지 못하는 불만족이 바로 인간의 번뇌와 고통의 원인이 된다.

평화롭고 행복한 미래사회가 되기 위해서는 정신산업이 물질문명의 기반이 되어야 한다. 정신산업시대가 열리지 않으면 미래사회는 비전이 없을 것이다. 현재 우리나라는 IT 강국으로 정보산업을 주도하고 있지만 이러한 주도권도 곧 인도나 중국 등에 추격을 당하게 될 수 있다. 아니 그들이 벌써 턱밑까지 추격을 해왔다. 스마트폰, 전기 및 수소 자동차, AI 로봇 등의 생산에서 우리나라를 비롯한 선진국을 추월하고 있다.

좁은 국토에 자원도 부족하고 인구밀도가 높은 우리나라가 미래에도 과연 지금과 같이 풍요를 구가하고 살 수 있을까에 대한 의구심을 갖게 되지만 그렇게 절망적이지만은 않다. 우리 국민들이 평화와 행복을 영위하기 위해서 정신산업을 개발한다면 희망이 있다. 동양의 철학과 윤리학 등을 기반으로 정신산업이 세상을 선도하게 되면 우리나라 장래는 희망이 있다. 혼돈과 무질서를 바로 세울 수 있는 정신산업의 기반 위에 4차산업사회를 이끌어간다면 대한민국의 선진화는 멈추지 않을 것이다.

미국이 현대의 문명사회를 주도할 수 있었던 것은 기독교 정신을 바탕으로 한 자본주의 사회를 만들었기 때문이다. 그러나 자본주의 사회를 이끌어 가는 미국이 언제까지 세계 산업의 선도주자가 될지는 낙관할 수 없다. 그것은 기독교 정신이 쇠퇴하고 있기 때문이다. 슈펭글러(Spengler)의 "서구사회의 몰락"이라는 예언이 적중할 수도 있다.

산업사회를 지탱하고 이끄는 정신문명이 없다면 그 문명은 소돔과 고모라 성과 같은 멸망의 길을 가게 된다. 멀리는 로마를 볼 수 있고 가깝게는 공산주의 종언과 함께 후진국으로 떨어지고 있는 구소련의 위성국가들과 같은 운명에 처하게 될 수도 있다. 가치관과 인생관을 바로 세울 정신산업이 개발되지 않는다면 서울의 명동이나 강남의 화려함과 풍요로움은 사라지고 회칠한 무덤과 같은 도시가 될 수 있다.

지금까지 서구 문명의 장래에 대한 부정적 견해를 피력했지만 희망이 없는 것은 아니다. 필자가 최근 2개월 간 미국 뉴욕과 캐나다 토론토를 여행하였다. 이 도시들의 중심가를 걷다보면 약 1킬로미터 간격마다 요가 및 명상센터(Yoga & Meditation Center)가 눈에 들어왔고 명상에 대한 관심과 열풍을 느낄 수 있었다.

필자는 10여 년 전 미국에서 개최된 MBSR(Mindfulness-Based Stress Reduction) 즉 '마음챙김 명상을 기반으로 한 스트레스 완화 프로그램' 연수에 참여했다. 이 연수에 정신과 의사, 상담사, 교수 및 교사 등 전문가 80여명이 참석했는데 이들의 명상에 대한 관심과 열정에 깊은 감동을 받았다.

MBSR의 창시자 존 카밧진은 마음챙김 명상은 "인류와 지구가 다가올 200년을 살아내기 위해 품을 수 있는 사실상 유일한 희망이 될지 모른다."고 하였다. 미국과 유럽에서 유행하고 있는 마음챙김 운동은 성공적인 홍보와 마케팅을 통해 년 40억 달러 규모의 산업이 되었다.

현재 서양에서 정신과 의사, 상담사, 교육자, 성직자 등이 명상에 열광하고 있다. 명상이 메마른 영혼과 정신적 아노미에 빠진 사람들에게 새로운 질서와 삶의 활력을 주기 때문이다. 명상은 자신의 내면세계를 바라보는 기술이다. 외부환경에 이끌려 자신을 잃어버린 사람들에게 본성을 보게 하며 현존에 깨어있게 하는 기술이 명상이다.

현대는 과학의 발달로 외부 세계에 대한 지식과 정보는 발달했지만 정작 자신에 대하여는 무지(無智), 무명(無明)에 빠져있다. 이 무지 무명에서 벗어나는 길이 정견(正見) 즉 사물과 현상에 대한 바른 견해를 갖는 것이다. 정견을 위해서 명상이 필요하다. 명상의 목적은 견성성불(見性成佛) 직지인심(直指人心) 이다. '마음을 직관하여 내가 부처임을 깨닫는다.'는 말이다.

기독교적 관점으로 보면 마음을 수련하여 내 안에 있는 신성을 발견하는 것이다. 성경에서 "마음이 청결한 자는 복이 있나니 저희가 하나님을 볼 것이다."(마태복음 5장 8절)라고 하였다. 여기서 하나님을 본다는 것은 하나님의 이미지를 본다는 것이 아니다. 나에게서 하나님의 신성을 본다는 것이다.

정신산업의 핵심은 바로 마음과 몸을 갈고 닦는 산업이다. 심신을 갈고 닦아 개인과 가정과 사회가 평화롭고 행복하도록 돌보는 산업이다. 이러한 일들을 꼭 성직자만이 할 일은 아니다. 평화롭고 행복한 환경을 조성하는 일, 교육이나 상담을 하는 일, 심신의 고통을 받는 사람들을 직접 돕는 일들은 현대인들 모두의 몫이다.

2. 제4의 심리학 – 마음챙김

심리학은 인간의 마음과 행동을 다루는 학문으로 인간의 행동을 이끄는 요인이 무엇인가를 밝히고 심리적 문제와 바람직하지 못한 행동을 어떻게 개선할 것인가에 초점을 두고 있다. 행동주의심리학, 정신분석학, 인본주의심리학, 생리심리학 등은 현대 심리학의 네 주류를 이루고 있다. 덕분에 '자기 관찰법' '의식적 경험을 관찰하는 법' '자신을 객관적으로 관찰하는 법' 등을 기제로 삼아 바람직하지 못한 인간의 행동을 개선하는 단초를 얻을 수 있게 되었다.

네 가지 주류 심리학은 각각 인간 심리와 행동 변화를 이끄는 변인에 대하여 밝히고 있다. 행동주의 심리학은 조건반사 이론, 정신분석학은 무의식 이론, 인본주의 심리학은 인간의 정신적 이미지와 관념의 조작, 생리심리학은 인간 뇌의 가소성과 생리적 변화 등을 이론적 기반으로 인간의 심리와 행동의 변화를 모색하고 있다.

각각의 심리학은 나름대로의 특징과 장점을 갖고 인간의 심리치유에 기여한 바가 크다고 할 수 있다. 그러나 그 어느 것도 인간 문제에 관한 모든 경우의 수에 다 적용될 수는 없다. 인간을 이해하고 다루는데 각각의 한계가 있기에 계속 새로운 심리학이 출현하여 기존 심리학의 한계를 보충하거나 보완해 왔다.

이를테면 행동주의 심리학의 환경결정론을 비판하며 무의식 세계를 주창한 심리학이 정신분석학이고, 정신분석학의 성격 결정론의 부정적 인간 이해에 대한 비판으로 인본주의 심리학이 출현하였다. 그리고 인본주의 심리학 이후 생리심리학이 출현하여 뇌와 인간 행동의 관계성과 뇌의 가소성에 따른 인간의 변화 가능성을 주장하였다.

기존 심리학이 현대인의 심리현상과 병리현상을 다 커버할 수 없다는 회의에 빠지게 될 때쯤 자아초월심리학이 1970년대에 등장하였다. 물론 일부 서양 심리학계에서는 자아초월심리학을 심리학의 한 주류로 받아들이지 않으려고 한다. 심리학으로서 인정하지 않거나 심리학의 한 하위 분야로 폄훼하고 있다. 서양의 기존 심리학계에서 이처럼 자아초월심리학에 대한 부정적 평가를 내놓는 것은 과학적으로 설명할 수 없는 초월적 의식 세계를 다루기 때문이다.

자아초월심리학은 인류의 초월적 잠재력, 영적·초월적 현상, 그리고 궁극적 깨달음을 주제로 연구하는 심리학이다. 이 심리학의 초석을 놓은 학자로는 종교학자 윌리엄 제임스(William James), 집단 무의식을 주창한 칼 융(Carl Jüng), 의식의 확장과 통합을 연구한 로베르토 아싸지올리(Roberto Assagioli), 아브라함 매슬로우(Abraham Maslow) 등이 있는데 매슬로우는 1967년 「본성의 저 너머」라는 강의에서 자아초월심리학을 심리학의 제4의 세력이라고 선언을 하였다. 그는 자아초월심리학을 정신분석, 행동주의, 인본주의 심리학과 같은 반열인 제4의 심리학의 위치에 올려놓았다.

자아초월심리학을 합리성과 과학적 입증이 불가한 가설들로 평가한 학자들에게 체계적 이론을 제시하여 관심을 돌리게 한 학자가 캔 윌버(Ken Wilber)이다. 윌버는 자아초월심리학의 수행과 발전에 지대한 영향을 끼치었기에 그는 자아초월 운동의 선구자로 간주되고 있다. 윌버는 동양과 서양의 사상을 통합하고자 하였다. 특히 불교의 영적 철학과 서양의 심리학을 통합하여 의식의 스펙트럼을 만들었고 이러한 의식의 통합은 인간 발달의 목적지를 초월의식과의 통합과 일치라고 하는 데까지 끌어올려 놓았다. 1990년대 윌버가 펴낸 저서 『통합영성』 *Integral Spiritualty*, 『통합심리학』 *Integral Psychology*는 자아초월심리학을 다른 심리학과 같은 위상에 놓았다.

심리학은 인간의 정신세계의 구조와 동인(動因)을 연구하는 학문이다. 모든 심리학은 정신 치유의 기제를 제공하고 있다. 예컨대 정신분석학은 연상법, 꿈의 해석 등을 통해 인간의 고통과 질병이 되는 무의식 세계의 억눌림을 노출시켜 치유하는 방법이고, 행동주의심리학은 조건화의 원리로 인간의 습관적 행동을 교정하여 치료하는 기법이며, 인지행동심리학에서는 인지의 구조나 범주화를 바꾸어 부정적 감정을 변형하는 기법이다.

최근에 서양에서 자아초월심리학과 연계하여 선풍적 관심을 불러일으키는 분야가 명상심리치유이다. 특히 불교의 위빠사나 명상을 기반으로 한 치유프로그램이 MBSR이다. 이는 1979년도 미국 매사추세츠 의과대학University of Massachusetts Medical School)의 존 카밧진(Jon Kabat-Zinn)에 의해 만들어진 프로그램으로 마음챙김을 기반으로하거나 응용한 각종 심리치유 프로그램의 구성의 틀을 제공하였다.

MBSR 프로그램 이후 미국 심리치료학자들은 '마음챙김에 기초한 인지치료'(MBCT) '마음챙김에 기초한 자비연민치료'(MSC), 마음챙김을 응용한 '수용전념치료'(ACT), '변증법적 행동치료'(DBT) 등의 치유프로그램들을 개발하였을 뿐만 아니라 MBEC(노인케어), MBRE(부부관계 개선), MBRP(심리적 재발방지), MBCP(임산부 및 출산부 돌봄) 등의 심리적장애 예방과 강화를 위한 각종 상담 프로그램들도 개발하였다.

1970년대 출현한 마음챙김 명상(Mindfulness Meditation)은 심리치유의 코페르니쿠스적 전환을 가져왔다. 현재 마음챙김 명상을 기반한 심리치료가 미국 심리치료계의 대세를 이루고 있다. 의학계, 상담학계, 교육계, 종교계 등에서 마음챙김 명상을 기반으로한 의학, 교육과 상담, 수행 등의 분야에서 활용하고 있다. 2007년 미국 심리치료 네트워크 조사에 의하면 심리치료 분야에서 '명상치료를 사용한다'가 41.44%를 차지하고 있다. 정신분석치료에서 35.4%, 인지행동치료에서 68.8%가 마음챙김을 기반으로 심리치료를 한다고 답변하고 있다.

현재 미국에서 인간의 영적 성장과 마음의 평안을 추구하는 수련 집단들이 가장 빠르게 성장하고 있다. 달라이 라마(Dalai Lama)를 비롯한 동양의 그루(선생)들이 서양에 건너가 이러한 집단들을 이끌어가고 있다. 현재 가장 많이 팔리는 책들은 제목 앞에 '명상' 혹은 '마음챙김(Mindfulness)' 수식어가 붙은 것들이고 마음챙김에 기반을 둔 수많은 논문들이 쏟아져 나오고 있다. 외국 학술 검색 사이트에서 'mindfulness' 관련 논문을 찾아보니 무려 1만2천삼백 편이나 되었다.

필자는 미국 MBSR 본부에서 주관하는 MBSR 지도자 과정 7단계 중 6단계 과정을 마쳤다. MBSR Tools 기초과정부터 고급과정 PTI(Practice Teaching Intensive), 슈퍼비전 과정을 공부하기 위해 미국에서 개최된 6번의 수련에 참석하였다. 세계 각국에서 수련에 참석자 대부분 전문직에 종사하는 사람들로 지식 수준도 높고 명상심리치료를 공부하려는 열정이 대단했다. 이들은 자신의 나라에서 정신적인 지도자가 되기 위해 참여한 사람들이다. 이들로부터 미래사회에 대한 비전과 희망을 볼 수가 있었다.

3. 제4차 종교개혁 – 치유하는 종교(Healing Religion)

4차산업시대에는 종교의 기능과 역할이 달라져야 한다. 기복종교나 한 목사의 카리스마로 운영되는 종교는 사라지게 될 것이다. 종교 사역의 핵심인 선교, 교육, 봉사, 예배 등의 본질은 변하지 않는다 해도 그 형태는 달라져야 한다. 구태의연하게 과거의 방식을 답습하다가 결국 그 종교는 도태되고 말 것이다.

물론 변화를 시도하는 교회들도 있다. 공간을 이웃들에게 놀이와 휴식처로 제공하는 교회, 쇼무대를 방불케 하는 CCM 예배, 가정과 같은 소그룹 예배, 코미디 설교로 청중을 모으는 교회 등 다양한 형태의 목회로 변하고 있다. 그러나 이러한 변화가 과연 '4차산업시대에 살고 있는 현대인들의 종교적 욕구를 충족해 줄 수 있을까?'하는 의구심을 갖게 한다.

유명한 미국의 예언가 실비아 브라운(Sylvia Browne)은 그의 책 『대예언』에서 지구의 환경, 경제, 정치, 교육, 종교 등 분야에서 2080년까지 일어날 현상에 대하여 예언하고 있다. 이들 예언 중에 필자의 관심을 끄는 예언은 미래 종교에 대한 것이다. 미래 종교는 종교가 연합하여 "치유소"의 기능을 할 것이라고 예측하고 있다.

실비아 브라운에 의하면 미래 교회 형태는 치유센터가 될 것이라고 한다. 피라미드형 빌딩에 각각의 종교가 입주하여 자기들의 정체성을 갖는 치유의 센터 역할을 하게 된다는 것이다. 사람들은 어느 교단에 속하지 않아도 종교를 선택하여 상담과 교육을 받게 된다. 오늘은 스님과 수행하고 내일은 목사님과 상담할 수 있다.

물론 지금까지 종교가 영혼 치유의 사역을 해왔지만 미래 사회에서는 종교가 연합해서 개인의 치유는 물론 사회의 병폐까지 치유하는 사역을 하게 될 것이다. 실비아에 의하면 미래에는 종교 간의 갈등이나 분열보다는 일치, 연합하여 치유의 기능을 한다고 한다. 종교의 사역에서 웰빙(Well Being), 웰에이징(Well Aging), 웰다잉(Well Dying)이 중심이 될 것이다.

교회가 치유센터가 된다는 브라운 실비아의 예언은 맞을 것이라고 본다. 필자는 현재 서울불교대학원과 선문대학교 자연치유학과에서 석사 박사 과정의 학생들에게 「종교명상의 이해」 「비교명상학」 「마음챙김의 이론과 실제」 「위빠사나 이론과 실제」 등을 강의하고 있다. 이 과목의 수강생들을 보면 무종교인도 있지만 각 종교의 성직자와 신도들이 있다.

이들에게 불교명상에 기반을 둔 각 분야를 강의하더라도 어떤 걸림이 없이 함께 공부를 하고 있다. 이 학생들에게 명상을 공부하게 된 동기를 물으면 각 종교의 수련 프로그램 운영, 상담, 혹은 명상 프로그램을 지도하고 싶다고 한다. 치유의 사역을 위해 공부를 한다는 것이다. 수강생들은 현재 치유 전문가로 일하고 있거나 장래 치유사로 일하고 싶은 사람들이 전문성을 높이기 위해 명상을 공부하고 있다.

이 글을 쓰고 있는 시점이 코로나19 팬데믹 2년을 맞는 해다. 코로나19 팬데믹으로 비대면, 코로나 블루(corona blue), 집콕 등 새로운 키워드가 등장했다. 이것들은 이 시대의 상황을 말해주고 있다. 코로나 이후 종교는 대형교회의 몰락, 신앙에 대한 열정의 감소, 기복신앙의 쇠퇴, 비대면 종교 사역, 가정교회의 성장 등이 예측되고 있다. 이 시대의 종교적 과제는 화해와 일치, 치유자로서의 성직자 임무 그리고 종교 지식과 정보의 플랫폼을 구성하여 공유하는 일이다.

코로나 19의 발생으로 인하여 B.C.(Before Corona) A.D(After Diseases)라는 새로운 연호(年號)가 생겼다. 코로나 이후 인류문명의 새로운 전기를 맞이하였기 때문에 종교에서도 4차 종교개혁이 요구되고 있다. 1차 종교개혁은 유대교로부터 기독교의 탄생이고, 2차 종교개혁은 어거스틴의 『신국론』 등장으로 제도화된 교회로의 전환이며, 3차 종교개혁은 가톨릭으로부터 개신교의 등장이고, 4차 종교개혁은 코로나 이후의 새로운 종교형태이다. 배타주의에서 종교다원주의, 대형교회에서 가정교회, 제도적 종교에서 생활종교, 신앙에서 치유의 종교 등으로 대전환을 전망하게 된다.

참고도서

소강석,『한국교회의 미래』, 쿰란출판사, 2020.

이성희,『미래목회 대예언』, 규장, 1998.

최인식,『미래교회와 미래신학』, 대한기독교 서회, 1997.

강태진 외 20인,『코리아 아젠다』, 나눅, 2018.

실비아 브라운,『대예언』, 한언, 2004.

John Kabat-Zinn, 안희영 외 역,『온정신의 회복』, 학지사, 2017.

제이슨 솅커, 박성현 역,『코로나 이후의 세계』, 미디어 숲, 2020.

리드 엔더슨, 황성철 역,『21세기를 위한 교회』, 도서출판 솔로몬, 1997.

제2장

수행과 명상

1. 수행이란 무엇인가?

교육이란 인간다운 인간을 형성하는 과정이다. 교육이란 단어에는 가르침(敎, teaching)과 훈련(育, training)이라는 두 의미가 포함되어 있다. 여기서 '育'(훈련)은 수행(修行)이라는 의미와 같다. 인간이 인간답기 위해서는 지식과 정보에 대한 배움도 필요하지만 그것이 생활에 적용되기 위한 훈련, 즉 수행이 필요하다.

수행이란 갈고 닦는다는 의미이다. 무엇을 갈고 닦아야 할까? 흔히 몸과 마음을 갈고 닦는다고 한다. 그러나 닦아야 할 것은 몸과 마음 외에 한 가지가 더 있다. 그것은 언어를 갈고 닦아야 하는 것이다. 불교에서는 삼업(三業, 몸, 입, 생각)을 닦는다고 한다. 업이란 몸과 입과 생각으로 짓는 선악(善惡)의 소행을 말한다.

인간의 말과 행위는 마음이 지어내는 것이다. 일체유심조(一切唯心造)라는 말처럼 마음이 맑고 고우면 선한 말과 행위가 일어나고 마음이 번뇌와 탐욕으로 차 있으면 말과 행동도 거칠고 악한 것이 된다. 마음은 선악의 소행(素行)을 만들어내는 공장과 같다. 그래서 수행이란 바로 마음을 갈고 닦는 행위이다.

인간 선악의 소행은 업장(業場)에 소성(素性)으로 남아있게 된다. 불교에서 말하는 업장은 심리학에서 무의식 세계에 해당한다. 불교에서는 전생에 쌓은 선악의 업이 무의식에 새겨졌다가 현세의 응보로 나타난다고 한다. 기독교에서는 인간의 원죄(原罪) 혹은 타락성이 인간의 성품에 내재되어 있다고 한다. 따라서 수행이란 업장을 정화하는 것이고 기독교적으로 말하면 타락성을 씻어내는 행위이다.

불교에서는 업장을 정화해야 윤회의 고리에서 벗어날 수 있다고 본다. 업장을 정화하는 과정이 사정근(四正勤) 수행이다. 사정근이란 선법(善法)을 더욱 자라게 하고, 악법(惡法)을 멀리 여의려고 부지런히 수행하는 네 가지 법을 말한다. (1) 이미 생긴 악을 없애려고 부지런히 수행, (2) 아직 생기지 않은 악은 방지하려고 부지런히 수행, (3) 이미 생긴 선을 더욱 더 자라게 하려고 부지런히 수행, (4) 생기지 않은 선은 생기도록 부지런히 수행한다.

업장을 닦기 위해서 삼업(三業)을 갈고 닦아야 한다. 즉 행동과 말과 생각을 잘 갈고 닦아야 한다. 이를 위해서 팔정도(八正道) 수행의 길을 가야한다. 팔정도 수행의 첫 번째가 정견(正見)이다. 즉 먼저 사물과 현상을 바르게 보고 바른 견해를 가져야 한다는 말이다. 정견에서 바른 사유(正思惟) 즉 바르게 생각할 수 있다. 정견과 정사유가 될 때 바른 말(正語), 바른 일(正業), 바른 직업(正命)을 가질 수 있다. 그러나 우리의 일상에서 바른 말, 바른 일, 바른 직업을 갖는다는 것은 쉽지 않다. 그것은 우리 안에 있는 업, 즉 바르지 못한 습성이 있기 때문이다. 이 좋지 않은 습성을 소멸시키는 것이 수행이다.

인간이 악업을 짓고 타락성에 빠지는 것은 삼독(三毒, 탐욕과 분노와 어리석음) 때문이다. 수행이란 불교적 관점에서는 삼독(三毒)을 소멸시키기 위해 정진(精進)하는 것이고 기독교적 관점에서는 타락성을 뿌리 뽑기 위한 수련을 말한다. 삼독 혹은 타락성에서 벗어나 자유롭게 될 때 우리는 평화롭고 행복한 삶을 영위할 수 있다. 삼독과 타락성은 번뇌와 고통의 원인이며 평화롭고 행복한 삶의 장애가 된다.

종교에서는 공통적으로 고통의 원인을 무지(無智)라고 본다. 불교에서는 고통의 원인을 무명(無明)에서, 기독교에서는 진리에 대한 무지(無智)에서 비롯된다고 한다. 수행은 무지에서 벗어나 깨달음에 이르게 한다. 깨달음에 이르게 하는 도구의 하나가 명상이다. 명상이라는 채널을 통해서 깨달음의 길에 들어서게 되고 궁극적으로 자유와 해탈에 이르게 된다.

모든 종교에는 구원에 이르는 도구로 각각의 수행법이 있다. 그 수행법은 조금씩 다르지만 궁극적 목적은 같다. 수행의 궁극적 목적은 자유와 해탈이다. 자유와 해탈의 의미는 불교에서는 나를 묶고 있는 조건으로부터 자유로워짐을 의미하며, 기독교에서는 죄로부터의 자유를 의미한다. 불교에서는 나를 묶고 있는 탐진치의 족쇄에서 벗어나 자유인이 되는 것이고, 기독교에서는 역설적으로 나 중심성에서 벗어나 하나님께 의존된 자아가 될 때 자유인이 되는 것이다. 그래서 불교 수행은 탐진치의 족쇄로부터 벗어나 자유와 해탈을 위한 방편이고, 기독교 수행은 신인(神人) 합일을 위한 방편인 것이다.

불교는 탐진치의 족쇄로 부터 벗어나 자유와 해탈을 증득하기 위해 명상을 하고 기독교는 신인(神人) 합일을 위해 기도를 한다. 불교와 기독교의 수행 방식이 다른 것 같지만 기도와 명상은 깨달음으로 가기 위한 같은 길이다. 기도와 명상은 자유와 해탈이라는 같은 목적을 갖고 있다. 기도는 내가 하나님께 간구하고 의지하는 것이지만 명상은 하나님이 나를 찾아오실 수 있는 마음의 밭을 가는 것이다. 따라서 명상을 하면 본래면목(本來面目)인 신성(神性) 혹은 불성이 드러나게 된다.

수행이란 의식의 차원을 높여 보다 더 깊은 의식의 세계로 들어가는 방편이다. 가장 높은 의식의 세계에 들어가면 심층의 깊은 곳에 불성(佛性) 혹은 신성(神性)이 내재한다. 물질세계인 표층세계에서 마음의 심층세계에 들어가면 불성, 신성, 본성, 양심 등의 초월적세계가 있다. 이 세계를 초월의식의 세계 혹은 순수의식의 세계라고 한다. 수행이란 초월의식 혹은 순수의식의 세계로 들어가는 것을 말한다.

불교에서는 수행을 통해 깨닫게 되면 인간이 본래면목임을 알게 된다고 한다. 즉 깨달음을 통해서 본래 내가 부처였음을 알게 된다는 의미이다. 그래서 붓다는 "나를 알면 법(法)을 알고 법을 알면 나를 안다"고 하였다. 기독교에서도 기도를 통해 하나님께 가까이 나아가게 되고 하나님을 만나게 된다. 예수는 "마음이 청결한 자는 복이 있나니 저희가 하나님을 볼 것이니라"(마태복음 5장 8절)고 하였다. 여기서 하나님을 본다는 말은 하나님의 이미지를 본다는 것이 아니라 내 안에 존재하는 신성과의 만남을 의미한다.

대부분의 종교에서 행하고 있는 수행은 신과의 합일을 목적으로 한다. 현대에 가장 널리 알려진 수행이 요가 수행이다. 많은 사람들이 요가를 인간의 심신 건강을 위한 수행 방법으로 알고 있지만 고대 요가 목적은 '신과 나의 합일'에 있었다. 본래 요가라는 말의 어원도 'yuj'(결합)이라는 말이다. 우주의 신 브라만 신과 내 안에 아트만 신과의 결합을 의미한다.

종교의 수행 목적이 신과의 결합이라고 해서 어떤 이미지를 가진 신과의 결합을 말하는 것은 아니다. 내 안에 신성 혹은 불성과의 만남을 말한다. 신성과 불성은 인간에게 내재해 있는 초월의식의 세계다. 초월의식이란 내 의식에 지배받지 않는 의식을 말한다. 인간이 무지하다는 것은 초월의식이 존재한다는 것을 모른다는 것이다.

인간이 태어날 때부터 무의식의 세계에 신성 혹은 불성이 존재한다. 그러나 무지의 구름이 이 고귀한 성품을 가리고 있다. 무지의 구름을 벗겨내는 것이 수행이다. 거울에 먼지가 묻어 있으면 내 자신을 비춰볼 수가 없고 먼지를 닦아내야 내 자신이 보인다. 마찬가지로 마음의 먼지인 번뇌 망상을 닦아내야 내 안에 고귀한 신성 혹은 불성이 보인다. 내 안에 신성의 빛이 비춰지게 될 때 본성, 양심, 선의(善意)가 내 삶을 이끌어간다.

인간 의식의 심층에 들어가면 무의식의 세계가 있다. 불교에서는 이 무의식의 세계를 아뢰야식이라고 한다. 우리말로 번역이 어렵지만 일반적으로 종자식(種子識)이라고 한다. 종자는 씨앗을 말하는 것으로 씨앗 안에는 그 식물의 모든 성품이 다 들어 있다. 그 식물의 크기, 잎의 색깔, 성질 등 특성이 담겨 있다. 그리고 식물이 잘 자랄 수 있게 하는 빛, 물, 온도 등의 조건이 맞으면 식물은 자라서 열매를 맺는다.

씨앗처럼 무의식의 세계에 그 사람의 외형적 특성, 내면의 성품 등이 잠재되어 있다. 인간의 성품에는 선한 성품과 악한 성품이 있다. 수행을 통해서 사람의 외형적 특성을 바꾸기는 어렵지만 내면의 성품은 바꿀 수가 있다. 수행을 통해서 내재된 선한 성품을 키우고 악의 성품은 소멸시킬 수 있다.

무의식의 세계에 우리들이 선악의 소행들에 의해 조건지어진 선한 성품 혹은 악한 성품이 자리잡고 있다. 수행이란 무의식의 세계를 정화하는 것이다. 무의식 세계에 자리잡고 있는 악업을 정화하여 초월의식인 본성, 신성, 불성 등의 성품이 드러나게 하는 것이다. 선한 성품들이 들어날 수 있는 조건을 세우는 것이 수행이다.

어두운 방에 빛이 들어오기 위해서는 빛이 들어올 수 있도록 조건을 만들어 주어야 한다. 창문이 투명해야 하고 방안에 있는 복잡한 짐을 빼내야 한다. 마찬가지로 내 마음이 투명해야 하고 마음의 쓰레기들을 치워야 신성의 빛이 나를 비추게 된다.

위에서 살펴 본 것처럼 수행은 심신을 갈고 닦는 것이다. 수행은 업장을 정화하고, 무의식의 세계를 정화하는 것이다. 심신을 갈고 닦아 마음의 세계를 보고, 마음의 세계를 알고, 마음의 세계를 치유하여 청정심과 보리심을 갖게 하는 것이 수행이다.

2. 명상의 올바른 이해

오늘날 수행과 명상을 혼용해서 사용하고 있다. 명상이 곧 수행이고 수행이 곧 명상으로 이해하는 경향이 있다. 그러나 수행은 명상의 개념보다 넓은 의미를 갖고 있다. 명상은 수행의 하위개념 가운데 하나다. 명상은 수행을 위한 하나의 방편이다. 수행이란 마음과 몸을 갈고 닦는다는 의미를 갖고 있는데 명상은 주로 마음을 갈고 닦는 정신적 행위라고 할 수 있다.

명상은 그 종류가 약 360가지가 된다고 한다. 각각의 목적이 다르고 기능이 다르기 때문에 '명상이 무엇이다.'라고 정의내리는 것은 어렵다. 어떤 정의를 내려도 명상의 의미를 다 내포할 수가 없다. 그러나 '명상은 변형을 위한 프로세스다'라고 정의한다면 명상의 의미를 어느 정도 포괄할 수 있을 것이다. 명상은 바람직한 삶으로 인간을 변형시키는 도구이며 방편이다.

명상에는 변형의 기능이 있다. 명상을 하면 의식의 변형이 일어난다. 현재 의식의 세계에서 보다 차원이 높은 의식의 세계로 변형이 일어난다. 명상을 통해 마음과 몸의 불일치에서 일치가 되고 치유와 변형을 위한 프로세스가 명상 수행이다. 변형과 치유를 통해 보다 전인적(全人的)인 인간이 되는 것이다. 이러한 이해에서 명상을 다음과 같이 정의할 수 있다.

'명상은 깨닫는 기술이다'(오쇼 라즈니시) '명상은 마음을 보고 치유하는 기술이다' '명상은 의식을 확장하는 기술이다' '명상은 몸과 마음을 통합하는 기술이다' '명상은 심신의 고통에서 벗어나는 기술이다' '명상은 내가 신성 혹은 불성의 존재가 되는 길이다' '명상은 신과 내가 하나되는 길이다'

위의 명상의 정의에서 '깨달음' '치유' '의식 확장' '심신의 통합' '고통의 소멸' '신인합일' 등에서 공통적인 명상의 개념을 구성하는 외연들을 이끌어 낼 수 있다. 명상은 이처럼 기능이 다양하고 방법도 다양하기 때문에 한 문장으로 정의를 내리기 어렵지만 '명상은 깨달음에 이르게 하는 길이며 깨달음을 통해 변형을 가져오는 정신적 행위'로 포괄적이고 보편적으로 정의할 수 있을 것이다.

3. 명상에 대한 오해와 진실

명상에 대한 사전적인 정의를 분석해 보면 명상을 이해하는데 도움이 될 것이다. 국어사전에 보면 "명상은 "고요히 생각에 잠기는 것"이라고 정의하였다. 이 정의는 명상의 진정한 의미와는 거리가 멀다. 명상은 생각에 빠지거나 따라가지 않기 위해서 생각하는 마음을 지켜보는 것이다. 사전에서의 정의처럼 생각에 잠기거나 빠지면 집착이 생겨서 우울증, 분노조절장애, 불안장애 등 정신적 장애가 발생하게 된다.

캠브리지 영어사전에는 "to think calm thoughts in order to relax or as a religious activity"라고 정의하였다. "이완을 위해 생각을 고요하게 하는 것 혹은 종교적 행위"라고 하였다. 여기서 명상을 이완을 위한 것이라는 정의는 명상에 대한 정의를 단순하게 본 것이다. 물론 명상은 이완을 위해서 한다. 그러나 이완이 명상의 궁극적 목적은 아니다. 이완은 명상의 과정에서 나타나는 현상이다. 마음을 고요하고 청정하게 한다. 이러한 기반 위에 통찰력이 계발되고 지혜가 증득되는 것이다.

이렇듯 많은 사람들이 명상에 대한 잘못된 견해를 갖고 있다. 첫째, "명상은 단순히 마음을 비우는 것이다"라고 알고 있는 사람들이 있다. 물론 명상을 통해 잡념, 번뇌, 망상을 비운다는 말은 일리가 있다. 그러나 명상이 단순히 비우는 것만은 아니다. 명상은 마음의 쓰레기와 같은 잡념, 번뇌, 망상을 비우고 그 자리에 믿음, 본성, 신성과 같은 의식으로 채우는 것이다. 이러한 채움은 의도적인 것이 아니고 명상의 과정에서 자동적으로 유발되는 의식이다. 따라서 명상은 비움과 채움의 과정이라고 할 수 있다.

둘째, "명상은 최면이나 암시 상태에 빠지는 것이다."라고 오해하는 사람들이 있다. 물론 명상이나 기도 과정에서 최면상태에 빠진 것처럼 삐띠(piti) 현상(명상 과정에서 희열을 경험하면 나타나는 정신적 육체적 현상)이 있다. 이러한 현상은 명상의 최종 목적이 아니라 명상의 과정에서 나타나는 현상이다. 그러나 이러한 현상을 접하게 되면 깨달음을 성취했다고 착각하고 그 상태에 머물러 즐기려고 하는 사람이 있다.

셋째, 명상은 초자연적인 능력이나 신비를 체험하기 위한 것이라고 오해한다. 물론 명상을 통해 초자연적인 능력이나 신비를 체험할 수 있다. 불교에서는 수행의 선정(禪定)의 정도가 높은 단계에서 육신통(六神通)을 증득한다. 즉 생각하는 곳에 마음대로 나타날 수 있는 신족통(神足通), 보통 사람이 듣지 못하는 먼 곳에서 일어나는 소리를 들을 수 있는 천이통(天耳通), 타인의 마음을 읽을 수 있는 타심통(他心通), 모든 현상을 꿰뚫어 볼 수 있는 천안통(天眼通), 자신과 타인의 전생을 볼 수 있는 숙명통(宿命通), 번뇌 망상에서 해탈하여 더 이상의 윤회가 없다고 하는 누진통(漏盡通) 등을 말한다. 이러한 초자연적인 능력도 수행의 과정에서 나타나는 현상의 하나다. 수행을 통해서 심신이 이완되어 신성이나 불성이 유발되면 초월적 능력이 나타나는 것이다. 이러한 초자연적인 현상을 경험하고 증득했다고 하여 그것이 수행의 마지막 단계가 아니다. 단지 수행과정에서 일어났다가 사라지는 현상일 뿐이다.

명상 중에 나타나는 초자연 현상이나 신비스런 현상이 명상의 궁극적 목적은 아니지만 이러한 현상을 경험하는 것은 수행의 성과를 표시하는 좋은 현상이다. 명상의 과정에서 나타나는 현상들로 명상에 대한 유익함과 신비로움을 느낄 수 있다. 이러한 경험들은 명상 수행을 하는데 인내심과 자신감을 갖고 정진하도록 한다. 정진을 위한 촉진과 격려의 현상이라고 볼 수 있다.

실제로 초자연 현상과 신비스런 형상을 경험하게 되면 집중력이 향상되고 이완

현상이 일어나게 되어 고요함과 평정심이 증진되고 탐욕과 산만함, 혼침과 졸음 등 명상의 장애가 소멸되며 주시의 힘과 알아차림이 강화된다. 또한 집중을 위한 사마타 명상과 지혜를 계발하는 위빠사나 명상이 급진전하게 된다.

그러나 이러한 현상이 명상의 궁극적 목적은 아니다. 수행의 궁극적 목적은 자유와 열반에 들어가는 것이다. 진정한 자유와 열반의 세계는 지혜를 증득할 때 가능한 것이다. 그러나 많은 사람들이 초자연적이고 신비스런 현상을 경험하고서 '나는 깨달은 자'라고 착각하고 별난 행동을 하여 세상 사람들로부터 지탄을 받는 경우가 있다.

참고도서

엄두섭, 『수도생활의 향기』, 보이스사, 1992.

장현갑, 『명상에 답이 있다』, 담앤북스, 2013.

정태혁, 『명상의 세계』, 정신세계사, 1999.

지운 외, 『영성과 명상의 세계』, 전남대학교 출판부, 2009.

한자경, 『명상의 철학적 기초』, 이화여자대학교 출판부, 2008.

에크나트 이스와란, 『명상의 기술』, 강, 2003.

상가락키따, 「법문 녹취록」, 한국명상연구소 미간행, 도서, 2011.

Arnold Mindell, 정인석, 『명상과 심리치료의 만남』, 학지사, 2011.

Patrica Monaghan and Eleanor G. Viereck, *Meditation-The Complete Guide*, Canada, Publishers Group West, 1999.

제3장

명상 수행의 목적과 효과

1. 자아주관을 통한 자아실현

자아실현이란 자신의 잠재성을 최대한 발휘하는 것을 의미한다. 인간의 본래적인 잠재성은 기독교 관점에서는 신성(神性)이며 불교적 관점에서는 불성(佛性)이다. 신성과 불성이 곧 불교에서 말하는 본래면목(本來面目)이다. 본래면목은 인간이 본래 가지고 있는 특성으로 내가 곧 부처요, 하나님이라는 의미이다. 따라서 내가 부처가 되고 하나님이 되는 것이 수행의 목적이다. 수행을 통해 신성 혹은 불성을 계발하여 자신이 하나님이 되고 붓다가 되는 것이 자아실현이다.

중국의 사서삼경(四書三經) 중『대학』에 나오는 팔조목(八條目) "격물치지 성의정심 수신제가 치국평천하"(格物致知 誠意正心 修身齊家 治國平天下)는 인간의 도리를 말하는 구절로 성숙한 인격을 실현하는 수행과정이다. 이 내용의 핵심은 수신(修身)이다. 세상을 평정할 수 있는 지도자가 되기 위해서는 먼저 수신(修身) 즉 자신을 잘 다스려야 한다는 뜻이다.

수신(修身)은 몸을 잘 다스려야 한다는 의미로 행위를 잘 다스려야 한다는 것이다. 그리고 행위를 잘 다스리기 위해서는 성의정심(誠意正心, 성실하고 바른 마음)을 가져야 하고 격물치지(格物致知, 사물의 이치를 밝힘)를 해야 한다. 수신은 곧 수행이며 수행의 목적은 격물치지(格物致知) 성의정심(誠意正心)을 깨닫는 것이다.

성의정심을 위해 집중력을 계발하는 사마타 명상 수행을 해야 하고, 격물지치를 위해 통찰력을 계발하고 지혜를 증득하기 위해서 위빠사나 수행을 해야 한다.

사도 바울은 "내 속사람으로는 하나님의 법을 즐거워하되 내 지체 속에서 한 다른 법이 내 마음의 법과 싸워 내 지체 속에 있는 죄의 법 아래로 나를 사로잡아 오는 것을 보는도다. 오호라 나는 곤고한 사람이로다."(로마서 7장 22−23)고 하였다. 위대한 사도의 한 사람인 바울이 마음과 몸이 하나되지 못하고 갈등하는 자신의 처지를 한탄하는 말이다.

인도의 간디는 자신을 가장 상대하기 어려운 적이라고 하였다. 인도를 지배했던 영국보다 영국과 맞서야 하는 인도 사람들보다 자신과 맞서 싸우는 일이 가장 어려운 일이라는 것이다. 그렇다! 진정한 평화와 행복을 위해서는 먼저 자신과 싸워서 이겨야 한다. 아무리 나라를 다스리고 천하를 다스리는 사람도 자신을 다스리지 못하면 실패한 지도자가 된다. "우주주관 바라기 전에 먼저 자아주관을 해야 한다."

명상은 곧 자신의 마음을 다스리는 수행법이다. 적을 이기기 위해서 적을 알아야 하듯이 자신을 이기기 위해서는 먼저 자신을 알아야 한다. 자신을 알기 위해서는 마음을 알아야 하고 몸을 알아야 한다. 즉 마음과 몸의 관계를 알아야 한다. 마음과 몸의 관계는 말과 수레의 관계와 같다. 수레를 끌고 가는 말을 알아야 하고 말에 의해 움직이는 수레에 대하여 알아야 올바른 방향으로 갈 수 있다. 이와 같이 자아실현을 위해서는 먼저 몸을 끌고 가는 마음을 알아야 한다. 마음을 다스려 생각과 행동을 바르게 하는 것이 명상 수행이다.

2. 집중력 계발을 통한 바른 주시와 알아차림

집중이란 주변의 모든 대상과 현상을 배제하고 마음을 한 대상에만 초점을 모으는 것이다. 한 대상에 초점을 맞추어 고도의 집중에 들어간 상태를 삼매(三昧)라 하고 삼매에 이른 것을 선정(禪定)에 들어갔다고 한다. 선정에 들어가면 고요, 희열, 평정심, 행복감 등의 상태를 경험하게 된다. 그 어떤 세계에서도 맛볼 수 없는 환희와 충만한 세계를 경험하게 된다.

집중력 있는 사고는 살아가는 데 활력을 준다. 집중력을 계발하면 높은 지각의 힘을 가질 수 있다. 집중력은 마음에서 일어나는 번뇌와 망상을 막아주기 때문에 우리가 이루고자 하는 일에 활력을 준다. 집중력을 '힘 있는 마음'이라고 하고 산만한 마음을 '허약한 마음'이라고 한다. 집중은 힘을 모으게 하고, 산만한 마음은 힘을 흐트러지게 한다.

집중력을 기르기 위해서는 마음을 한 곳에 모아야 한다. 무딘 칼로는 무엇을 자를 수 없다. 그것은 칼날의 압력이 넓은 영역으로 분산되기 때문이다. 마찬가지로 마음이 분산되면 어떤 일을 하는데 정확성이 없고, 잘못된 결정을 할 수 있고, 기억을 잘 못하게 된다.

역사에 위대한 사람들이 큰일을 성취한 것은 집중력이 있었기 때문이다. 우리가 집중력을 갖기 위해서는 대상에 대한 판단과 분별심 없이 인내심으로 주시해야 한다. 우리 주변 대부분의 물질과 현상은 집중의 대상이 될 수 있다. 내부적으로 우리의 마음과 몸에서 일어나는 느낌, 감각, 생각은 최선의 집중의 대상이 된다. 그리고 외부적인 집중의 대상으로는 성인의 상(像), 빛, 소리, 색깔, 사고(思考) 등이 있다.

게임이나 도박과 같이 분석과 탐욕이 일어날 수 있는 것들은 집중의 대상으로 삼지 말아야 한다. 어떤 대상에 탐욕을 갖게 되면 그 대상들은 오히려 번뇌 망상에 빠지게 하고, 긍정적인 에너지를 소진하게 한다. 일상에서 일어나는 일과 평범한 대상을 순수의식으로 주시하고 알아차려야 한다.

순수한 의식으로 대상에 집중해야 한다. 순수한 의식으로 집중해야 지각력이 생겨 올바른 선택을 할 수 있으며, 올바른 결정을 할 수 있고, 마음의 평정심과 안정된 마음을 가질 수 있다. 집중력 향상을 위해서 올바른 방법과 인내와 이해가 필요하다. 좋은 스승을 만나 집중수련을 하게 될 때 사마타 명상에서 추구하는 집중력을 계발할 수 있다.

3. 이완 반응을 통한 심신 건강

스트레스는 불안, 우울감, 분노 등 정신적인 불만족과 불쾌감을 유발시키며 몸을 경직되게 하고 만성질환의 원인이 된다. 명상이 심신을 안정되게 하고 몸을 이완시키는 효과를 입증하는 많은 연구 결과들이 있다. 명상은 스트레스로 교감신경계가 반응하는 과잉활동에서 부교감신경계 활동을 진작하여 심신의 안정과 평화를 증진시킨다.

명상 수행을 통해 마음이 편안하고 안정 상태에 이르면 심장박동이 감소하고, 호흡이 부드럽고 느려지며, 혈압이 낮아진다. 이러한 상태에서 뇌파의 변화가 생겨 안정 상태의 알파파(α), 유쾌하고 이완된 기분의 세타파(θ)가 나타나게 된다. 명상 수행을 통해 뇌파가 안정될 뿐만 아니라 스트레스 상태에서 발생하는 아드레날린(Adrenaline)이 감소하고 사랑과 기쁨의 감정을 일으키는 엔도르핀(Endorphin)이 생산된다.

물론 다른 취미생활이나 운동을 통해서도 이완반응이 나타난다. 그러나 명상은 가장 빠르고 안전하게 이완반응을 나타내는 방편이다. 먼저 도덕적인 청정함과 종교적 혹은 인간관계에서의 믿음을 기반으로 집중상태에 들어가면 이완반응이 나타나게 된다. 이완반응이 일어나면 마음의 고요와 평정심을 유지하게 되고 이러한 마음의 안정과 이완은 불면증, 통증, 우울증 등 심신의 장애를 개선하고 치유하는 효과가 있다.

심신의 이완반응은 대부분의 명상에서 일어나게 되지만 비교적 쉽게 접근할 수 있는 호흡관찰 명상, 만트라 명상, 심상화 명상 등을 통해 빠른 효과를 경험할 수 있다. 동양의 전통적인 간화선, 남방불교의 위빠사나 명상에서도 이완반응을 경험할 수 있지만 이들 명상은 통찰력을 통한 지혜를 계발하기 위한 목적을 가지고 있기 때문에 심신의 이완보다는 직관력과 창조성을 계발하는데 유용한 명상법이다.

4. 직관력 계발을 통한 지혜 증득

사람은 관념을 통해서 사물과 현상을 보고 이해한다. 그러나 관념은 자신의 경험에서 형성된 생각이나 견해이기 때문에 관념적 사고로는 사물에 대해 순수한 지각을 할 수 없다. 사물의 본질과 현상을 이해하는 데는 순수한 지각력이 있어야 한다. 순수한 지각력을 갖고 사물의 본질과 현상을 꿰뚫어 볼 수 있을 때 사물의 이치나 도리를 알게 되고 통찰력이 계발되며 지혜가 증득된다.

불교에서는 지혜를 증득하기 위해서 정견(正見), 즉 사물에 대한 바른 견해를 가져야 한다고 한다. 정견이란 바르게 보고 바르게 아는 것을 말한다. 정견을 계발하는 수행이 위빠사나 명상이다. 위빠사나란 판단과 분별없이 사물과 현상을 객관적으로 아는 것을 말한다. 순수한 주시와 알아차림을 통해 사물의 현상과 본질을 꿰뚫어 아는 지혜를 증득하게 되면 피조물의 존재 의미와 목적을 알게 된다.

위빠사나 명상을 통해 불교적 관점에서는 법을 아는 지혜를, 기독교적 관점에서는 하나님을 아는 지혜를 얻게 된다. 명상을 통해 피조물 안에 내재된 신성(神性)이나 불성(佛性)과 만날 수 있기 때문이다. 법을 알게 될 때 존재의 무상성(無常性)과 무아성(無我性)을 알게 되어 번뇌 망상에서 벗어나 자유와 해탈에 이르게 된다.

하나님을 알게 될 때 존재의 의미와 목적을 알게 된다. 사도 바울은 "창세로부터 그의 보이지 아니하는 것들 곧 그의 영원하신 능력과 신성이 그 만드신 만물에 분명히 알게 된다."(로마서 1장 20절)고 하였다. 인간은 하나님을 모르기 때문에 생각이 허망해지고 미련한 마음으로 어두워졌고 지혜를 잃게 되었다고 한다. 하나님을 알기 위해서는 마태복음 5장 8절의 말씀처럼 마음이 청결해야 한다. 수행을 통해 마음이 청결해야 내 안에 내재된 하나님의 신성과 능력을 알게 된다.

5. 자애의 힘을 계발하여 자비와 연민심 증득

수행의 궁극적인 목적은 번뇌와 고통으로부터 벗어나 자유와 해탈을 증득하는 것이다. 자유와 해탈의 경지에 이르기 위해서 초기불교는 지혜를 계발하는 수행을 하고, 대승불교에서는 중생에 대한 자비심을 계발하는 수행을 한다. 그러나 지혜나 자비심은 별개의 것이 아니다. 지혜를 계발하면 자비심이 계발되고 자비심이 계발되면 지혜가 계발된다. 이 둘은 새의 양 날개와 같아서 수행의 완성을 위해서는 지혜와 자비심을 함께 닦아 나가야 한다.

기독교도 마찬가지다. 기독교 수련의 궁극적인 목적은 하나님을 아는 지혜를 계발하는 것이고 지혜의 계발을 통해 하나님에 대한 믿음과 사랑을 느끼고 깨닫게 된다. 성경 요한 1서에 "하나님은 사랑이시라"고 한 말씀처럼 하나님의 본질은 사랑이다. 하나님을 아는 자는 사랑을 알고 사랑을 아는 자는 하나님을 알게 된다.

불교의 수행은 사무량심(四無量心)을 닦는 것이다. 사무량심은 사랑, 연민심, 기쁨, 평정심을 닦는 수행을 말한다. 여기서 사랑의 힘을 기르는 수행을 하게 되면 연민심, 기쁨, 평정심은 자연적으로 동반이 된다. 연민심이란 상대에 대한 공감과 상대가 고통으로부터 벗어나기를 바라는 마음이다. 기쁨은 수행을 통해 번뇌와 고통에서 벗어나 자유와 해탈로부터 나오는 희열의 감정이고 평정심은 마음이 고요해지고 청정해진 상태에서 세상의 모든 경계로부터 흔들림 없는 상태이다.

사랑과 친절함을 계발하는 수행이 불교의 자애명상이다. 자애명상은 기독교의 중보기도에 해당한다. 자애명상에서는 기독교의 기도와 다르게 먼저 자신을 향한 자애기도를 한다. 타인을 사랑하기 위해서는 먼저 자신에게 타인에 대한 수용과 공감할 수 있는 힘과 지향성이 있어야 하기 때문이다.

기독교에서 성숙한 신앙인에게는 성령의 9가지 열매(사랑, 희락, 화평, 인내, 자비, 선량, 충성, 온유, 절제)를 맺는다고 한다. 주님을 만나 그를 알게 되면 믿음, 소망, 사랑을 가운데 거하게 되며 이 중에 "사랑이 제일이라"라고 하였다. 기독교에서의 사랑은 먼저 하나님의 사랑을 아는 것이 중요하다. 하나님의 조건 없는 참사랑을 경험하게 될 때 나도 조건 없이 이웃에 대한 사랑을 베풀 수 있기 때문이다.

참고도서

이재영,『New MBSR』, 도서출판 타래, 2020.

장현갑,『명상에 답이 있다』, 담앤북스, 2013.

정태혁,『명상의 세계』, 정신세계사, 1999.

한자경,『명상의 철학적 기초』, 이화여자대학교 출판부, 2008.

셸리 켐튼, 윤구용 역,『명상—나에게 이르는 길』, 2012.

Swami Niranjanananda Saraswati, *Dharana Darshan*, India, 1993.

스티븐 스나이더 & 티나 라무쎈,『몰입이 시작이다』, 불광출판사, 2015.

제4장

통합 수행의 길: 중도(中道)

1. 문사수(聞思修) : 수사문(修思問)

불교 수행의 궁극적인 목적은 지혜를 증득하여 해탈에 이르는데 있다. 지혜를 증득하기 위해서는 경전을 공부하여 지혜에 이르는 길과 수행을 통해 지혜에 이르는 길이 있다. 전자를 문사수(聞思修)라 하고 후자를 수사문(修思問)이라고 한다.

문사수는 문혜(聞慧), 사혜(思慧), 수혜(修慧)의 길이다. 문혜란 진리를 들어서 아는 지혜이고, 사혜는 진리를 사유하고 연구해서 얻는 지혜이고, 수혜란 진리를 닦아서 실천하는 지혜를 말한다. 깨달음을 위해 먼저 진리 즉 경전을 읽고 숙고와 사유를 하며 수행하는 과정을 말한다. 수사문은 그 반대의 과정이다. 즉 먼저 수행을 하고, 그 수행의 경험을 성찰하고 사유하며, 그 다음 진리를 공부하는 수행과정을 말한다.

문사수와 수사문의 길은 어느 것이 더 중요하다거나 선후(先後)의 문제가 아니다. 이 두 길은 서로 보완적이며 보충적인 관계다. 수행의 유형에 따라 문사수의 길을 갈 수도 있고 수사문의 길을 갈 수 있다. 필자는 수행에 입문하는 수행자에게 먼저 명상에 대한 이해를 돕기 위해 공부를 한 다음 수행을 경험하게 한다. 그리고 입문 과정을 거친 수행자에게는 먼저 수행을 경험하게 한 후 수행과정의 경험에 대한 인터뷰를 통해 지도한다.

불교에는 성문승(聲聞僧), 연각승(緣覺僧), 보살승(菩薩僧) 삼승이 있다. 성문승

(聲聞僧)은 부처님의 법을 듣고 법을 공부하여 깨달음에 이르는 것을 추구하는 승려이고, 연각승은 경전 공부 이전에 홀로 수행하면서 깨달음을 추구하는 승려이다. 그리고 보살승은 법을 공부하고 사유하는 것보다 중생의 구원을 위해 바라밀을 실천하는데 중점을 두는 수행자를 말한다. 위 삼승 중 어느 길이 더 바람직하다고 말할 수는 없다. 깨달음이라는 목적지는 같지만 각각 다른 수행의 길을 통해 목적지에 도달하는 것이다. 경전공부와 수행은 상호 보충적이면서 보완적인 것이다.

우리나라 불교는 주로 대승불교의 이념을 따르고 있다. 대승불교 이념에 기반한 많은 종단이 있지만 조계종, 천태종, 태고종 등 3대 종단이 주류를 이루고 있다. 이 세 종단 중 조계종과 태고종은 선(禪)을 중시하는 선종(禪宗)에 속하고 천태종은 경전공부를 중시하는 교종(敎宗)에 속한다. 그러나 이들 종단은 선종과 교종을 명확하게 구분하지는 않는다. 조계종은 보조국사 지눌의 주창에 의해 선종을 중심으로 교종을 합친 것이며 천태종은 대각국사의 주창에 의해 교종을 중심으로 선종을 합친 것이다.

기독교도 마찬가지다. 이론이 먼저냐 실천이 먼저냐 하는 문제는 종교교육의 중요한 논제이다. 앎에는 이론적인 앎 'Theoria(테오리아)'와 실천적인 앎 'Praxis(프락시스)' 가 있는데 어느 것이 먼저냐 하는 것이 교육론의 논제였다. 아리스토텔레스는 이러한 개념을 제기하면서 실천적 앎보다는 이론적 앎이 더 중요하다고 하였다. 그러나 근대의 경험주의 사상과 현대의 실용주의 사상이 대두되면서 이론보다 경험에 의한 앎을 더 중요시한다.

최근 교육론에서는 두 이론의 통합과 연결을 중요시하고 있다. 즉 실천하고 성찰하는 접근과 성찰한 후 실천하는 접근은 서로 통전되어야 한다는 것이다. 따라서 'Praxis'는 비판적 성찰(批判的 省察)을 매개로 주체적(主體的)이고 능동적(能動的)인 참여의 기반이 되어야 하고 그 성찰은 실천(實踐)에서 얻은 경험이 근간이 되어야 진정한 앎이 된다는 것이다.

명상 수련에서도 마찬가지다. 명상을 실천하면서 깊은 성찰이 되어야 한다. 이 성찰은 경전으로부터 깨달은 진리에 기반을 둔 것이 되어야 한다. "명상이 명상을 가르친다."는 말이 있다. 수행의 과정을 거쳐서 깨달음이 오고 이 깨달음이 올바른 것인지는 경전을 통해서 검증을 받아야 한다. 따라서 명상 수행에 정진하면서 경전으로부터 바른 길을 안내 받아야 하고 경전을 공부하면서 바른 수행을 해야 한다.

2. 자력수행 : 타력수행

기독교인을 비롯한 유일신 신앙을 하는 사람들은 인간의 구원과 완성은 스스로의 노력과 책임에 의해 이루어지는 것이 아니라 오로지 하나님의 사랑과 은총으로 이루어짐을 믿는다. 이러한 신앙을 타력(他力)신앙이라고 한다. 타력 신앙이란 하나님의 섭리와 인도(引導)가 없이 인간 스스로의 구원이 없다고 믿는 신앙관이다. 타력 신앙관에서는 하나님에 대한 믿음과 순종이 없다면 신앙인이라 할 수 없을 것이다.

불교인들의 신앙은 스스로의 수행에 의해 깨달음에 이를 수 있고 해탈에 이를 수 있다고 믿는 자력(自力)신앙이다. 불교 신앙에서는 구원의 중보가 되는 구세주 메시아가 필요하지 않다. 수행을 통해 스스로 깨닫고 해탈함으로 구원에 이른다고 본다. 물론 불교의 신앙에서 불(佛), 법(法), 승(僧) 삼보(三寶)의 귀의를 서원하지만 여기에서의 붓다는 구원과 해탈의 길을 위한 안내자 혹은 모범자로서의 위치이지 인간 구원의 주체로서의 구세주는 아니다.

불교 신도들이 말하는 신앙이란 석가모니 붓다에 대한 믿음이나 신앙이 아니라 붓다의 가르침, 즉 진리에 대한 믿음이다. 붓다는 "믿음은 마음의 밭에 뿌릴 씨앗이고 지혜는 밭을 가는 쟁기"라고 비유하였다. 믿음은 불교 신앙의 궁극적 목적인 지혜 계발을 위한 바탕이라고 할 수 있다.

종교를 구성하는 것은 어떤 대상에 대한 믿음이다. 모든 종교는 어떤 형태로든지 믿음이 기반이 되어 형성된다. 그러나 믿음이 종교의 최종 목적은 아니다. 믿음은 최종 목적을 성취하는 기반이 된다. 기독교 신앙을 받쳐주는 것은 바로 하나님에 대한 믿음이고 불교 신앙을 받쳐주는 것은 지혜에 대한 믿음이다. 하나님에 대한 신앙이 타력신앙이고 지혜에 대한 믿음이 자력신앙이다.

유일신 신앙인들의 타력신앙과 불교의 자력신앙이 서로 상반(相反)된 길인 것처럼 보이지만 경전의 가르침을 보면 상보적(相補的)인 길이다. 기독교 성경에 인간의 구원이 오직 예수를 통한 구원으로 볼 수 있는 성구(聖句)도 있지만 자신의 믿음과 노력으로 구원이 이루어진다는 성구도 있다.

예수는 병든 자를 치유하고 "네 믿음이 너를 구원하였다"(누가복음 8장 48절)라고 했다. 자신의 믿음과 노력 즉 자력에 의해 치유되었음을 의미한다. 이 성구의 의미는 구원을 위해 전적(全的)인 타력, 즉 그리스도에게 의존하는 것만이 아니라 인간 자신의 믿음과 노력이 필요하다는 것을 의미한다. 물론 구원에 있어 그리스도의 개입이 필요하지만 여기에 자신의 노력과 책임이 수반되지 않으면 구원은 불가능하다.

예수는 "진리를 알지니 진리가 너희를 자유롭게 하리라."(요한복음 8장 32절)고 하였다. 진리가 인간의 구원과 해방을 이끌 수 있다는 말이다. 여기서 말하는 진리는 불교에서 말하는 법(法)과 유사한 개념이지만 기독교에서 말하는 진리의 실체는 예수 자신이다. 예수는 "내가 길이요 진리요 생명이니 나로 말미암지 않고는 아버지께 올 자가 없느니라."(요한복음 14장 6절)고 하였다. 이 성구의 의미는 오직 예수를 통해서 구원이 가능하다는 것이다. "오직 예수를 통한 구원"이라는 명제는 기독교의 전통적인 구원관이다.

한편 예수는 "구하라 그러면 너희에게 주실 것이요 찾으라 그러면 찾을 것이요 문을 두드리라 그러면 너희에게 열릴 것이니 구하는 이마다 얻을 것이요, 찾는 이가 찾을 것이요, 두드리는 이에게 열릴 것이니라."(마태복음 7장 7절−8절)라고 하였다. 이 성구는 기독교가 인간 구원에 있어 전적으로 타력만을 주장할 수 없음을 뒷받침하는 성구다. 인간의 구원에서 자력신앙을 배제할 수 없음을 뜻한다.

불교의 초기경전 「대반열반경」에 보면 붓다가 열반하기 전 자신들의 삶의 자세를 묻는 아난다에게 "자등명 법등명 (自燈明 法燈明) 하라고 하였다" 즉 "그대들은 자신을 섬으로 삼고, 자신을 귀의처로 삼아 머물고, 남을 귀의처로 삼아 머물지 말라. 법을 섬으로 삼고, 법을 귀의처로 삼아 머물고 다른 것을 귀의처로 삼아 머물지 말라."고 하였다. 이 법 구절에서 구원은 인간 자신의 믿음과 노력에 의한 자력 구원임을 보여주고 있다.

그러나 불교 신앙의 궁극적 목표인 해탈을 위해서는 타력적인 신앙을 전혀 배제할 수 없다. 물론 기독교에서처럼 전적인 타력은 아니지만 부처님의 가피(加被)를 통해 해탈에 이를 수 있음을 여러 법구(法句)에서 찾아볼 수 있다. 불교 신앙의 실제에서 삼보의 귀의(歸依)를 서원한다는 것은 구원에서 어느 정도 타력이 필요하다는 것을 의미한다. 불교의 구원은 자신의 믿음과 노력에 의해서 가능하지만 불(佛)·법(法)·승(僧)에 의지한다는 것은 불법승에 대한 믿음에 기초하여 자력 구원이 가능하다고 이해할 수 있다.

모든 종교가 그러하듯이 기독교나 불교에서도 인간의 구원을 목적으로 한다. 그러나 구원의 목표와 과정이 서로 다른 것 같지만 궁극적인 목적은 번뇌와 고통으로부터 해방되어 평화롭고 행복한 삶을 성취하는 것이다. 평화롭고 행복한 삶을 성취하기 위해서는 신앙 성장과 발달이 이루어져야 하며 신앙의 성장과 발달을 위해 수련(修鍊) 혹은 수행(修行)이 필요하다. 종교적 수련과 수행의 과정에서 기도와 묵상 혹은 명상의 방법이 적용되고 있다. 그러나 기독교의 기도와 명상은 수행이라는 큰 범주 안에서 같은 길이지만 기독교 특히 개신교에서는 불교 명상을 이단적인 요소로 규정하고 배척하고 있다.

개신교가 이렇듯 동양 전통의 명상을 배척하는 것은 명상이 "범신론적인 신앙", "하나님에 대한 의존 감정의 약화" "유일신(唯一神) 신관(神觀) 해체" 등의 사고(思考)에 물들어 하나님에 대한 절대신앙을 약화시키고 자기중심적 신앙의 길로 빠질 수 있는 위험성이 있다고 보기 때문이다. 그러나 유일신 신앙인들이 생각하는 것처럼 불교 명상이 기독교 신앙을 부정(否定)하거나 약화시키지 않는다. 기독교와 불교의 신앙교육과 실천에 있어서 상호보완적인 요소가 많다. 따라서 타력신앙 중심인 기독교에서 자력신앙 중심인 불교의 명상법을 수용하여 적용한다면 기독교 신앙을 강화시키는 요인이 될 것이다.

예수는 십자가 죽음 전 기도를 위해 겟세마네로 올라가면서 그의 제자들에게 "내 마음이 심히 괴로워 죽게 되었으니 너희는 여기 머물러 나와 함께 깨어 있으라."(마태복음 26장 39절)고 하였다. 여기서 "깨어있으라"고 말한 것은 단순히 잠들지 말라는 의미가 아니고 지금의 상황에 대하여 직시(直視)하고 앞으로 어떤 믿음의 태도를 가져야 할 것인가를 말한 것이다. 기독교에서 말하는 "깨어있음"은 불교의 위빠사나 명상에서 추구하는 순간의 경험들에 대한 자각과 통찰의 의미와 유사하다. "깨어있음"은 기독교와 불교에서 추구하는 구원의 전제가 된다.

3. 돈오(頓悟) : 점오(漸悟)

참선 수행의 역사에 돈오(즉각적 깨달음)가 먼저냐? 점오(점진적 깨달음)가 먼저냐? 즉 돈오점수냐 돈오돈수냐 하는 논쟁이 이어져 왔다. 돈수란 단 한 번에 궁극의 깨달음에 도달하여 더 이상의 수행이 필요 없는 것을 말한다. 이는 저절로 깨닫는다는 것을 의미하는 것이 아니라 수행을 통해 갑자기 깨달음이 오는 상태를 말한다. 돈오점수는 돈오 후에 오랜 습기를 점진적으로 제거하는 수행법이다. 반면에 점오는 불도(佛道)를 차례대로 닦아가며 점진적으로 깨달음에 이르는 것을 의미한다. 즉 깨달음에는 단계가 있고 그 단계에 따라 점차적으로 더 깊은 깨달음의 세계로 들어가는 것을 말한다.

그러나 돈오를 잘못 이해하여 한번 구극(究極)의 깨달음에 도달하면 자신은 더 이상의 수행이 필요 없는 사람이라고 착각하고 수행을 멈추는 사람이 있다. 그러나 수행은 삶 자체가 되어야 한다. 깨달은 사람은 깨달음을 유지하면서 깨달은 진리를 전파하여 중생의 깨달음을 도와야 한다. 수행을 실천해야 자신의 깨달음이 유지되고 발달하게 된다.

돈오 안에 점오가 있고 점오 안에 돈오가 있다고 보아야 한다. 이는 시간의 원리와 같다. 시간을 말할 때 크로노스 시간과 카이로스 시간이 있다. 크로노스 시간은 과거부터 미래로, 일정 속도·일정 방향으로, 기계적으로 흘러 연속되는 시간을 표현하는 것이고, 카이로스 시간은 일순간이나 인간의 주관적인 시간을 말한다. 카이로스 시간 안에 크로노스 시간이 있고 크로노스 시간 안에 카이로스의 시간이 있는 것이다.

이를테면 꽃이 활짝 피는 것은 순간에 일어나는 것 같지만 그렇지 않다. 씨앗이 발아하면서 점차로 성장하여 꽃이 필 때 갑자기 꽃이 핀 것처럼 보인다. 식물이 점점 자라는 과정은 크로노스 시간에 해당하고 꽃이 활짝 피는 순간은 카이로스 시간에 해당한다. 마찬가지로 돈오는 카이로스 시간에 해당하고 점오는 크로노스 시간에 해당한다고 볼 수 있다.

기원후 6세기경 보리달마는 이미 깨달은 사람이지만 인도에서 중국으로 들어와 소림사 법당에서 9년간 면벽수행을 했다. 여기에는 두 가지 이유가 있다. 하나는 자신의 깨달음을 유지하기 위함이고, 다른 이유는 깨달은 자의 모습을 보여주기 위함이다. 여기서 보여준다는 것은 자신을 과시하기 위함이 아니라 깨달은 자의 고요하고 평화로운 자태를 보임으로 그것을 보는 사람들에게 보리심(진리를 깨달으려는 마음)을 유발시키려는 것이다.

4. 쾌락 : 고행

석가모니는 왕자로서 물질적으로 풍족함을 누리며 즐거운 생활을 하였다. 그러나 이런 물질적 풍요함과 즐거운 생활이 인생의 고통에서 벗어나는 길이 아님을 알고 그것으로부터 벗어나기 위해 출가를 하였다. 그는 29세에 출가하여 35세에 득도(得道)하고 붓다가 될 때까지 6년 동안 입산수도의 길을 걸었다. 6년 동안 대부분 가혹한 고행의 수행을 하였지만 그것은 몸을 괴롭게 하는 것일 뿐 참된 깨달음의 방법이 되지 못함을 알게 되었다.

낙(樂)과 고(苦)의 양극단의 길을 버리고 심신의 조화를 이루는 중도에 서게 될 때 비로소 진정한 깨달음에 이를 수 있음을 자각한 것이다. 석가모니가 깨달음에 이르러 붓다가 되게 한 수행이 위빠사나 수행이다. 위빠사나 수행을 통해 지금 현재 자신에게 일어나는 현상들이 무상(無常), 고(苦), 무아(無我)임을 깨달아 알게 되었다. 실체가 없는 무상한 존재에 집착하는 것이 고통이며 이를 벗어나야 자유와 해탈을 증득할 수 있음을 체험한 것이다.

붓다가 깨달은 후 함께 고행을 한 다섯 명의 비구들에게 최초로 설법한 것이 중도였다. 중도는 사성제(四聖諦, 苦集滅道)로 욕망에 의해 형성된 집착을 버리고 팔정도(八正道) 수행의 길을 말한다. 팔정도에서 맨 먼저 닦아야 하는 것이 정견(正見, 바른 견해)이다. 정견은 사물과 현상에 대해 집착이나 분별의 경지를 떠나 바른 견해를 가져야 함을 말한다.

원시 불교에서 중도에 대한 이해는 단순했다. 수행의 길에서 지나친 쾌락도 아니고 지나친 고행의 길도 아닌 수행의 길을 의미했다. 그러나 대승불교에 와서 중도 이론을 공(空) 사상과 연결하여 사유하게 되었다. 존재는 공(空), 즉 무(無)인데 상(相)이 있으며 실재하고 있음을 부정할 수 없다. 따라서 제법의 실상은 중도에 있다고 하는 사상이 만들어지게 된 것이다. 정견은 사물을 무(無)와 유(有)의 한 면으로만 보는 것이 아니라 중도의 입장에서 보아야 함을 의미한다.

원효의 화쟁사상은 중도 이론의 맥락에서 나왔다. 원효는 모든 사물과 현상에 대한 이해와 설명에서 극단을 버리고 긍정과 부정을 자유자재로 하며 경전에 대한 폭넓은 이해를 통해 구체적인 화쟁(和諍)을 전개해야 한다고 했다. 화쟁의 방법은 언어의 한계를 지적하고 부정을 통하여 집착을 떠나게 하는 것이다. 그러나 부정만으로 집착이 없어지는 것은 아니고 오히려 부정 자체에 집착할 수 있다. 따라서 경전의 내용에 대해 긍정과 부정의 극단을 떠나 중도의 입장에서 보게 될 때 경전에 대한 정견(正見)이 가능하다는 것이다.

5. 비움 : 채움

흔히 명상을 '마음을 비우는 것'이라고 말한다. 우리가 어떤 것을 비운다는 것은 다른 무엇을 채우기 위해서다. 명상으로 마음을 비운다는 것도 마찬가지다. 마음을 비우면 다른 무엇으로 채워진다. 방에 가구를 비우면 방 구석구석에 빛이 채워지듯이 말이다. 유리병에 담겨있는 물을 비우면 공기로 채워진다. 마음은 유리병과 같은 것이다. 유리병에서 물을 비워도 유리병 자체는 그대로 남듯이 마음을 비운다고 마음이 없는 것이 아니다. 마음은 육신이 살아있는 한 언제나 존재한다.

우리 마음은 잡념 망상과 같이 쓸모없는 것으로 채워있을 수도 있고 사랑과, 자비, 양심 등과 같이 맑은 정신으로 채워져 있을 수도 있다. 인간이 태어날 때부터 탐욕과 잡념으로 오염된 마음을 가지고 태어난다는 설이 성악설(性惡說)이고 태생적으로 순수하고 순백의 마음을 가졌다는 것이 성선설(性善說)이다. 사람에 따라 성선설이 맞을 수도 있고 성악설이 맞을 수도 있다. 이것은 어느 쪽이 더 강하게 마음을 지배하느냐에 따라 다른 것이다.

기독교에서는 인간 조상의 타락으로 원죄를 갖고 태어났기 때문에 탐욕, 시기, 질투 등의 타락성이 잠재되었다고 본다. 따라서 타락한 인간이 메시아를 만나 중생부활하면 선한 인간으로 거듭나게 된다. 중생부활은 인간 스스로 되는 것이 아니라 메시아를 만나야만 가능하다. 그래서 예수는 "내가 곧 길이요 진리요 생명이니 나로 말미암지 않고는 아버지께로 올 자가 없느니라."(요한복음 14장 6절)고 하였다.

불교에서는 조상대대로 쌓인 선업(善業) 혹은 악업(惡業)이 아뢰야식(종자식)에 축적되어 있다고 본다. 이 아뢰야식에 선업 혹은 악업이 쌓여서 수행을 통해 악업은 소멸시키고 선업을 더 쌓아야 한다고 가르친다. 악업을 소멸시키지 않으면 이 악업이 뿌리가 되어 탐·진·치의 삼업(三業)이 일어나고 다시 업을 만들어 끊임없는 윤회가 이어진다고 한다. 이 윤회의 고리를 끊는 길은 수행을 통해서 이루어진다고 본다.

결국 인간의 행복이란 비우는 일과 채우는 일을 균형있게 해야 한다. 마음은 항상 중립적이다. 내가 무슨 마음을 먹느냐에 따라 선한 바탕이 될 수도 있고 악한 바탕이 될 수도 있다. 그래서 일체유심조(一切唯心造)라는 말이 나왔다. 마음의 밭에 선한 씨앗을 심어 선의 열매를 맺을 수 있고 악의 씨앗을 심어 악의 열매를 맺을 수도 있다.

비우기 위한 수행과 채움을 위한 수행은 언어상 구분이 되지만 수행법이 별도로 있는 것은 아니다. 비우기 위한 수행을 하게 되면 저절로 채워지는 것이 있다. 쓰레기를 비우면 쓰레기통은 공(空)이 되지만 그 안에 보이지 않는 공기가 채워진다. 마찬가지로 마음을 비우면 텅 빈 것이 아니라 충만감이 있다. 마음을 비우면 본래의 마음인 신성 혹은 불성이 드러나게 된다.

　마음을 비우는 수행법에는 사마타와 위빠사나가 있다. 사마타 수행은 집중을 위한 수행이다. 감각기관이 어떤 대상을 판단과 분별을 하지 않고 집중하여 주시하게 되면 마음이 고요해지고 청정해진다. 사마타 수행에서는 주로 호흡을 주시하는 수행법을 많이 사용하고 있다. 호흡을 주시하면 마음에서 일어나는 번뇌 망상을 떨치고 마음이 고요하고 청정해진다. 사마타 수행은 마음에 불을 밝히는 것과 같다. 어두운 방에 불을 밝히면 그 방에 있는 모든 물질과 일어나는 현상이 보이듯이 마음에 불을 밝히면 마음에서 일어나는 현상들이 보이게 된다. 그리고 수행을 통해서 마음을 오염시키는 것들을 쓸어내고 정화시킬 수 있다.

　위빠사나 수행은 대상을 주시하고 알아차리는 힘을 기르는 것이다. 사마타와 다르게 한 대상에 주목하지 않고 사념처(四念處: 몸, 느낌, 생각, 현상)를 주시하고 알아차리면 마음에서 일어나는 것들이 사라진다. 마하시 계통의 위빠사나에서는 마음에서 일어나는 것들에 이름을 붙여 준다. 호흡을 주시하고 관찰하면 마음에서 일어나는 일들이 잘 보이게 된다. 마음에서 일어나는 느낌, 감정, 생각 그리고 몸에서 일어나는 감각 등에 마음이 갈 때는 그 현상에 대하여 이름을 붙인다. 이를테면 주변에서 일어나는 소리에 마음이 향하면 '들림' '들림' '들림' 세 번 말하고 다시 호흡을 주시한다. 그러면 소리가 들리지 않는다. 만약 몸의 통증에 마음이 끌리면 그 통증을 주시하며 '통증' '통증' '통증'이라고 불러준다. 그러면 통증이 완화된다.

　여기서 이름을 붙이는 것은 내가 너를 알았다는 표시이다. 마치 깜깜한 밤에 도둑이 집에 들어왔을 때 '도둑이야'라고 외치면 도둑이 도망가는 것처럼 마음에서 일어나는 현상들에 대하여 명칭을 붙이면 그 현상은 사라지게 된다. 마음을 오염시키고 마음을 훔쳐가는 느낌, 감각, 생각 등을 판단과 분별하지 않고 알아차리게 되면 그것들은 나에게서 사라지게 된다.

6. 음(陰) : 양(陽)

음양오행설의 기원과 인간의 삶

음양오행설은 동양에서 철학, 자연과학, 종교학, 윤리학 등 모든 학문의 근간이 된다. 원래 음양이 천지만물을 형성하는 기(氣)의 의미를 가진 개념은 아니었다. 단순히 북쪽(응달)과 남쪽(양달)을 가리키는 말이었으나 기원전 3세기 전반부터 중국의 전국시대에 음양설이 형성되기 시작하여 천지만물의 생멸원리와 인간 삶의 원리로 자리잡게 되었다. 이때부터 음양은 성질이 상반되는 2가지 기(氣)로써 천지자연의 운행 이치를 설명하였다. 그리고 기원전 4세기 초부터 음양설과 오행(水·火·木·金·土)이 결합하여 우주를 운행하는 원소로 간주되었다.

위에서 언급한 것처럼 음양은 단순히 밝고 어두움을 말하는 것이 아니라 하늘과 땅, 남자와 여자, 홀수와 짝수, 밝음과 어둠, 뜨거움과 차가움 등과 같이 상대적인 관계를 말한다. 오행은 우주를 형성하는 불(火) 물(水) 나무(木) 쇠(金) 흙(土)의 다섯 가지 요소를 말하고, 음양의 조화로 이 다섯 가지 요소가 상대적인 관계를 맺으며 삼라만상의 변화와 발전을 이끌어 간다. 음양과 오행은 때로는 서로 상극적인 관계로, 때로는 상대적인 관계로 변화 발전을 이끌어 간다. 상대적 관계는 물과 나무, 나무와 불, 불과 흙, 흙과 쇠, 쇠와 물처럼 상생의 관계를 말한다. 상극의 관계는 서로 대립하는 관계를 말한다. 즉 물이 불을 이기고, 불은 쇠를 녹이며, 쇠는 나무를 자르고, 나무는 흙을 이기고 솟아나며, 흙은 물을 가두는 이치로 인해 세상의 조화와 발전을 이끌어 가게 된다.

동양에서는 음양오행설(陰陽五行說)로 우주의 기원과 발전을 설명한다. 음양은 무극(無極)의 상태에서 일어나며 태극(太極)으로 통일체가 되고, 태극은 음과 양의 두 기운으로 갈라지게 되고, 이 음양이 각각 정분합(正分合) 작용을 일으켜 오행이 발생하게 된다. 오행의 상대적 관계와 상극적 관계로 인해 자연만물은 형성과 분열을 이어가며 조화와 발전을 이루어 간다.

불교에서는 존재의 생성과 소멸을 연기법(緣起法)으로 설명한다. 모든 것은 홀로 존재하지 않고 상호관계 속에서 존재한다는 진리다. 존재의 생성과 발전은 이것과 저것의 의존관계와 상관관계에서 벗어날 수 없다. 즉 '이것이 있으므로 저것이 있고', '이것이 생기므로 저것이 생긴다.'라고 존재의 발생을 설명하고 있다. 그리고 '이것이 없으면 저것도 없고' '이것이 사라지면 저것도 사라진다.'라는 논리로 존재의 소멸을 설명하고 있다. 모든 존재는 그것을 형성시키는 원인과 조건에 따라 상호관계에 의해서 생성되기도 하고 소멸되기도 한다는 법칙이 연기법이다.

연기법에 의해 음양오행설을 설명하면 음이 있어 양이 있고, 양이 있어 음이 있다. 그리고 물이 사라지면 나무도 사라지고, 불이 사라지면 나무도 사라지고, 땅이 사라지면 나무가 사라지고, 나무가 사라지면 인간도 사라진다. 이렇듯 원인과 결과, 조건의 형성과 소멸에 따라 존재가 형성되고 소멸이 된다. 연기법에 의하면 무명이 행(行)과 식(識)을 형성하고 행과 식이 명색(名色, 물질과 정신)을 형성하며 명색이 6입(六入, 다섯 감각기관과 의식)을 형성하고 6입이 오온(五蘊)을 형성하는 것으로 설명한다. 오온은 인간을 형성하는 다섯 가지 덩어리 즉 색(色), 수(受), 상(想), 행(行), 식(識)을 말하는데 여기에도 각각 음양이 작용한다. 그러나 불교에서는 오온의 각각의 요소에 음양의 성질이 있음을 설명하지는 않는다. 오온을 이어주는 것을 연기법으로 설명하고 있다.

기독교의 성경 창세기에 보면 태초에 하나님은 모든 존재를 음양으로 창조했음을 말하고 있다. 태초에 하나님이 천지를 창조하시며 흑암 가운데 빛을 창조하시고, 물을 궁창으로 나누었고, 마지막으로 하나님의 형상대로 남자와 여자를 창조하셨다고 하였다. 하나님이 당신의 형상대로 사람을 창조하셨다는 말씀은 하나님도 남성과 여성 즉 음양의 두 성품으로 존재하신다는 말이다. 하나님이 인간을 흙으로 빚으시고 코에다 생기(生氣)를 불어넣었다는 말도 동양사상과 일치한다.

동양의학은 음과 양의 수수작용을 촉진시키는 원리를 기반으로 치유하는 이론과 기술이다. 한의학은 음과 양의 수수법(授受法)적 발전 혹은 변증법적 발전을 촉진시키는 원리를 응용한 의학이다. 건강의 여부는 음과 양의 균형과 조화로운 심신작용이 이루어지는가에 달려있다. 한의사는 음의 기운이 부족하면 양의 기운을 양생하도록 하며 양의 기운이 부족하면 음의 기운을 보강해 주는 역할을 한다. 침술,

보약, 운동요법 등은 음양의 조화와 균형을 맞추어 주기 위한 것이다.

　동양의학은 인간의 신체를 구성하는 지수화풍(地水火風) 4대의 음양을 조절하는 원리에 기반한다. 인간은 4대로 이루어졌는데 지수화풍은 음과 양의 두 요소를 포함하고 있다. 신체에서 피부가 너무 건조하거나 수분이 너무 많으면 질병이 발생한다. 신체에 체온이 너무 높거나 낮으면 심혈관계에 문제가 생긴다. 신체에 기가 너무 강해도 문제가 되며 너무 약해도 문제가 된다. 딱딱함은 양이고 부드러움은 음이다. 동적(動的)인 것은 양이고 정적(靜的)인 것은 음이다. 뜨거운 것은 양이고 찬 것은 음이다. 이 두 요소의 각각은 선악이나, 좋고 나쁨, 정(正)과 부정(不正), 즐거움과 괴로움의 문제가 아니다. 수수법(授受法)에 의한 보충과 보완의 관계를 갖는다.

　음양의 원리는 변증법적 관계다. 변증법은 음과 양의 두 요소가 만나고 충돌하는 과정을 종합하고 통전하는 것이다. 음양의 두 요소를 통합하고 조화를 이루는 방법이 치유의 중요한 기제가 된다. 치유는 수용과 변화의 변증법적 관계에서 일어난다. 심신의 고통은 거부되면서 수용되어야 한다. 만약 신체가 마비되어 상처의 고통을 느끼지 못하고 수용하지 못한다면 죽음에 이르게 된다. 혈압이 높은데 느끼지 못하고 대처하지 않는다면 뇌졸중, 심근경색 등의 질병에 걸리게 된다. 혈압을 수용하고 다스릴 수 있어야 치유가 가능하다. 이러한 치유법이 마음챙김을 응용한 변증법적 행동치유(DBT, Dialectical Behavior Therapy)이다. DBT는 변화와 수용, 고통의 거부와 수용 등의 변증법적 과정을 활용한 치유 방법을 적용한다.

　마음챙김 명상은 불교명상 위빠사나를 응용한 명상법으로 지금 현재 자신의 감정과 생각에 붙들리거나 끌려가지 않도록 감정과 생각들을 주시하고 알아차리는 방법이다. 주시하고 알아차리는 힘을 기르기 위해서 집중력을 계발하는 사마타 명상과 지혜를 계발하는 위빠사나 명상을 수행해야 한다. 지혜를 계발하여 지금 자신의 마음과 몸에서 일어나는 일들에 대한 원인과 결과, 마음의 작용이 몸에 미치는 영향과 몸의 작용이 마음에 미치는 영향을 주시하고 알아차릴 수 있어야 한다. 양과 음의 작용에 의해 나타나는 현상, 지수화풍의 음양 감각을 알아차리고 그것을 수용하고 전념해야 한다.

　붓다가 가르친 중도(中道)는 양극단을 지양하고 중도의 길을 가라는 것이다. 너무 지나친 고행의 길과 너무 지나친 쾌락의 길을 지양하라는 의미이다. 동적인 수행과 정적인 수행, 침묵과 대화, 멈춤과 움직임, 비움과 채움 등 극단의 길이 아닌 중도의 길을 가르치고 있다. 양과 음의 극단의 길을 가지 말라는 것이다.

인간의 성장과 완성은 자율성과 주관성에 의해 이루어진다. 생명체가 자율성에 의해 끊임없이 성장할 수만은 없다. 성장을 조정하고 때로는 멈추게 하는 주관성이 있어야 한다. 또한 성장을 위해 에너지가 소모되고 보충되어야 한다. 에너지가 너무 많이 소모되거나 주입되어도 부작용이 있다. 몸에서 질병 요소의 계속적인 공격과 방어가 지속적으로 이루어지며 면역력이 강화된다. 자율성과 주관성, 에너지의 소모와 보충, 공격과 방어, 침투와 면역 등에서 중도를 기반으로 변증법적 관계와 수수법적 관계를 계속하게 될 때 성장과 건강이 공존하게 된다.

7. 이(理) : 기(氣)

존재의 원리로서 이(理)와 기(氣)

동양에서 보는 우주 만물의 존재와 운동의 법칙이 이기설(理氣說)이다. 본질적 존재를 구성하는 이(理)와 현상적 존재의 기(氣)의 서로 다른 두 요소가 있는데 이 두 요소가 차별성과 독립성을 갖고 객관적 실재로 존재한다고 보는 관점이 이기이원론(理氣二元論)이고 이(理)와 기(氣)가 서로 상호 의존적이라고 보는 관점이 이기일원론(理氣一元論)이다. 이기이원론에서 이(理)는 기에 내재하는 법칙이며 기의 존재와 운동을 이(理)가 주관한다고 본다. 반면에 이기일원론은 존재와 존재의 운동에서 기(氣)가 주도한다고 본다.

이기설에서 이(理)와 유사한 개념이 서양의 로고스(Logos)다. 로고스는 우리말로 말씀, 논리, 이성 등으로 번역되는데 기독교에서 신의 실재를 설명하는 개념이다. 로고스는 신과 우주를 매개함으로 신의 내재성과 초월성을 설명하기 위해 사용된 개념으로 만물에 내재하는 이성적 원리, 혹은 초월적 신의 존재를 의미한다. 우주

만물이 생성될 때 형성되어 만물을 지배하는 원리로 내재된 것이다. 이렇듯 신(神)이 우주만물에 내재한다고 믿는 신의 내재설(內在設)이 있고 신은 우주만물의 창조주로서 초월한다는 초월성이 있다.

이기설, 로고스 등의 개념과 유사한 개념의 '이데아(Idea)'이다. 이데아는 감각되는 현실적 사물의 원형으로 모든 존재 인식의 근거가 된다. 이데아는 존재의 본성 속에 고정된 본(本)이 된다. 개별 사물은 이데아의 상(相)에 따라 만들어졌으며, 이데아의 모사(摹寫)가 된 것이다. 형상 안에서 갖게 되는 이데아는 모든 존재에 선험적으로 영원불변의 의식으로 존재하여 그 존재의 형상을 구성하게 된다.

아리스토텔레스는 존재 기반을 형상과 질료로 보고 있다. 질료는 사물을 구성하는 원초적 요소이며 사물로 발전되는 재료이다. 형상은 사물이 구성되기 이전의 잠재적 요소로 플라톤이 말한 에이도스(Eidos)와 같은 개념이다. 형상은 예지적 구조이며 영원한 실재(實在)로 존재한다. 칸트는 형상은 만물의 속성이 되어 그 만물을 주관하는 형식이 된다고 하였다.

동양의 『대학』에 나오는 "격물치지 성의정심 수신제가 치국평천하(格物致知 誠意正心 修身齊家 治國平天下)"는 동양인의 가치관을 말해준다. 사물에 대한 바른 이치를 알아야 올바른 지식을 갖게 되며, 올바른 지식이 있어야 성실한 마음을 갖게 되며, 성실한 마음이 있어야 바른 마음을 갖게 되고, 바른 마음이 있어야 바른 몸가짐을 가질 수 있고, 바른 몸가짐 후에 가정을 바르게 다스릴 수 있고, 가정을 바르게 다스려야 나라를 바르게 다스릴 수 있다는 의미이다. 이 구절 전반에 "격물치지 성의정심"은 내적인 이치를 말하고 후반의 "수신제가 치국평천하"는 외적인 자세를 말한다. 인격의 완성, 즉 지도자의 길에 내적인 이치와 외적인 도리를 갖추어야 함을 말한다.

위에서 말한 이(理)와 기(氣), 이데아와 형상, 질료와 형상, 내적가치와 외적가치 등의 관계는 상대적 관계이다. 상대적 관계란 어느 한 쪽을 부정하면 다른 한 쪽이 부정되며 어느 한 쪽이 부정되면 존재 자체가 성립될 수 없다. 두 요소는 존재를 구성하기 위해 상호 의존적이며 상호 지원적인 관계이다. 어느 한 쪽이 강한 힘을 가지고 지배하게 될 때 그 존재는 아름다운 형상이 될 수가 없다. 아름다운 형상으로 존재하기 위해서는 어느 한 쪽에 치우침이 없는 중도(中道)의 길을 가야 한다.

수행을 통한 이(理)와 기(氣)의 중도

수행은 균형과 조화를 위한 의도적 행위이고 이(理)와 기(氣)의 균형을 이루기 위한 방편이다. 기(氣)에 자율성이 있어야 하며 이(理)는 주관성을 갖는다. 기는 정체성과 이동성을 갖는다. 정체성과 이동성을 이끌어 가는 것이 이(理)이다. 이(理)에도 속성으로 음성과 양성이 있고 기(氣)에도 속성으로 양성과 음성을 갖는다. 각각 자체 내에서 양성과 음성의 조화를 이루고 상대를 지향하며 상대의 성장과 발전을 돕는다.

균형과 조화를 이루게 하는 수행이 불교의 사마타와 위빠사나 명상이다. 사마타 명상을 통해 정화가 이루어지면 마음과 몸의 조화가 이루어진다. 사마타 수행을 통해 음의 요소를 비우면 양의 요소가 채워진다. 또한 양의 요소를 비우면 음의 요소가 채워진다. 음의 특성은 수동적이고 소극적 요소가 있다. 수동적이고 소극적 마음을 비우면 양의 마음이 채워지고 적극적이고 능동적인 양의 마음을 비우면 수동적인 마음이 채워진다. 사마타 명상은 음의 마음과 양의 마음이 균형을 이루어 평정심을 유지하도록 한다.

위빠사나 명상은 통찰력과 지혜를 계발하는 수행법이다. 지혜가 계발되면 원인과 결과를 꿰뚫어 알며, 물질작용과 정신작용의 상호관계를 알게 된다. 지혜를 계발하면 이(理)와 기(氣)의 상호작용을 알 수 있다. 위빠사나 명상은 상극의 현상에서 극과 극의 분기점을 알게 하며 상극의 관계를 상대의 관계로 전환할 수 있다. 수행을 통해 자신의 양성과 음성의 경계를 알게 되며 양성과 음성의 지나침과 모자람을 알게 된다. 인간의 자율성과 주관성의 지나침과 모자람을 깨닫고 중도를 지향하도록 한다.

대학에서 인용했던 "격물치지 성의정심 수신제가 치국평천하"는 수행의 내용과 과정을 말한다. 이는 불교의 위빠사나 명상, 사마타 명상, 자애명상을 통해 깨닫고 성취할 수 있다. '격물치지'는 위빠사나 수행을 통해 증득할 수 있고, '성의정심'은

사마타 수행을 통해 갈고 닦아야 하며, '수신제가'는 자애명상 수행에 의해 성취할
수 있다.

위빠사나 수행을 통해 존재의 포월(包越) 관계를 이해할 수 있다. 모든 존재는 연
결되어 있고 이 연결은 포월관계를 갖는다. 이를테면 존재 구조에서 분자와 원자의
관계는 포월관계이다. 분자는 원자를 초월하면서 포함하는 관계이다. 분자가 어떤
물질을 형성할 때 이 포월관계에 의해 그 물질은 발전하게 된다.

8. 주부적 관상 : 수득적 관상

기독교에서 깨달음의 길을 관상(觀想)의 길이라고 한다. 관상이란 하나님과의 만
남이고 일치의 경험을 말하는 것으로 관상을 통하여 내 안에 내재하는 하나님을 만
나고 그 분과 대화와 교제를 경험하게 된다. 이러한 깨달음의 방편을 관상기도 혹
은 관상명상이라고 한다. 관상명상을 통하여 하나님이 나의 존재 기반이 되고 평화
롭고 행복한 삶을 이끌어 주시는 분임을 경험하게 된다.

관상명상에도 불교의 돈오와 점오처럼 주부적(注賦的) 관상과 수득적(修得的) 관
상이 있다. 주부적 관상은 하느님의 은혜로 주어지는 깨달음으로 수동적 관상이라
고도 한다. 관상명상 과정에서 어느 순간 하나님의 은혜로 하나님과 나의 합일을
체험하고 하나님의 신성에 대한 깊은 깨달음을 얻는 것이다. 불교적 관점에서 보면
돈오에 해당한다고 할 수 있다.

수득적 관상은 인간의 노력과 능력에 의해 하나님과의 합일을 경험하게 되는 것
으로 능동적 관상이라고 한다. 수득적 관상은 자신의 꾸준한 노력과 기도를 통하여
마음을 정화하여 고요하고 평화로움 가운데 하나님을 내 안에 모시는 것이다. 불교
의 관점에서 볼 때 점오에 해당한다고 할 수 있다.

신비주의자들이나 보수적인 신앙자들은 수득적 관상을 인정하려고 하지 않는
다. 그것은 인간의 구원은 전적으로 하나님의 은총과 사랑으로 이루어진다고 믿기
때문이다. 관상은 어디까지나 하나님의 선물로 주어지는 것이므로 인간의 노력과

기도로 이루어지는 것은 아니라고 보는 것이다.

그러나 주부적 관상이 의미하는 것처럼 하나님의 은총과 사랑이 저절로 주어지는 것은 아니다. 하나님의 사랑과 은총을 갈구하며 노력하고 기도하는 자에게 하나님이 응답하시는 것이다. 그래서 예수는 "구하라 그러면 너희에게 주실 것이요, 찾으라 그러면 찾을 것이요, 문을 두드리라 그러면 너희에게 열릴 것이니"(누가복음 11장 9절)라고 말씀하셨다.

참고도서

김준년, 『과상기도와 활동의 통합』, 바오로딸, 2013.

박노열, 『관상기도』, 나뮈, 2009.

성엄 선사, 대성 역, 『 대의단의 타파 무방법의 방법』, 탐구사, 2009.

이재영, 『통합종교교육론』, 선문대학교, 2010.

켄 윌버, 김명권 외 역, 『통합명상』, 김영사, 2020.

윌리엄 제임스, 김재영 역, 『종교적 경험의 다양성』, 한길사, 2011.

제5장

통합수행의 세 범주

1. 인간의 성장과 완성을 위한 수행

'인간에게 과연 완성이 있는가?'라는 의문은 철학, 심리학, 종교학 등의 주요 논제 중 하나다. 상좌부 불교에서는 인간은 불완전하니 완전하게 되기 위해서 수행을 해야 한다고 주장하는 반면, 대승불교에서는 인간은 본래 완전하지만 불완전하다고 착각하고 있다고 본다. 대승불교의 수행은 인간이 불완전하다고 하는 착각에서 벗어나 완전성을 유지하기 위한 수행이다.

기독교에서는 인간은 본래 하나님의 형상(Imago Dei)으로써 완전하였으나 인간의 타락으로 하나님의 형상을 완전히 상실했다고 보는 관점과 타락하였지만 하나님의 형상이 남아있다는 관점이 있다. 전자는 하나님의 형상을 회복하기 위해서는 오직 하나님의 사랑과 은총에 의해 가능하고 본다. 그러나 후자는 자신의 신앙과 책임에 의해 하나님의 형상으로써의 인간 회복이 가능하다고 본다.

대부분의 종교는 인간 완성의 목표가 있다. 불교는 붓다, 기독교는 하나님의 자녀, 유교는 군자가 되는 것이 완성의 목표다. 그리고 이 목표를 성취하기 위해 각 종교마다 수행법을 제시하고 있다. 수행은 본연의 나를 찾기 위한 길이다. 본연의 나를 찾기 위해 불교에서는 지혜를 계발하기 위한 수행을 하고 기독교에서는 하나님과의 합일을 위한 수행을 한다.

'나의 무상함과 무아를 아는 것이 곧 나를 아는 것이다'. 이러한 진리를 깨닫기 위해서 불교는 계(戒)·정(定)·혜(慧) 삼학이 있고 가톨릭은 관상의 세 단계 즉 정화의 단계, 조명의 단계, 합일의 단계가 있다. 개신교는 일반적으로 명시된 수행의 길은 아니지만 보통 말씀을 화육(化肉)하기 위한 수련이 있다. 말씀이 화육되기 위해서는 말씀의 독서, 말씀의 이해, 말씀의 화육(化肉)의 과정이 있다. 개신교는 "말씀이 있는 곳에 구원이 있다."는 명제를 가지고 있기 때문에 말씀의 화육이 신앙의 궁극적 목표라고 할 수 있다.

2. 통합수행을 위한 세 범주

통합수행을 지향하는 수행에는 세 범주가 있다. 대학에 나오는 격물치지(格物致知) 성의정심(誠意正心) 수신제가(修身齊家) 치국평천하(治國平天下)는 개인과 가정과 우주적 존재의 완성을 위한 세 범주를 말하고 있다. 격물치지 성의정심은 수행의 기반이며, 수신(修身)은 개인의 성장과 완성을 위한 수행 단계, 제가(齊家)는 참사랑의 가정을 이루는 수행단계, 치국평천하(治國平天下)는 우주와의 합일을 지향하는 단계이다.

위 수행의 세 범주는 성경 창세기에 나오는 삼대축복 즉, 하나님이 인간을 창조하시고 "생육하고 번성하여 땅에 충만하라."(창세기 1장 28절)는 말씀과 같다. 생육하라는 것은 개인의 성장과 완성을 뜻하고, 번성하라는 것은 참사랑의 가정과 사회를 이루라는 뜻이며, 땅에 충만하라는 것은 천지만물을 다스릴 수 있는 인간이 되라는 의미이다. 여기서 다스린다는 것은 지배하라는 의미가 아니라 천지만물의 이치와 현상을 꿰뚫어 아는 지혜를 함양하라는 의미이다.

불교의 혁명적 출현 배경이 되는 힌두교는 인생을 학생기(學生期), 가주기(家柱期), 임주기(林柱期), 유행기(流行期) 등 4주기로 구분한다. 학생기는 인간과 자연에 대해 공부하는 주기, 가주기는 가정을 바로 세우는 주기, 임주기는 자아실현을 위한 수행의 주기, 유행기는 중생의 구원을 위해 세상으로 나와 활동하는 주기이다.

이러한 힌두교 전통은 석가모니 붓다의 삶과 모순되지 않는다. 인도 룸비니 카필라 성의 왕자로 태어난 붓다는 어린 시절 공부를 했고, 청년 시기는 왕가의 혈통을 잇는 가정을 세웠고, 청장년 시기는 출가하여 수행을 하였다. 그리고 깨달음을 얻고 난 다음 세상으로 나와 중생을 구원하기 위한 삶을 살았다.

기독교 창시자 예수 또한 이러한 길을 걸었다. 12살에 유대교 율법 선생 랍비들과 토론을 할 정도로 실력을 쌓았고, 결혼하여 자녀를 낳아 일가를 이루지는 못하였지만 가정에서 부모를 도와 목공 일을 하였으며, 30세에 세상으로 나와 3년간 공생애의 길을 걷다가 십자가에 달려 타계하였다.

위와 같이 인간의 성장과 완성에는 수행의 단계가 있다. 수행의 단계에서 다음 단계로 넘어간다는 것은 앞의 단계가 완성되었거나 끝났다는 의미는 아니다. 다음의 단계는 앞의 단계를 포함하고 초월하는 단계이다. 이러한 과정을 포월(包越)의 관계라고 한다. 마치 나무의 나이테가 생성되면서 전 단계 나이테를 포함하는 것과 같다.

수행의 모든 단계의 기반이 되는 자세가 마음챙김(Mindfulness)이다. 수행의 과정에서 현재 경험하는 대상에 대하여 주시하고 알아차리는 것이 마음챙김이다. 마음챙김 명상은 나를 대상화시켜서 나를 바라보는 명상법이다. 마음챙김 명상은 개인적 차원, 가정적 차원, 우주적 차원의 기반이 되는 명상법이다.

수행에는 개인의 성장과 완성을 지향하는 수행, 가정의 평화와 행복을 지향하는 수행, 자연과 합일을 지향하는 수행 등 세 범주가 있다. 이러한 수행의 세 범주는 성경에서 하나님이 인간에게 주신 삼대축복에서 비롯된다. 삼대축복은 하나님이 부여하신 삼대축복이지만 인간에게는 존재의 목적이 된다.

마음챙김 명상은 삼대축복 완성을 위한 기반이 된다. 첫째, 마음챙김 명상은 개성완성의 기반이 된다. 개성완성은 자신이 자기의 주인이 되는 것이다. 자신이 주인이 되기 위해서는 자기를 주관할 수 있어야 한다. 자기를 주관하기 위해서는 느낌, 감각, 생각 등에 끌려가지 않고 이를 멈출 수 있으며 일어나는 것들을 지켜볼 수 있어야 한다. 물컵을 흔들지 않고 내버려 두면 물은 잔잔해지고 투명체가 된다. 마찬가지로 내 안에서 일어나는 부정적 감각에 따라가지 않고 판단 없이 바라보게 될 때 평정심을 가질 수 있다.

둘째, 마음챙김 명상은 가정의 완성을 위한 기반이 된다. 가족 간의 관계에서 마음을 챙기게 되면 서로를 이해하고 수용을 할 수 있게 된다. 마음챙김을 하게 되면 가족 간의 대화에서 상대가 만족할 수 있는 반응을 할 수 있고 상대의 심정을 헤아릴 수 있다.

마지막으로 마음챙김 명상은 만물의 주관성 완성을 위한 기반이 된다. 만물을 판단 없이 주시하고 알아차리면 만물을 대하면서 일어나는 탐욕과 집착을 내려놓을 수 있다. 그리고 만물의 본질과 현상을 꿰뚫어 볼 수 있는 통찰력이 생긴다. 마음챙김으로 사물을 대하게 될 때 만물을 통해 창조성과 만물에 대한 사랑의 마음이 계발된다.

1) 개성의 성장과 완성을 위한 수행

불교에서는 인간이 살면서 행하는 모든 것이 업(業)을 형성해서 인간의 내면세계에 잠재되어 있는 것으로 본다. 여기에는 선업(善業)도 있고 악업(惡業)도 있다. 인간이 죽어서 지상에 윤회를 해야 하는 이유는 업을 청산하기 위해서다. 따라서 수행이란 선업을 쌓고 악업을 정화하는 행위라고 할 수 있다. 악업을 쌓는 것은 삼독(三毒) 즉, 탐욕, 성냄, 어리석음 때문이다. 상좌불교에서는 삼독을 정화하여 더 이상의 업이 형성되지 않도록 하기 위해 수행에 정진하며, 대승불교에서는 이타심을 계발하는 사무량심 수행을 한다. 사무량심(四無量心: 慈·悲·喜·捨), 즉 자무량심(사랑), 비무량심(연민심), 희무량심(기쁨), 사무량심(평정심)을 유발하기 위한 것이 수행이다.

기독교에서는 인간조상 아담과 이브의 타락으로 형성된 원죄를 갖고 태어난다고 본다. 현재의 나에게는 원죄, 조상들이 지은 조상죄, 자신이 지은 자범죄에 의해 타락성이 내재되어 있다. 타락성을 벗고 다시 태어남을 상징하는 것이 세례식이다. 세례식에서 사용하는 물은 죄를 씻는 것, 포도주는 새로운 혈통, 밀떡은 메시아와 같은 몸을 갖는다는 것을 상징한다. 타락성을 벗기 위한 수행으로는 종교를 초월하여 계율 수행, 금욕 수행, 마음챙김 수행, 이타행, 좋은 습관들이기 등이 있다.

금욕수행: 타락성의 가장 현저한 특성은 쾌락적 욕구이다. 식욕, 성욕 등 육체적 느낌과 감각은 쾌락을 지향하는 욕구이다. 이러한 쾌락적 욕구를 소멸시키는 길은 고행, 절식, 절제 등을 통해 가능하다. 금욕 수행을 통해 육체적 욕구를 잠재울 수 있으며 자신이 통제할 수 있다. 불교의 부정관, 기독교의 금식기도, 철야기도, 등의 수행은 쾌락적 욕구를 소멸시키기 위한 수행이다.

이타행: 모든 종교는 '이타적인 삶을' 가르친다. 불교의 보살행이란 자신과 남을 이롭게 하는 공덕을 쌓는 것이다. 보살행에서 중요한 요소가 보시다. 보시는 탐욕을 끊고 깨달음으로 가는 첫째 수행이다. 보시를 통해 나의 죄업과 고통과 장애를 없애고 소원을 성취할 수 있다.

기독교 수행은 이타행의 모범을 보이신 예수를 따르고 예수를 닮는 길이다. 예수 말씀의 핵심은 '위하여 살라'는 것이다. 그는 영생의 길을 묻는 사람에게 "네 이웃을 네 몸과 같이 사랑하라."고 하였다. 누가복음 10장 선한 사마리아인의 이야기처럼 영생을 위해서 조건 없는 사랑을 베풀어야 한다. 여기서 영생이란 죽음과 삶을 초월하여 하나님의 사랑권 내에 사는 것을 말한다.

좋은 습관들이기 수행: "생각은 행동을 낳고, 행동은 습관을 낳고, 습관은 운명을 낳는다."는 말이 있다. 세 살 버릇 여든까지 가는 것이 아니라 영계까지 가는 것이다. 지상에서의 습관에 의해 천국생활을 할 수도 있고 지옥생활을 할 수도 있기 때문이다. 오늘의 나의 습관이 내일의 나를 만드는 것이다. 자신의 불우한 운명을 남의 탓을 하거나 '재수가 없어서'라고 말하는 사람이 있다. 그런 사람은 결코 자기 운명을 개척할 수가 없다. 습관은 자신이 만드는 것이다. 자신이 나쁜 습관의 조건을 만들었으니 자신이 습관을 바꾸어야 한다.

새로운 사람이 되고 성공하려면 먼저 나쁜 습관의 고리를 끊어야 한다. 그런 습관을 만든 조건을 해체해야 한다. 나쁜 습관은 인생의 덫이 된다. 나쁜 습관은 새로운 사람이 되는 길을 막고, 성공을 향한 길을 막는다. 나쁜 습관의 고리를 끊기 위해서는 먼저 지금 나를 묶고 있는 습관의 고리가 무엇인지를 자각해야 한다.

"중생의 습관에서 중생이 되고, 부처의 습관에서 부처가 된다."는 말이 있다. 거지의 습관에서 거지가 되고, 왕자의 습관에서 왕자가 된다. 종의 습관에서 종이 되고 주인의 습관에서 주인이 된다. 성인(聖人)이 되려면 성인다운 습관을 가져야 한다. 지금 나에게 바람직하지 못한 습관이 무엇이고 앞으로 어떤 습관을 들여야 성인다운 사람이 될 수 있는가를 살펴보아야 한다.

불교에서는 몸(身)과, 입(口)과, 생각(意)으로 업을 쌓는다고 한다. 이를 삼업(三業)이라고 하는데 몸과 입과 생각이 습관을 만든다는 의미다. 행동의 습관, 말의 습관, 감정의 습관이 그 사람의 인격을 만드는 것이다. 이 중에 생각의 습관을 고치는 것이 우선되어야 한다. 생각에서 행동과 말이 나오기 때문이다.

생각의 습관을 고치기 위해서는 내면의 소리를 들을 수 있어야 한다. 본심의 소리, 양심의 소리를 들어야 한다. 나쁜 습관이 들면 충동과 에고에 의해 생각이 발현되고 부정적 행위가 나오게 된다. 본심의 소리, 양심의 소리에 의해 몸과 말과 생각을 이끌어 갈 수 있을 때 좋은 습관이 든다. 내면의 소리를 듣기 위해서는 마음을 챙기는 수행을 해야 한다. 현재 일어나는 말과 생각과 행동을 주시하고 알아차리는 수행이다. 그리고 하루의 생활을 반추하며 심정일지를 쓴다.

<좋은 습관들이기 수행>

나의 심정일지

	년 월 일 ( )요일 시: 분
금년도 나의 목표	
이번 달의 나의 목표	
오늘의 기도할 내용	
지난 밤 꿈과 아침에 일어나서의 기분은?	
지금 이 일지를 쓰고 있는 시점의 기분과 느낌은?	
오늘 일어난 일들 중 나를 행복하게 한 일?	
오늘 일어난 일 중 내 감정을 상하게 한 일은?	
이번 달의 습관들이기: 습관들이기 오늘의 실천: 습관들이기 내일의 목표는?	

2) 가정의 평화를 위한 수행

가정은 사랑과 행복을 경험하고 구현하는 장(場)이다. 가정에서 부모의 사랑, 부부의 사랑, 자녀의 사랑, 형제의 사랑 등 4대 사랑을 경험해야 참사랑이 무엇인가를 알 수 있다. 가정은 사랑을 배우고 실천하는 곳이며 천국생활의 훈련장이다. 가정에서 천국생활을 경험하지 못하면 사후에 천국 혹은 극락에 들어갈 수가 없다.

한편 가정은 지옥을 경험할 수 있는 장도 된다. 가정에서 탐욕, 분노, 어리석음을 다스리지 못하면 가정은 악한 마음을 기르는 온상이 된다. 문제의 부모 밑에 문제아가 있다고 한다. 대부분의 범죄자들의 행위는 가정에서 사랑을 경험하지 못하고 불만족, 분노, 원망 등의 감정으로 마음이 오염되었기 때문이다. 간혹 문제의 부모를 반면교사로 삼아 훌륭하게 성장한 사람들이 있는데 그들은 조부모 혹은 친지의 흔들림 없는 사랑이 있었기 때문이다.

따라서 가정에서 깨달음에 이르는 수행자가 진정한 수행자다. 자신을 갈고 닦아 가정을 바로 세우는 사람이 진정한 수행자다. 불교에서는 가정에서 수행을 하는 수행자를 거사(居士)라고 한다. 불교의 석가모니와 동시대 사람 인도의 유마 거사, 중국의 벙 거사(~808), 신라의 부설 거사 등은 재가 승려 이상의 도를 깨닫고 실천한 수행자들이다. 이들 수행자들의 특징은 자신들이 수행의 모범을 보여줌으로 부인 혹은 자녀들이 수행을 계승했다고 한다.

코로나19 팬데믹 이후 기독교에 변화가 일어나고 있다. 대형 교회가 위축되고 가정교회가 활성화되고 있다. 가정교회란 개개의 가정이 독립된 한 교회의 단위이며 독립된 가정들 몇 가정이 연합하여 한 교회를 구성하는 것이다. 대가족과 같은 교회로서 예배, 교육, 선교, 봉사 등의 교회 사역을 하는 기능을 하고 있다. 가정교회의 가장 큰 특징은 하나님의 나라의 축소판이라는 점이다. 가정교회는 천국백성을 교육하고 훈련하는 장이다.

천국백성이 되기 위해 수행이 필요하다. 수행을 통해 사랑을 경험하고 신앙이 발달하고 성장한다. 가정교회 식구로서의 삶이 곧 수행이며 수행이 곧 삶이 되어야 한다. 가정에서의 수행은 가족 구성원이 하나님을 닮는 길이며 하나님의 자녀로서 성장과 완성을 향하는 길이라고 할 수 있다.

가족 심정일지 쓰기: 원불교는 대중 불교, 생활 불교를 지향한다. 원불교는 수행을 통해 생활 속에서 법신불(法身佛)이 되는 것을 목표로 하고 있다. 법신불이 되기 위한 마음공부가 수행의 핵심이다. 마음공부는 내가 마음의 주인이 되어 마음을 사용할 수 있는 사람이 되는 수행법이다. 마음공부는 마음을 바라보고 심지(心智)를 아는 것이다. 마음공부를 통해 마음의 이치와 변화를 보고 이해하면 나 스스로를 다스릴 수 있게 되는 것이다.

원불교에서는 마음공부 수행법의 하나로 매일 마음일기를 쓴다. 일기를 통해 하루 중 내 마음을 어떻게 사용했는가를 기록한다. 일기를 통해서 보이지 않는 마음의 흐름을 보는 것이다. 가정에서 심정일지를 공유한다면 가족 간의 소통에도 도움이 될 것이다. 심정일지는 개인의 심정일지, 가족 공유의 심정일지가 있다.

심정일지를 쓰는 일은 개인의 습관을 고치는데 유용하다. 나쁜 습관을 고치고 좋은 습관을 길들이기 위해서 심정일지 쓰기를 권장한다. 또한 심정일지 작성은 가정의 화목과 평화를 이루는데 중요한 수행법이다. 식탁이나 거실 테이블에 심정일지를 놓고 가족 간에 전하고 싶은 이야기 혹은 내 마음의 상태를 기록하여 서로의 마음을 전할 수 있다. 심정일지를 통해 가족 간의 이해를 도모할 수 있을 것이다.

대화명상: 대화는 행복한 인간관계 또는 고통과 불안한 인간관계를 만들기도 한다. 서로가 만족하는 대화가 있고 불만족의 대화도 있다. 대화를 통해 사람을 살리기도 하고 죽이기도 한다. 좋은 대화는 인간관계를 이어주지만 부정적 대화는 인간관계를 단절시킨다. 좋은 대화는 서로가 만족하는 대화로 서로가 기대한 대로 말하고 응답하는 대화이다.

서로가 만족하고 행복하기 위해서는 마음챙김 대화가 필요하다. 마음챙김 대화란 지금 내 마음에서 일어나고 있는 느낌, 감정, 생각을 주시하고 알아차리면서 대화하는 것이다. 또한 상대방의 반응을 보면서 대화하는 것이다. 상대방의 언행에 대한 반응으로 내 안에서 일어나는 욕구, 분노, 판단 등을 주시하고 알아차리면서 대화하고 반응을 하는 것이다.

가족 간의 사랑과 행복을 위해서는 마음챙김 대화를 해야 한다. 가족 간 마음챙김 대화를 통해 자신의 느낌과 감정을 그대로 표현하게 될 때 상대가 내 말의 의미를 더 정확하게 이해하고 내 말에 대해 올바른 반응을 할 수 있다. 지금 이 순간 자신의 느낌, 감정, 생각을 전하게 될 때 상대에 대한 비난, 공격, 판단을 하지 않게 된다.

자애명상: 자애명상은 자애기도라고도 한다. 나에게서 사랑과 연민심을 강화해서 상대에게 자애를 빌어주는 명상이다. 불교의 자애명상(Loving and kindness)은 기독교의 중보기도(Intersession Pray)와 유사하다. 기독교의 기도는 자유로운 형식에 의해 나의 소원과 의지를 하나님께 보고하고 기원하는 것이다. 중보기도는 자기 자신이 아닌 타인을 위해 기도하지만 자애명상은 먼저 나를 위한 명상을 한다. 자애명상은 먼저 내 안에 자애의 힘을 기른 다음 그 힘을 타인에게 나누어 주는 명상이다.

자애명상은 다음과 같은 문구를 새기며 암송하는 형식을 갖는다. "나에게 번뇌와 고통이 사라지고 평화롭고 행복하기를 기원합니다." 물론 이 문구가 정형화된 것은 아니다. 수행자 근기와 사정에 따라 문구를 달리할 수도 있다. 위 기원문을 3번 암송한 다음 점차로 자기와 가까운 사람으로 가족, 친치, 친구, 동료, 이웃 등을 향하여 "ㅇㅇ에게 번뇌와 고통이 사라지고 평화롭고 행복하기를 기원합니다."라고 세 번 암송한다.

울력 수행: 울력이란 여러 사람이 힘을 합하는 것을 말한다. 함께 기도하고 수행을 하게 되면 울력이 일어난다. 가정에서 가족에게 힘을 주기 위해서 함께 중보기도를 하면 울력을 나눌 수 있다. 가족 중 한 사람을 둘러싸고 그에게 기(氣)를 불어넣어 준다고 상상하고 손바닥을 그에게 향하면서 나의 자비와 사랑을 보내면 그에게 울력이 전해진다. 기(氣) 수행을 하는 사람은 의념(意念)을 믿는다. 의념이란 한곳에 마음을 두고 주시하면 그 곳에 기가 모인다는 것이다. 어떤 사람의 이미지를 떠올리며 자비와 사랑의 마음을 보내면 그에게 자비와 사랑의 힘이 전해진다.

3) 만물의 주관성을 위한 수행

하나님이 주신 삼대 축복의 세 번째가 "만물을 주관하라"이다. 여기서 말하는 주관은 만물을 지배하라는 것이 아니라 만물의 창조성을 발현시켜 주라는 의미이다. 만물을 사랑하고 성장을 돕는 주인이 되라는 말이다. 그러나 인간의 타락으로 "만물보다 거짓되고 마음이 심히 부패하였다"(예레미야 17장 9절)고 하였고, 이로 말미암아 '어리석은 자가 되었다'고 하였다.

불교의 자연관은 오계(五戒)에 잘 나타나 있다. 오계의 첫 번째가 "살생을 하지말라"이다. 살아있는 존재를 해치지 아니하고 자비심을 가지라는 말이다. 불교의 생명존중 사상은 인간의 탐욕과 성냄과 어리석음의 삼독(三毒)으로부터 벗어나기 위한 수행의 기반이 된다.

도교는 자연과 인간의 합일, 시간의 주기적 성격과 우주의 리듬, 처음으로의 복귀 등을 주장한다. 도교에서는 무위자연(無爲自然)을 주장하는데 아무것도 하지 않는다는 의미가 아니다. 억지로 하지 않고 인공의 힘을 가하지 않고 자연 그대로의 행위를 말한다. 노자는 "자연 과정에 인위적인 것이 끼어들게 되면 그것은 의도했던 정반대로 되거나 실패로 끝날 것이기 때문에 무위 없이 진정한 성공이란 있을 수 없다."고 하였다.

기독교의 만물주관, 불교의 불살생(不殺生), 도교의 무위자연(無爲自然) 이념의 기반은 자연 만물의 순리와 질서를 따른다는 의미가 있다. 종교는 공통적으로 인간의 탐욕이 어리석게 만들고 이 어리석음으로 스스로를 타락시키고 자연을 파괴한다고 본다. 따라서 탐욕을 제거하고 만물에 대한 사랑, 자연과의 합일을 위한 수행이 필요하다.

정적주의(靜寂主義) 수행: 정적주의 수행이란 17세기 기독교 신비주의자들에게 유행하였던 수행법으로 영원한 구원에 이르기 위해서 영혼의 극단적인 수동성과 중립을 주장한다. 도교의 무위자연 사상과 유사하다. 영혼이 소극적이고 수동적인 상태, 즉 정적인 상태에 이르게 될 때 내 안에 신성 혹은 불성이 활동한다. 신성 혹은 불성을 자각하여 거기에 자신을 맡기게 될 때 신과 합일이 된다. 신과의 합일에서 내가 하나님의 성전이요, 혹은 부처님임을 깨닫게 된다. 정적주의 수행은 탐욕과 판단을 내려놓고 만물을 있는 그대로 주시하므로 만물의 본질과 특성을 꿰뚫어 볼 수 있게 된다. 관념과 개념으로 이해하지 않고 있는 그대로 직관하게 되므로 만물과 내가 하나 될 수 있다. 창문 넘어 자연 만물을 보면서 정적주의 수행을 할 수 있다.

우주와의 합일을 수행: 도교에서는 인간을 소우주라고 한다. 인간은 우주의 축소체로서 우주에 존재하는 삼라만상이 가지고 있는 모든 요소를 다 지니고 있다. 도교는 소우주로서의 인간은 자연의 질서와 통일적으로 융합되어야 함을 주장한다. 기독교에서는 천지만물에 하나님의 신성과 능력이 내재된 것으로 본다. 인간은 하나님의 창조성을 가진 우주적 존재다. 공자는 "근취저신(近取著身) 하고 원취저물(遠取著物) 하라"고 하였다. 가깝게는 자기 몸에서 진리를 찾고 멀게는 각각의 사물에서 진리를 찾아야 한다는 뜻이다.

관념과 개념을 버리고 만물을 주시하고 알아차리는 수행이 필요하다. 불교의 위빠사나 명상에서 가르치듯이 판단과 분별없이 대상을 보게 되면 통찰력이 계발되고 지혜를 증득하게 된다. 명상을 통해 삼매에 이르게 되면 나와 우주가 하나됨을 경험할 수 있다. 삼매에 이르게 되면 시간과 공간의 초월을 경험한다. 우주와 시간의 경계가 무너지며 완전한 자유와 해탈을 경험할 수 있다.

참고도서

세계기독교통일신령협회 편,『원리강론』, 성화사, 2006.
김승호,『명상인문학』, 다산초당, 2017.
Jon Kabat-Zinn, 안희영 외 역,『온정신의 회복』, 학지사, 2017.
장현갑,『명상에 답이 있다』, 담앤북스, 2013.

제6장

통합수행 과정의 세 단계

종교교육학자 웨스터호프(John H. Westerhoff Ⅲ)는 종교의식(宗敎儀式)에는 이탈의 단계―이행의 단계―재가입의 단계 등 세 국면이 있다고 하였다. 이 세 국면은 수행의 목적을 달성하기 위한 과정이다. 이탈의 단계는 기존 삶의 장이었던 공동체로부터 벗어나는 단계이며, 이행의 단계는 새 공동체에서 일원이 되기 위한 훈련의 단계이고, 재가입의 단계는 새로 가입된 공동체의 삶의 방식에 주도적으로 참여하는 단계이다. 대부분의 종교인은 이러한 과정을 통하여 신앙인으로 성장한다.

불교에서 깨달음의 궁극적 목표인 지혜 계발의 과정은 삼학(三學)이다. 삼학은 계(戒)―정(定)―혜(慧)의 차제(次第)로 되어 있다. 계수행은 계율을 지켜 청정함을 증득하는 것이고, 정수행은 계수행의 기반 위에 집중과 평정심을 증득하는 것이다. 그리고 계수행과 정수행의 기반 위에 통찰력 계발을 통한 지혜를 증득하는 것이 수행의 궁극적 목표이다.

티베트 불교의 람림(lamrim) 명상에서도 수행의 단계를 하사도―중사도―상사도로 나누고 있다. 이 세 단계의 수행과정은 웨스터호프가 말한 종교의식의 세 단계와 상당한 유사성을 갖는다. 하사도는 이승에서 이탈하여 천신에 다시 태어나기 위한 수행단계이고, 중사도는 업(業)과 미망에서 벗어나기 위한 수행단계이며, 상사도는 대자비심을 일으켜 중생을 구원하는 단계를 말한다.

가톨릭의 관상의 길은 정화의 단계―조명의 단계―합일의 단계로 이어진다. 기독교 신앙의 최종 목적은 하나님과 합일을 통해 하나님의 자녀가 되는 것이다. 하나님의 자녀가 되는 단계가 바로 관상의 길인데 먼저 정화의 단계로 시작한다. 정화의 단계는 수행을 통하여 마음을 청정하게 닦고, 마음이 청정한 상태에서 그리스도의 반사체가 되며, 그리스도의 반사체를 이루어 최종적으로 신과의 합일의 단계에 이르게 된다.

주류 종교에서 행하는 수행의 과정은 대부분 세 과정으로 되어 있다. 불교의 '삼학', 기독교의 '관상의 3단계, 티베트 람림의 세 단계 등 세 범주(category)로 구분된다. 위 과정에서 일어나는 신앙의 성장과 완성단계는 불교의 삼학, 기독교의 관상의 3단계, 람림의 세 단계 과정에서 일어나는 현상이 일치하는 것을 알 수 있다. 이 세 과정은 신앙의 발달단계로 이해할 수 있으며, 수행의 과정도 이 세 단계 과정의 범주 안에서 이루어진다.

위에서 설명한 수행의 세 과정은 포월적(包越的) 관계다. 둘째 과정은 첫째 과정을 포함하고 초월하며 셋째 과정은 첫째 과정과 둘째 과정을 포함하고 초월한다. 이를테면 계·정·혜 삼학의 관계에서 정의 과정은 계를 포함하고 초월하며 혜의 과정은 계와 정을 포함하고 초월한다.

본 장에서는 수행과정을 현대 종교교육학자 웨스터호프가 말한 '이탈의 과정' '이행의 과정' '재가입의 과정'으로 각 종교의 수행법을 분류하고자 한다.

1. 이탈과정으로서의 수행과정

이탈의 과정은 사람들이 공동체에서 지금까지 지니고 있었던 형식적이고 의례적인 역할이나 신분으로부터 탈피하는 과정을 말한다. 즉 종교적 회심의 과정을 의미한다. 지금까지의 삶의 자리로부터 새로운 삶의 자리로의 전환을 다짐하고 고백하는 의식이며 자신 삶을 부정하고 새로운 인간상으로 출발의 단계이다. 불교의 욕계에서 색계로, 색계에서 무색계로 포월적 변형이 이루어지는 과정을 이탈의 과정이라고 할 수 있다. 기독교에서는 사탄 주관권의 삶에서 하나님 주관권의 삶으로

부활하는 과정을 말한다. 이 단계는 불교의 계수행 단계, 기독교의 정화의 단계에 속한다.

대부분의 종교는 입교식을 갖는다. 입교식에서는 새로운 공동체 구성원이 되기 전 과거의 삶을 부정하는 의식을 행한다. 기독교에는 자기를 부정하고 기독교적 삶을 출발하는 의식으로 세례식이 있고, 불교에서는 계를 받는 수계식이 있다. 천주교에서 입교식에 해당하는 영세를 받으면 세례명이 주어지고, 불교에서는 수계식을 하고 법명(法名)을 받게 된다. 이는 새로운 사람으로 중생했다는 표시이다. 이처럼 종교에서 행하는 입교식은 이탈의 과정에 속하는 대표적 의식이다.

종교는 참된 자아를 인식하기 위해서 자아를 부정해야 한다는 역설적인 논리를 가지고 있다. 부정을 통한 긍정의 논리, 즉 변증법적 인식의 논리이다. 변증법적 부정에 의하여 비존재 혹은 모순된 자아를 부정하고 자아에 대한 새로운 인식에 도달하게 된다. 이처럼 기독교와 동양종교는 공통적으로 자아 부정에 대한 교리를 가지고 있다.

예수는 "누구든지 나를 따라 오려거든 자기를 부인하고 자기 십자가를 지고 나를 좇을 것이니라."(마태복음 16장 24절-26)고 자아부정을 촉구하였다. 기독교 신앙인에게 자아 부정은 절대자와의 관계를 위하여 지켜야 할 제1의 계율이다. 기독교 교리에 의하면 인간은 창조주가 준 계명을 지키지 않아 비존재로 전락하였다. 궁극적 존재를 기반으로 한 인간이 될 때만이 존재가 가능한데 인간은 신을 버리고 자기중심적 존재가 된 것이다. 자기중심적 존재로 떨어진 인간의 가장 두드러진 특징은 교만 즉 자기를 높이는 존재가 된 것이다. 따라서 이러한 비존재로 전락한 자기중심적 인간이 철저하게 자기를 부정할 때 새로운 존재가 된다.

불교의 핵심 사상 삼법인(三法印) 무상(無常) 고(苦) 무아(無我)는 바로 자아부정의 사상이다. 붓다는 "색(色)은 무상(無常)이다. 무상이면 곧 고(苦)요 고면 곧 무아다. 무아(無我)이면 아소(我所)가 아니며 이는 아(我)가 아니며 아체(我体)가 아니다."라고 무아사상을 주장하였다. 즉 '나'라는 실체가 없다는 것이다. 무상이란 일체 삼라만상이 항상(恒常)한 것이 없고 일어났다가 사라진다는 의미이다. 무아란 존재하는 것은 실체가 없고 오온(五蘊)이 조건의 결합에 의해 형성되었다가 조건이

해체되면 소멸된다는 의미이다. 따라서 나라는 존재는 무상이며 무아의 존재인 것이다.

이탈의 과정은 수행 초기 단계에 해당한다. 이 단계는 자아를 부정하고 회심(回心)을 통한 각성 혹은 진정한 자아에 대한 깨달음을 위한 것이다. 이 단계에서 깨달음을 위해서는 자력에 의한 수행보다는 앞서 깨달은 사람의 도움이 필요하다. 따라서 어느 정도 종교적 지식의 학습과 생활을 위한 타율적 훈련이 필요한 단계라 할 수 있다. 즉 율법적 단계로 계율을 지키는 삶을 통하여 과거의 자아를 부정하고 새로운 자아를 형성할 수 있다. 이탈의 수행 과정에는 자기를 부정하는 고행 수행, 귀의(歸依) 등이 있다.

2. 이행과정으로서의 수행과정

이행의 과정은 이미 소속된 공동체 안에서 새로운 지위, 역할, 신분을 위한 준비를 하는 과정으로서 종교적 생활에 적응하는 단계이다. 즉 종교적 삶의 적응단계로 자아에 대한 새로운 인식 아래 자아와 사회에 대한 책임적 존재가 되는 단계이다. 이 단계는 종교적 삶의 사회화(社會化)와 문화화(文化化)를 실현하는 단계이다.

불교에서 습을 떨쳐버리는 두타행(頭陀行, dhuta)이 이탈의 과정에 속하는 수행이라면 사마타 명상과 위빠사나 명상은 이행의 과정에 속한다. 사마타 수행을 통해 마음의 청정과 평정심을 증득하고, 위빠사나 수행을 통해 통찰력을 계발하여 지혜를 증득한다. 이 수행을 통하여 평화롭고 행복한 삶을 영위할 수 있다. 서양에서는 위빠사나 수행을 마음챙김 명상에 응용하여 생활 속에서의 수행법으로 삼고 있다.

기독교에서는 이행의 과정으로 성찬식, 제자 훈련 등을 행한다. 성찬식은 주님의 피와 살을 상징하는 포도주와 빵을 나눔으로 주님과 일체가 되며 공동체 의식을 함양하는 예전이다. 이 단계는 믿음을 강화하는 단계로 하나님과 관계를 맺는 단계이다. 믿음을 통해 그리스도의 삶의 반사체가 되는 것이다.

기독교, 불교 등 주류 종교에서 행하는 종교의식 가운데 통과의례나 창조때 이루어진 사건을 재현하는 성력(聖曆)에 의한 의식은 이행의 단계에 해당한다. 이러한 의식을 통해서 공동체의 일원이 되는 것이다. 한편 이러한 의식(儀式)은 말씀을 화육(化育)하는 과정이 된다. 즉 말씀의 실체가 되기 위한 과정이다. 신앙의 궁극적 목적인 말씀의 화육을 위한 과정에 해당한다.

3. 재가입과정으로서의 수행과정

재가입의 단계는 주체적이고 통합적인 신앙인을 위한 수행과정이다. 신앙발달의 여섯 단계를 말한 제임스 파울러(James Fowler)는 이 단계에 이른 신앙인을 보편적 신앙단계에 이르렀다고 말한다. 이 수행과정에 있는 사람은 과거의 신앙 위탁 양식들과 의미구성의 방법들을 재수용하는 단계에 이른 사람이다. 진리에 대한 더 이상의 모호성과 애매성이 없이 진리에 대한 확신을 가지며 진리에 따라 삶의 의미를 파악하며 실천하려고 한다.

각 종교는 이 단계에서 이타적인 삶을 살 것을 요구하며 진리를 확산하는데 동참할 것을 권면하고 있다. 불교에서는 '자비(慈悲)', 유교에서는 '인(仁)', 기독교에서는 '사랑', 이슬람교에서는 자카트(Zakat)를 신앙의 첫째 덕목으로 삼고 있다. 결국 위하여 사는 것을 신앙의 궁극적 목표로 삼고 있는 것이다.

물론 이행과정의 수행과정에서도 자비, 사랑, 자선을 베풀 것이 요구된다. 그러나 이 재가입의 단계에 이른 사람에게는 이러한 것이 더 이상의 책임과 의무가 아니며 삶 자체인 것이다. 그들의 삶 자체가 진리를 드러내는 것이다. 이 단계에 이른 사람을 불교에서는 '붓다'(깨달은 자). 기독교에서는 '하나님의 자녀', 유교에서는 '군자'라고 일컫는다.

모든 종교는 그 창교(創敎)의 이념으로 구원을 목표로 하고 있다. 구원은 이타적인 삶의 실천으로부터 비롯된다. 그래서 유교는 인(仁), 불교는 자비, 기독교는 사랑을 덕목으로 창도(唱導)의 이념을 삼았다. '인' '자비' '사랑' 등의 개념은 관계적 언어로 상대를 위한다는 의미가 담겨 있다.

기독교의 핵심적 가르침은 사랑이다. 예수의 가르침의 핵심사상은 이타적인 삶이다. 기독교 성경의 주제는 사랑이라고 할 수 있다. 기독교의 황금률은 "네 이웃을 네 몸같이 사랑하라."이다. 기독교에서는 "행함이 없는 믿음은 그 자체가 죽은 것이라"(야고보서 2장 17절)고 하였다. 행함은 바로 이웃을 사랑하는 일이다. 따라서 대승불교나 기독교에서는 인류를 구제하고 봉사하는 것이 수행 자체가 된다.

대승불교의 수행은 보살행이다. 개인 구원을 위한 수행보다 이타생활에 강조점을 두고 있다. 자신의 구원보다 중생의 구원을 중시한다. 물론 수행과정으로 선(禪)을 강조하고 있으나 선은 무아(無我)로 이타행(利他行)을 실천하는 지혜와 자비를 체험하기 위한 것이다. 불교에서 보시의 행위는 깨달은 자의 표상이 된다.

대승불교에서는 선(禪)을 통하여 심즉시불(心卽是佛)이나 실유불성(悉有佛性)을 자기의 것으로 하여 그것을 인격화하는 것이다. 그리고 인격화는 현실적인 삶을 통해서 해탈이라는 이상을 구현하는 것을 의미한다. 대승불교의 오십이위(五十二位) 수행과정에서 십행(十行)이나 십회향(十廻向)을 수행해야 하는데 중생들을 기쁘게 하고 자기가 닦은 공덕을 중생들에게 베푸는 과정을 거쳐야 부처의 경지 즉 묘각(妙覺)에 이르게 된다.

신앙에서 재가입 단계는 자아실현의 단계이며, 이타적인 삶 자체가 수행의 단계이다. 각 종교 간에 교리가 다르고 실천의 과정이 다르지만 공통적으로 이타생활을 신앙인의 궁극적 목표로 삼고 있으며 실천을 덕목으로 삼고 있다. 그것은 인간은 관계적 존재이며 사회적 존재라는 공통된 인간이해에서 비롯된다. 인간은 본질적으로 상대적 존재인 것이다. 타를 부정하면 내가 부정이 되고 타를 긍정해야 내가 긍정이 되는 것이다. 재가입의 단계에서는 이타생활이 수행의 궁극적 목표이다. 종교 간에 수행과정으로 이타생활을 함께 계도하고 함께 실천하게 될 때 종교 간의 만남과 대화도 가능하게 될 것이다.

참고도서

이재영, 『통합종교교육론』, 선문대학교출판부, 2010.

John H. Westerhoff, *Will our children have Faith*, Seabury, 1983

James. W. Fowler, *Stages of Faith*, Harper Collins. 1981.

제2부

명상의 채널과 유형

제1장

명상과 채널

채널(Channel)이란 용어는 두 가지 의미로 사용된다. 하나는 라디오나 텔레비전 방송 등에서 주파수대에 따라 배정된 전파의 전송 통로를 의미하고, 다른 하나는 어떤 일을 이루는 방법이나 정보의 전달 경로를 말한다. 명상에서의 채널이란 후자의 의미로 명상 수행을 하는 방법과 경로를 말한다.

명상의 채널에는 지각작용을 일으키는 감각, 시각, 청각, 미각, 촉각, 생각 등이 있다. 명상은 감각기관이 감각대상들에 주의를 집중함으로써 의식을 변화시키는 행위이다. 우리는 평소 이러한 감각들에 대하여 의도적으로 주시하지 않지만 명상에서는 의도적으로 이러한 감각들에 주시하여 의식의 상태를 알아차린다. 주시와 알아차림을 통해 우리의 의식을 변화시키고 변화된 의식이 긍정적인 삶으로 승화시킨다.

의도적으로 감각기관을 통해 감각대상을 알아차리지 않으면 인간은 이러한 감각들에 의해 지배당하게 된다. 좋은 감각들을 따라가게 되고 불쾌한 감각들은 혐오하게 된다. 또 이러한 감각에 대한 갈애와 집착이 일어나게 된다. 불교에서는 이러한 현상을 연기(緣起)라고 한다. 인간은 이 연기의 고리에 묶이어 번뇌와 고통 속에 살아가게 된다.

명상의 주제를 명상의 채널로 본 사람은 과정심리학의 체계를 세운 민델(Arnold Mindell)이다. 민델은 "명상은 감각을 채널로 사용하여 의식을 변화시키는 과정"이라고 하였다. 인간은 감각을 통해 지각작용을 한다. 이러한 지각작용을 돕는 감각대상을 채널이라고 한다. 감각대상인 호흡, 느낌, 신체감각, 생각 등을 주시하고 알아차림으로 평소와는 다른 의식상태를 만들게 된다. 이러한 과정에서 명상의 궁극적 목적인 집중력과 통찰력이 계발된다.

명상은 명상 자체가 목적이 아니라 깨달음을 위한 도구이다. 명상이라는 도구를 가지고 심신을 갈고 닦는 것이다. 다르게 표현하면 명상은 깨달음으로 들어가는 채널이라고 할 수 있다. 라디오에서 자기가 듣고 싶은 것을 듣기 위해 채널을 맞추듯이 명상이라는 채널을 통해 깨달음에 이르게 된다.

이 채널에 속하는 것이 느낌, 감각, 생각, 현상 등이다. 인간의 눈, 귀, 코, 혀, 피부 등의 감각기관이 어떤 감각대상을 만나게 되면 느낌, 감각, 생각, 현상 등이 일어나고 이러한 것들에 대한 느낌, 감각, 생각, 현상 등에 대한 지각작용이 일어나게 된다. 이 지각작용은 자신의 삶의 경험에 의해 만들어진 관념에 따라 이해와 판단을 하게 된다. 즉 사물과 현상의 본질을 있는 그대로 보지 못하고 관념이라는 사고의 틀을 거쳐 판단하게 된다. 그래서 같은 현상을 경험하고도 사람에 따라 좋은 느낌이나 감각을 갖게 되고 혹은 싫은 느낌과 감각을 갖게 된다.

이러한 감각에 대한 '좋다' '나쁘다'라는 판단과 분별심으로 인간은 번뇌와 고통에 빠지게 된다. '좋은 느낌이다' '싫은 느낌이다'라는 판단은 갈애와 혐오로 발전하고 갈애와 혐오는 집착을 만들게 된다. 명상이란 감각기관이 감각대상과 접촉하게 될 때 일어나는 현상을 판단과 분별없이 있는 그대로 보는 것이다. 이 현상에 대한 집착이 인간을 불만족과 괴로움에 빠뜨리게 된다. 명상은 불만족과 괴로움에서 벗어나도록 이끄는 도구이며 프로세스다.

느낌, 감각, 생각, 법 등을 불교에서 사념처(四念處)라고 한다. 이 네 가지는 수행의 대상으로 수행 주제라고도 한다. 마음을 갈고 닦기 위해서 이 네 가지 수행대상에 대한 주시와 알아차림이 바로 불교 명상의 핵심이다. 불교 수행에서 한 대상을 주시하며 몰입하는 명상을 '사마타'라고 하고, 사념처를 주시하고 알아차림을 위한 명상을 위빠사나라고 한다. 위빠사나는 사념처 수행과 같은 의미이며 '판단과 분별심 없이 사물과 현상을 본다.'는 뜻으로 통찰력을 계발하여 지혜를 증득하기 위한 수행이다.

명상의 궁극적 목적은 지혜를 계발하는 것이다. 지혜의 사전적 의미는 '사물의 본질과 현상을 꿰뚫어 볼 수 있는 능력'이다. 지혜를 계발하기 위해서 통찰력을 계발해야 하고, 통찰력을 계발하기 위해서는 사물을 판단과 분별없이 볼 수 있는 직관력을 계발해야 한다. 명상은 직관력과 통찰력 그리고 지혜를 계발하는 도구이다.

대부분의 종교 수행은 집중을 위한 사마타 명상과 알아차림을 위한 위빠사나 명상의 두 유형으로 나눌 수 있다. 기독교의 관상명상도 사마타 명상과 위빠사나 명상으로 이해할 수 있다. 십자가, 촛불 등 성물을 주시하며 마음의 정화와 고요함을 경험하는 기도는 사마타에 속하고, 성물을 주시하고 알아차리는 관상기도는 위빠사나에 속한다.

기독교의 기도나 묵상은 무지(無智)에서 벗어나 지혜를 계발하는 방편이며 채널이다. 성서 잠언서 1장 7절에 "모든 지혜의 근본은 하나님을 아는 것"이라고 하였다. 기독교에서 말하는 지혜와 불교에서 말하는 지혜의 의미가 다르지 않다. 하나님은 피조세계의 창조주로 그의 신성과 능력이 만물 속에 담겨있기(로마서 1장 20절) 때문에 하나님을 알게 되면 모든 피조세계의 본질과 현상을 꿰뚫어 알 수 있다. 역으로 사물의 본질과 현상을 꿰뚫어 알게 되면 하나님의 신성과 능력도 알게 된다. 따라서 기독교인들에게 명상은 하나님과 인간이 합일에 이르는 도구가 된다. 명상을 통해 하나님을 더 잘 알고, 믿고, 모실 수 있다.

오늘날 서양에서는 불교의 사마타 명상과 위빠사나 명상을 응용하여 만든 명상을 마음챙김 명상(Mindfulness Meditation)이라고 한다. 마음챙김 명상은 주시와 알아차림(Awareness)을 통해 현재에 머무르며 깨어있기 위한 명상이다. 서양에서는 마음챙김을 스트레스, 우울증, 불안장애, 분노조절 장애 등의 심리치료 도구로 사용하고 있다. 본래 'meditation'의 접두어 명상은 'med'는 의학 용어 'medical' 'medicine'과 같이 치유의 의미를 담고 있다. 따라서 명상은 치유의 기능을 갖고 있다. 명상은 마음을 치유하는 기술이라고 할 수 있다.

명상에 대한 이러한 이해의 기반에서 MBSR(Mindfulness Based Stress Reduction) 프로그램을 창시한 미국의 존 카밧진(Jon Cabat-Zinn)은 명상을 "특별한 방식으로,

목적성을 갖고 현재 이 순간에 비판단적으로 주의를 기울이는 것"이라고 하였다. 여기서 특별한 방식은 명상을 위해 채널을 선택하는 것이고, 목적성을 갖는다는 것은 의도적인 행위라는 말이며, 현재 이 순간에 일어나는 현상들에 대하여 판단, 분별하지 않고 순수한 자각을 한다는 의미이다.

제2장

채널로 본 명상의 유형

1. 호흡을 채널로 하는 명상

명상의 채널로 가장 많이 사용되는 것이 호흡이다. 호흡은 감각기관을 움직이는 원동력으로 호흡을 바르게 해야 감각기관이 지각작용을 제대로 할 수 있다. 즉 호흡을 통로로 주시와 집중 상태에 들어갈 수 있고, 집중 상태에 들어가야 고요하고 청정한 마음 상태가 된다. 호흡은 마음과 몸을 이어주는 생명줄의 역할을 한다.

따라서 호흡관찰은 명상으로 들어가는 통로가 되며 모든 명상의 터전이 된다. 호흡관찰 명상을 하게 되면 마음이 안정되고 고요해진다. 마음이 고요하고 청정한 상태가 될 때 마음에서 유발된 느낌, 감각, 생각 등을 뚜렷하게 주시하고 알아차릴 수 있다. 호흡이 안정되어야 집중명상 사마타가 되고, 통찰명상 위빠사나가 가능하다. 따라서 호흡관찰은 명상으로 들어가는 통로이며, 모든 명상을 이끄는 도구이고, 명상의 질을 높여주는 채널이 된다.

호흡관찰 명상은 몸의 이완과 마음의 이완을 가져온다. 호흡관찰 명상만 제대로 해도 명상에서 추구하는 고도의 맑고 청정한 집중 상태 '삼매'를 경험할 수 있다. 그래서 불교 명상은 요가에서 행하는 동작 수행 아사나(Asana)를 행하지 않는다. 좌선에서 호흡관찰을 하면 몸의 이완이 저절로 이루어지기 때문이다.

2. 시각을 채널로 하는 명상

얀트라, 만트라, 트라타카 등은 시각을 채널로 하는 명상이다. 집중명상의 대부분은 시각을 채널로 사용한다. 이러한 명상들은 촛불, 십자가, 종교적 성물 등 특정한 대상에 시각을 집중하는 명상이다. 특정한 대상에 시각을 집중함으로써 그 대상에서 오는 느낌과 감각을 알아차려 집중력 향상은 물론 마음의 안정과 평화가 증진된다. 시각을 채널로 삼는 것은 다른 채널을 차단하고 오로지 시각이라는 채널만을 사용하여 의식의 변화를 만드는 것이다. 변화를 만든다는 것은 의도적으로 의식의 변화를 이끄는 것이 아니다. 의도적인 주시를 통하여 자동적으로 의식의 변화가 오는 것이다. 시각의 채널을 사용하여 집중하다 보면 거친 의식들이 순수한 의식으로 정화되는 것이다.

우리의 시각을 의도적으로 어떤 대상에 집중시키는 것은 자동적으로 어떤 시각에 끌려가는 것을 막기 위한 것이다. 예를 들어 우리가 파티장에 갔을 때 배고픈 사람은 음식에만 시각이 멈출 것이다. 또 어떤 옷을 입을 것인가를 걱정하고 파티에 참석한 사람은 다른 사람들의 의상에만 시각이 멈출 것이다. 이렇듯 자동적인 시각 작용에 끌려가게 되면 그 날의 파티를 제대로 즐길 수 없다. 따라서 시각을 채널로 하는 명상에서는 의도적으로 주시의 대상을 바꿀 수 있어야 한다. 특정한 대상에 집중해서 주시와 알아차림의 힘을 기르는 것이다.

3. 청각을 채널로 하는 명상

청각을 채널로 사용하는 명상을 소리관찰 명상이라고 한다. 우리는 일상을 살아가면서 경적 소리, 기계 작동 소리, 아파트 층간 소음, 사람들의 이야기 등 많은 소리를 듣고 있다. 이 소리들 가운데는 귀에 거슬리는 소리가 있고 아름답고 고운 소리가 있다. 사람의 음성에도 미성이 있고 괴성이 있다. 이러한 소리에 대한 판단은 소리의 본질에서라기보다 소리에 대해 관념이 있기 때문이다.

때로는 소리가 인간에게 고통을 주기도 한다. 그것은 소리를 관념에 따라 판단하고 분별하기 때문이다. '이 소리는 좋은 소리다' '이 소리는 싫은 소리다' 등 소리에 대한 느낌이 일어나 '좋다' '나쁘다'를 판단하게 된다. 이러한 판단이 집착과 혐오를 만들게 되며 이 집착과 혐오가 우리를 고통에 빠뜨리게 한다.

소리 때문에 스트레스를 받기도 하고 소리로 인해 심신의 이완을 할 수도 있다. 필자는 미얀마에서 수행하던 중 자신의 관념에서 소리를 판단한다는 것을 알게 되었다. 새벽에 명상 수행을 하는 중 주변의 사찰에서 스피커를 통해 나오는 독경 소리와 나무 위의 도마뱀이 '까악'거리는 소리가 참으로 귀에 거슬렸다. 수행 초기에는 이 소리 때문에 집중을 할 수가 없었지만 며칠 지나니 이 소리가 나의 수행을 방해하지 않았다. 정진하여 수행하다보니 소음이 아닌 순수한 소리로 들리게 된 것이다.

소리관찰 명상이란 소리를 판단하거나 분별하지 않고 주시하며 알아차리는 명상이다. 소리를 따라가지 않고 주시를 다른 곳으로 전환하게 되면 소리가 나의 느낌과 감정을 지배하지 않게 된다. 따라서 소리관찰 명상에 익숙해지면 과거 소음이었던 것들이 순수한 소리로 들린다. 이를테면 과거에 아이들이 울고 떠들게 되면 스트레스를 받았다. 그러나 소리관찰에 익숙해지면서 아이들이 내는 소리에서도 메시지를 듣게 되고, 그 소리들로부터 생명의 소중함과 아이들에 대한 자비심과 연민심이 생기게 되었다.

4. 몸의 감각을 채널로 하는 명상

신체의 감각은 위빠사나 명상에서 많이 사용하는 채널이다. 요가의 아사나, 불교의 위빠사나 명상, 마음챙김 명상, 기수련 등에서 몸의 감각을 채널로 사용한다. 종교에서 행하는 금욕주의 수행도 몸의 감각을 제어하기 위한 수행이라고 할 수 있다. 이렇듯 감각을 수행의 채널로 사용하는 것은 신체적 감각이 느낌을 지배하고, 그 느낌이 인간의 희로애락(喜怒哀樂)을 이끌어가기 때문이다.

감각은 기쁨, 평안, 고요 등 좋은 마음을 일으키기도 하지만 슬픔, 우울감, 짜증,

불안, 분노 등의 해로운 마음이 일어나게도 한다. 감각은 일반적으로 해로운 마음을 더 많이 만들어 인간을 고통과 불행에 빠뜨리게 한다. 감각을 따라가다 인생을 망치는 사람들이 있다. 성추행, 성폭력, 마약투여 등도 결국 순간적인 감각을 쫓다가 벌어지는 행위이다. 이런 범죄를 저지르는 사람들은 대부분 '자신도 모르게 범죄를 저지르게 되었다'고 한다. 감각에 빠지거나 끌려가 이성(理性)과 분별력을 잃고 마는 것이다.

대부분의 종교에서는 신체적 감각을 제어하기 위해 고행 수행을 한다. 수행자들 가운데는 금식, 철야기도, 극한 상황에서 버티기 등을 통해 몸의 감각을 제어하려고 한다. 그러나 이러한 고행을 채널로 하는 수행은 일시적인 효과는 있으나 번뇌와 고통으로부터 완전한 자유와 평화를 증득할 수가 없다. 무의식에 내재된 부정적 의식이 완전히 정화되지 않기 때문이다.

불교 경전 대념처경에서는 사념처(四念處) 수행을 통해 사티(sati)를 계발하는 것이 깨달음으로 가는 유일한 길이라고 한다. 사념처는 감각, 느낌, 생각, 현상 등 네 가지 마음챙김의 채널을 말한다. 사념처를 주시하고 알아차림으로 이러한 감각, 느낌, 생각, 현상 등에 끌려가지 않고 깨달음에 이르게 되는 것이다. 마음챙김 명상은 이러한 마음 작용을 판단하거나 분별하지 않고 직관적으로 관찰하는 수행법이다.

기독교에서도 이러한 감각을 따라는 가는 것을 죄악시하고 있다. 그래서 감각기관에서 이러한 마음 작용들이 일어나는 것을 철저하게 단절하라고 한다. 성경 마태복음 5장 29절~30절에 보면 "만일 네 오른 눈이 너로 실족케 하거든 그 눈을 빼어 내버리라, ――― 만일 네 오른 손이 너를 실족케 하거든 그 손을 찍어 내버리라. 네 사지백체 중 하나가 없어지고 온 몸이 지옥에 던져지지 않는 것이 유익하니라"고 하였다.

감각기관이 대상에 접촉하면 느낌과 감각이 일어나고 이 감각에 끌려가다가 죄를 범하게 되기 때문에 이러한 감각이 일어나지 않도록 감각기관을 잘 단속하라는 의미이다. 예수는 이러한 감각기관을 잘 다스리기 위해서 늘 "내가 하나님 안에 하나님이 내 안에 거하서야 한다."(요한복음 14장 20－22절)고 가르쳤다.

5. 생각을 채널로 하는 명상

흔히 명상을 "눈을 감고 조용히 생각하는 것"이라고 정의한다. 그러나 불교의 위빠사나 명상이나 서양의 마음챙김 명상에서는 생각하는 것이 아니라 일어난 생각을 의도적으로 바라보는 것을 명상이라고 한다. 불교명상에서는 이를 심념처(心念處) 명상이라고 한다. 즉 일어난 생각을 판단하거나 분별하지 않고 주시하며 알아차리는 명상법이다. 이렇듯 명상은 의도적으로 생각하거나 생각을 멈추는 것이 아니라 그냥 일어난 생각, 머무는 생각, 사라진 생각 등을 판단하지 않고 주시하고 알아차리는 것이다.

인간의 번뇌와 고통은 생각에 빠지거나 생각에 끌려감으로써 일어나게 된다. 우울증은 슬픈 감정과 생각에 빠지거나 끌려가기 때문에 생기는 증상이다. 분노조절장애는 분노의 감정과 생각에 빠지거나 끌려 다니기 때문에 일어나는 것이다. 또한 잡념 망상에 빠지게 되면 집중하지 못하고 마음이 산만하게 된다. 이러한 정신적 장애를 극복하기 위해서는 어떤 감정이나 감정에 동반된 생각을 판단하지 않고 주시하고 알아차려야 한다.

생각은 무의식에 잠재되어 있는 의식이 저절로 일어나거나 잠재된 기억을 상기하게 될 때 일어난다. 또한 생각은 감각기관이 어떤 대상을 접촉하게 되면 느낌과 함께 일어난다. 이렇게 일어난 생각은 다른 생각과 융합해 증폭되고 갈애(渴愛)와 집착을 만든다. 이 갈애와 집착이 바로 인간을 번뇌와 고통에 빠뜨린다.

인간을 '생각하는 존재'라고 한다. 그래서 데카르트는 "나는 생각한다. 고로 존재한다."고 하였다. 생각은 인간 존재의 조건이다. 따라서 바른 존재가 되기 위해서는 바른 생각과 바른 견해를 가져야 한다. 바른 생각과 바른 견해를 갖기 위해서 명상이 필요하다. 집중 명상을 통해 마음을 정화하고 청정하게 되면 내 안에서 일어나는 생각을 볼 수가 있다. 그리고 위빠사나 명상을 통해 생각을 판단 없이 주시하고 알아차리게 되면 통찰력이 생겨 지혜가 계발되고 지혜가 계발되면 바른 생각과 바른 견해를 갖게 된다.

6. 이미지를 채널로 하는 명상

마음은 생각뿐만 아니라 이미지를 일으키는 작용을 한다. 의도적으로 이미지를 끌어낼 수 있을 뿐만 아니라 의도하지 않아도 무의식으로부터 이미지가 올라와 마음을 지배하게 된다. 이미지는 마음을 흐려놓기도 하고 맑게도 한다. 기분을 좋게 하는 이미지도 있고 기분을 망치는 이미지도 있다. 따라서 이미지 또한 주시하고 알아차려야 할 명상의 채널이다.

종교에서는 이미지를 채널로 하는 수행법을 많이 사용하고 있다. 티베트 불교 명상 수행에서는 합일을 위한 방편으로 이미지를 사용하고 있다. 몸과 마음의 합일, 만물과 나의 합일을 위한 명상법으로 이미지를 채널로 사용한다. 가톨릭 관상 명상에서도 이미지를 채널로 사용하고 있다. 예수 혹은 마리아의 성상을 이미지로 각인함으로 탐심, 분심으로부터 자신을 보호하게 된다. 평정심을 유지하기 위한 명상법으로 이미지를 채널로 사용하고 있다.

고전 심리학자 프로이드나 융은 꿈속에서 나타나는 이미지에 대한 해석을 중요시하였다. 무의식 세계에서 일어나는 꿈의 해석에 따라 내담자의 심리상태를 이해한다. 심리치료의 기법으로 무의식에서 떠오르는 이미지뿐만 아니라 잠재의식에 있는 이미지를 사용하기도 한다. 프로이드가 사용하던 연상법과 게슈탈트 심리학의 '되어보기'도 이미지를 심리치료의 기제로 삼고 있다.

이미지를 주시하고 관찰하는 명상을 시각화 또는 심상화 명상이라고 한다. 어떤 대상이나 장면 등의 이미지를 떠올리면서 그 이미지와의 동일화 혹은 나와의 합일을 경험하는 명상법이다. 무의식 혹은 잠재의식 속에서 일어난 이미지를 주시하고 알아차림으로 부정적 이미지를 지우고 긍정적 이미지로 변형시키는 원리이다.

7. 언어를 채널로 하는 명상

대화중 말하는 사람과 듣는 사람 간에 마음에서 어떤 느낌과 감정이 일어나고 몸에서 어떤 감각이 일어난다. 예를 들면 상대로부터 불쾌하고 모욕적인 말을 들을 때 분노가 일어나고 몸이 경직되거나 떨림이 일어나게 된다. 그런데 이런 현상들이 일어나도 주시하고 알아차리지 못하면 자동반응으로 상대에게 언어나 행동에 의한 폭력을 가하게 된다.

그러나 대화중 상대방의 말이나 나의 말을 주시하고 알아차리면 자신에게서 일어나는 느낌, 감정, 생각으로 인한 감정을 통제할 수 있고 선택적 반응을 할 수가 있다. 이러한 대화를 채널로 사용하여 대화 과정에서 일어나는 느낌과 감정 그리고 생각을 관찰하는 것을 대화 명상이라고 한다.

대화란 의미의 전달과 실천이다. 내가 전하고자 하는 의미가 제대로 전달되지 않을 때 오해와 반목이 생기고 인간관계가 불편해진다. 대화가 제대로 되지 않는 여러 이유가 있겠지만 무엇보다도 습관적 언어 표현과 반응이 장애가 된다. 상대방의 말을 자기 나름대로 판단하고 자기주장을 내세우게 될 때 진정한 대화는 이루어지지 않는다. 마음챙김 대화란 상대방의 말에 대해 판단 없이 객관적으로 듣고 반응해 주는 것이다.

교류분석 심리학에서 서로 만족하고 의미를 제대로 전달하는 대화를 '상보적 대화'라고 한다. 상보적 대화를 위해서는 마음챙김 대화를 해야 한다. 대화에는 질적 차원이 있다. 높은 차원의 대화란 고상하고 현학적인 말을 쓰는 것을 의미하지 않는다. 마음챙김 대화를 말한다. 마음챙김 대화란 서로의 느낌과 감정을 완전히 개방하고 수용하는 대화이다. 서로의 느낌과 감정을 알아차리며 서로가 만족할 수 있는 대화이다. 의례적이고 형식적인 대화 그리고 정보전달 수준의 대화에서는 인간관계의 성장과 발전이 일어나지 않는다.

마음챙김 대화는 상대방의 말을 들으면서 내 마음에서 일어나는 느낌과 감정을 알아차리고 반응하는 대화이다. 마음을 챙기지 못하고 관념적인 판단으로 반응하게 될 때 대부분 나 중심의 'You Message'가 된다. 'You Message'는 나 중심으로 상대에 대한 평가, 충고, 비난 등의 말을 하게 되지만 마음챙김 대화는 자신의 느낌과 감정을 솔직하게 반영하므로 나의 진심과 의미를 잘 전달할 수 있다.

마음챙김 대화란 말하면서 자신의 마음을 챙기는 것만이 중요한 것은 아니다. 말을 들으면서 상대의 느낌과 감정을 알아차리면서 반응하는 것도 소통을 위해서 중요하다. 상대방의 느낌과 감정은 말의 억양, 빠르기, 제스처, 그리고 얼굴 표정 등에서 읽을 수 있다. 따라서 말하는 자신과 듣는 상대의 느낌과 감정을 알아차리면서 듣고 거기 맞는 반응을 할 때 만족할 수 있는 대화를 할 수 있다.

8. 자연과 현상을 채널로 하는 명상

삼라만상에서 일어나는 현상을 관조하는 명상이 있다. 이를테면 한 송이의 꽃을 관조하면서 통찰력과 지혜를 얻거나 창밖의 만물을 바라보며 자연이 주는 오묘한 이치를 깨닫는 명상이 이에 속한다. 삼라만상 중 어떤 대상을 선택하여 관조할 수도 있고 눈앞에 펼쳐진 자연을 관찰할 수도 있다. 이들을 관찰할 때는 관념과 개념을 초월하여 존재하는 그대로 관찰해야 한다. 관념과 개념을 초월하여 직관적으로 관찰하게 될 때 통찰력과 지혜가 계발된다.

사물과 현상에 대한 관조를 하면 명상에서 추구하는 몰입과 지혜를 경험할 수 있다. 산만한 마음을 떨치고 몰입할 수 있다. 사물과 나 자신과 동일화를 경험할 수 있으며, 사물과 현상에서 우주의 오묘한 이치를 발견하게 된다. 이 과정에서 존재의 소중함과 사랑하는 마음이 일어난다.

자연을 채널로 명상을 하게 되면 자연 속에서 하나님의 신성(神性) 혹은 불성(佛性)을 발견하게 된다. 모든 존재에는 신성과 불성이 내재되어 있기 때문이다. 그래서 사도 바울은 "하나님의 영원하신 능력과 신성이 그 만드신 만물에 분명히 보여 알게 되나니 그러므로 저희가 핑계치 못할지니라."(로마서 1장 20절)고 하였다.

불교경전 대열반경에 "일체중생(一切衆生) 실유불성(悉有佛性)이라는 말이 있다. '모든 중생들에게 불성이 있다'는 말이다. 존재 안에 불성이 있고 나 자신이 곧 붓다라는 말이다. 그러나 인간이 무명에 빠져 자신 안에 신성 혹은 불성이 있음을 모른다. 자신이 붓다 즉 '깨달은 자'라는 것을 모르고 무명에 빠져 고해의 길을 걷는 것이 인간이다.

인간 안에 신성이 내재하여 있기 때문에 예수는 인간이 곧 하나님이 거하시는 성전(聖殿)이라고 하였고 붓다는 내가 불전(佛殿)이라고 했다. 이런 의미로 볼 때 수행은 곧 내가 하나님이고 내가 곧 부처님임을 깨닫는 것이다. 무명에서 벗어나 내 안에 있는 신성 혹은 불성과 마주하는 것이 수행이다.

참고도서

박석,『명상의 길라잡이』, 도솔, 2000.

전현수,『사마타와 위빠사나』, 불광출판사, 2018.

지운 외,『영성과 명상의 세계』, 전남대학교 출판부, 2009.

한자경,『명상의 철학적 기초』, 이화여자대학교출판부, 2008.

에크나트 이스와란,『명상의 기술』, 감, 2003.

Arnold Mindell, 정인석,『명상과 심리치료의 만남』, 학지사, 2011.

셀리 켐튼,『명상－나에게 이르는 길』, 한문화, 2012.

Patrica Monaghan & Eleanor. G Uiereck, *Meditation*, New World library, 1999.

제3부

수행을 통해 경험하는 현상

제1장

수행과정에서 경험하는 현상

기도 혹은 명상 수행을 통해 깨달음에 이르기 위해서는 과정(process)과 단계 (stage)가 있고, 이러한 과정과 단계에서 어떤 비일상적이고 신비한 현상들이 일어 난다. 여기서 일어나는 현상에는 정신적인 것들과 신체적인 것들이 있다. 정신적인 면에서는 공허감, 회심, 소망, 충만감, 겸손, 감사 등이 있고, 신체적인 면에서는 소 름, 진동, 공중부양, 방언, 이완 등의 현상들이 나타난다.

수행 중에 일어나는 비일상적이고 신비적 현상의 원인과 과정에서 일어나는 특 성에 대하여는 종교에 따라 다른 설명을 한다. 불교에서는 이러한 현상을 삐띠(piti) 라고 한다. 삐띠 현상은 자신에 내재되었던 비일상적인 특성들이 나타나는 것이다. 수행 중에 몸과 마음이 이완되면서 자체에 내재하였던 소성(素性)들이 나타나는 현 상이다. 이러한 현상의 발현은 충만한 기쁨의 표현이며, 수행을 격려하고 진작시키 기 위해 나타난다고 설명한다.

기독교에서는 기도 과정에 일어나는 신비하고 황홀한 경험은 성령의 도움으로 일어나는 현상으로 설명한다. 열심히 수행한 성과에 대한 보상으로서 성령이 주시 는 은혜와 축복이라고 본다. 기독교 수행의 궁극적 목적은 신과의 합일에 있다. 신 과의 합일로 가기 위한 정성과 노력의 과정에서 성령이 격려하고 축복하는 비일상 적이고 신비한 현상들이 일어난다.

1. 불교 수행 과정에서 일어나는 현상

1) 사선정(四禪定) 과정에서 일어나는 현상

불교는 명상의 과정과 단계에서 일어나는 현상에 대하여 사선정으로 설명하고 있다. 사선정에 들어가는 과정과 각 단계는 우리의 의지대로 이루어지는 것이 아니다. 수행자의 의지에 의해 더 높은 단계로 진입하는 것은 아니다. 수행을 통해 심신을 꾸준히 갈고 닦아 나가면 자연적으로 더 높은 단계로 진입하게 된다. 사선정에서 일어나는 종교적 현상은 다음과 같다.

1선정(초선): 감각과 생각은 여전히 살아있지만 명상의 장애가 되는 삼독(三毒) 즉 탐욕, 분노, 어리석음은 사라지고 마음이 고요해지고 환희와 행복감에 머문다.

2선정: 자각은 있지만 더 이상 생각이 일어나거나 머물지 않는다. 생각이 일어나도 주시하고 알아차리면 순간에 사라진다. 2선에서는 수행의 근기가 되는 믿음과 확신이 강해지며, 집중의 힘이 생겨 주시와 알아차림이 분명해진다. 마음은 평화로우며 즐거움과 기쁨이 함께 한다.

3선정: 감각적 즐거움은 완전히 사라지고 의식의 심층에서 기쁨이 일어나고 머문다. 의도와 생각은 완전히 사라지며 알아차림이 명료해진다. 흔들리지 않는 평정심으로 머물 수 있으며 지복을 느끼게 된다.

4선정: 의식까지도 감지되지 않는 평정심의 상태에 머물게 되며 고요하고 청정한 마음에서 알아차림이 끊이지 않고 계속된다. 이 상태에 머무는 것을 몰입삼매에 들어갔다고 한다.

2) 삐띠(piti) 현상

삐띠(piti) 현상이란 수행 중에 경험하는 희열을 말한다. 희열은 오온(五蘊 ; 色受想行識)에서 수(受, 느낌)가 아니라 행(行, 행함)에 속한다. 희열의 우리말 사전적 의미는 "욕구가 충족되었을 때 느끼는 지극한 기쁨"이다. '삐띠'란 빨리어 사전에 의하면 즐거움(joy), 환희(delight), 흥미(zest), 충만(exuberance), 황홀(rapture)로 해석된다.

삐띠는 불교 수행 사마타의 사선정(四禪定)과 위빠사나 명상 과정에서 나타나는 현상이다. 이 현상은 불교에서 정진과 집중에서 나타나는 결과로 설명하지만 기독교에서는 집중기도 중에 성령의 역사(役事)로 나타나는 현상이라고 본다. 불교에서는 자력(自力)에 의해 나타나는 현상으로 이해하고 기독교에서는 성령의 역사로 일어나는 현상으로 이해한다.

삐띠는 사선정의 초선(初禪)에서 위따카(尋, 일으킨 생각), 위짜라(伺, 지속적 고찰), 쑤카(樂, 행복)와 함께 나타나는 요소 중의 하나다. 사선정에서 초선(初禪)과 이선(二禪)에서 나타나는 현상이다. 삼선(三禪)에서는 쑤카(행복)만 있고, 사선(四禪)에서는 우뻬카(捨, 평온)가 완성된다. 초선과 이선에서 일으킨 생각, 머무는 생각에 주시하고 알아차리게 되면 삐띠 현상이 나타나게 된다.

삐띠는 사마타의 사선정에서 나타나는 현상뿐만 아니라 위빠사나의 16단계 중 4단계인 생멸의 지혜를 통찰하는 단계에 이르면 경험할 수 있다. 즉 일어나고 사라짐에 대한 통찰력이 생기면서 삐띠 현상이 일어나게 된다. 삐띠는 오온 중 수온(受蘊, 느낌)에 속하지 않고 행온(行蘊, 행함)에 속하며 비일상적인 몸의 현상으로 나타난다. 희열이 몸으로 나타나는 현상은 다음의 다섯 가지가 있다.

첫째, 약하게 일어나는 것으로 소름이 끼치거나 닭살이 돋고 온 몸이 쭈뼛해지는 현상이 일어난다. 몸의 진동을 느끼기도 한다.

둘째, 순간적으로 전기에 감전이 된 듯이 찌릿하거나 정수리에서 발끝으로 시원한 바람이 통과하는 느낌이 일어난다. 어떤 때는 몸에서 따끔따끔한 현상이 일어나기도 한다.

셋째, 구름 위를 떠다니는 것과 같은 가벼움을 느끼며 몸이 어떤 경계에 있지 않고 우주 안에 있는 것과 같은 느낌이 든다.

넷째, 몸이 공중에 들어 올라가거나 떠있는 느낌이며 실제로 몸이 공중에 떠있거나 앉은 채로 몸이 다른 곳으로 이동하기도 한다. 이른바 공중부양이라는 것을 경험하게 된다.

다섯째, 온몸에 희열과 충만감으로 쌓이게 된다. 이때 지복(至福)을 느끼게 되며 수행의 맛을 느끼게 된다.

위와 같은 현상은 기도 혹은 명상 수행 중에 경험할 수 있다. 그러나 짧은 시간의 수행 중에는 경험하기 어렵다. 일상의 삶의 장소를 떠나 기도원이나 수행처에서 집중수행을 할 때 경험할 수 있다. 경험의 내용이나 수행기간도 수행자의 근기(根氣)에 따라 다르다. 어떤 수행자는 3일 만에도 경험할 수 있지만 혹자는 3개월이 되어도 경험하지 못한다. 이러한 경험들의 증득이 수행의 목적은 아니지만 정진(精進)에 도움이 되며 수행의 맛을 느끼게 한다. 이러한 현상들이 나타나는 것은 수행의 진전이 있다는 표시다. 비로소 진정한 명상의 단계에 들어갔다고 할 수 있다.

그러나 이러한 현상이 나타나기를 갈구하거나 집착해서는 안된다. 일부 수행자들은 이런 현상이 일어나면 득도(得道)를 했다거나 깨달음의 완성으로 착각하는 경우가 있다. 이런 현상들은 수행과정에서 일시 일어났다 사라지는 무상(無常)의 현상일 뿐이다. 이러한 현상들도 위빠사나 기본 정신인 판단 없이 주시하고 알아차리는 대상일 뿐이다. 수행자가 신통한 어떤 것을 얻으려고 하면 진정한 깨달음의 길에서 외도(外道)에 빠지게 된다. 이러한 희열 현상은 무상(無常)이요, 무아(無我)일 뿐이다. 이러한 삐띠 현상이 일어났을 때 판단하거나 분별하지 않고 주시하고 알아차리면 곧 소멸된다.

삐띠 현상은 깨달음의 일곱 단계 칠각지에서 네 번째 단계인 희각지(喜覺支)에 해당한다. 희각지에서 증득한 희열의 경험을 통해 마음이 정화되고 고요해지면 안온해지는 경안각지(輕安覺支)에 이르게 되고, 집중의 단계인 정각지(定覺支)에 이르게 되며, 마지막으로 마음의 평정심을 증득하는 사각지(捨覺支)에 이르게 된다. 따라서 삐띠는 수행자가 꼭 경험해 보아야 할 현상이다.

여기서 주목해야 할 점은 한 번 사각지에 도달했다고 하여 수행의 최종단계는 아니다. 사각지의 증득이 곧 수행의 궁극적 목적인 지혜와 해탈에 이른 것은 아니다. 사각지의 단계는 더 발전할 수도 있고 더 퇴보할 수도 있다. 지혜와 해탈의 경지는 상승과 하강 곡선을 그리면서 오르내린다. 따라서 수행의 근기를 유지하기 위해서는 정진하여 수행의 근기를 유지하고 높여야 한다. 그래서 붓다는 "정진(精進)하라"했고, 예수는 "쉬지말고 기도하라"고 하였다.

2. 기독교 수행과정에서 일어나는 현상

기독교에서는 수행의 결실을 성령의 열매라고 한다. 성경 갈라디아서 5장 18절에 "성령을 따라 사는 사람은 율법의 지배를 받지 않는다고 하였다. 여기서 율법의 지배를 받지 않는다는 것은 율법을 벗어난다는 의미가 아니라 율법 안에서 자유로울 수 있다는 말이다. 수행의 초기에는 몸과 마음을 통제하는 것이 불편하게 느껴지나 수행의 단계가 높아지면 그런 통제 안에서도 고요와 자유로움을 느낄 수 있다. 마치 아기가 부모의 품에 안겨있을 때 안온하고 평화로움을 느끼는 것과 같다.

성서 갈라디아서 5장 22절에는 성령의 열매를 사랑, 기쁨, 평화, 인내, 친절, 선행, 진실, 온유, 절제 등 9가지를 말한다. 수행을 통해서 나타나는 마음의 상태를 말하는 것이다. 갈라디아서에서는 성령의 열매를 유지하기 위해서 육체적 정욕과 욕망을 십자가에 붙들어 매고 선을 행하라고 가르치고 있다.

기독교에서는 수행을 수덕(修德)이라고 하고 수행의 목적을 완덕(完德)이라고 한다. 이 완덕에 이르러야 신과의 합일의 단계에 이르게 된다. '신과의 합일'이란 하나님의 뜻과 사랑으로 하나되는 것이다. 하나님과 하나되는 길을 관상기도 혹은 관상

명상이라고 한다. 중세 초기 기독교 교부 철학자들은 관상의 길을 '정화의 단계' '조명의 단계' '일치의 단계'로 보았다.

1) 정화의 단계

사도 바울이 말한 것처럼 "옛 생활을 청산하여 낡은 인간을 벗어버리고 새 인간으로 갈아입는"(골로새서 3장 9절 10절) 단계다. 이 단계는 능동적으로 자신을 비워 탐욕적 욕망을 제거하고 도덕적, 윤리적으로 정화되는 단계다. 거울의 먼지를 닦는 것처럼 오염된 마음을 갈고 닦아 사심(邪心)과 죄악을 씻어내는 단계다. 마태복음 5장 8절 "마음이 청결한 자는 복이 있나니 저희가 하나님을 볼 것임이요"라는 말씀처럼 마음을 고요하고 청정하게 하는 단계다.

2) 조명의 단계

그리스도의 반사체가 되는 단계다. 고요하고 청정한 마음에 수동적으로 하나님의 사랑을 경험하는 단계로 하나님은 사랑이시며 우리를 사랑하시는 분이라는 것을 깨닫게 된다. 이 단계에 이르게 되면 그리스도의 말씀에 순명(順命)하고 그리스도의 사랑과 은혜 가운데 살게 된다. 그리스도 안에서 성령의 열매를 맺어 사랑과 기쁨으로 사는 단계다.

3) 합일의 단계

성서 요한복음 14장 20절의 말씀처럼 "내가 아버지 안에, 너희가 내 안에, 내가 너희 안에 있게 되는" 단계다. 이 단계에서는 하나님의 현존과 함께 하는 삶이 된다. 자기중심성의 삶은 사라지고 하나님 중심의 삶을 살게 된다. 하나님의 뜻과 말씀과 심정과 하나된 단계다. 하나님의 뜻대로 세상에 하나님의 사랑을 나누는 단계다.

예수의 테레사(Teresa de Jusus)는 그의 저서 『영혼의 성』에서 하나님을 만나기 위해서는 7개의 궁방을 거쳐야 한다고 말한다. 여기서 궁방이란 하나님께 도달하기 위한 성(城)이다. 7개의 궁방을 통과하는 열쇠가 기도다. 하나님과의 합일을 위해서는 기도를 통해 7개의 성을 거쳐야 한다. 7개의 궁방은 첫 번째에서 세 번째까지를 1단계, 세 번째에서 일곱 번째까지 2단계의 궁방으로 나뉜다. 1단계는 관상기도의 기반을 닦는 단계이고, 2단계부터는 관상의 기도에 들어가서 하나님과의 합일을 이루는 단계다.

제1궁방: 내 영혼이 죄로 물들어 있음을 자각하고 영혼을 정화하기 위해 하나님의 은총이 필요함을 알게 된다.

제2궁방: 악마와의 유혹과 싸움에서 이겨야 하며 무수한 장애를 극복해야 한다. 이 싸움에서 이기기 위해서는 하나님의 은총과 자신의 절제와 인내가 필요하다.

제3궁방: 규칙적인 기도를 하며 하나님과 대화하며 사람들과 올바른 관계를 맺는다. 하나님의 뜻을 거스르지 않고 복음을 실천하는데 전념한다.

제4궁방: 신비적 관상에 들어서는 단계이며 조명의 길에 들어서게 된다. 여기서부터 수동적 기도가 시작된다. 수동적 기도를 통해 하나님을 체험하며 성령의 열매를 맺는다.

제5궁방: 마지막 궁방인 7궁방의 입구에 해당한다. 나 중심의 영혼은 사라지고 하나님이 내 영혼의 중심에 들어오시게 된다. 하나님의 뜻대로 살기를 열망하며 하나님의 사랑으로 충만한 삶을 산다.

제6궁방: 이 시기는 그리스도와 약혼 단계에 속한다. 하나님의 은총으로 영혼은 완전히 정화된 상태에서 황홀한 신비의 세계를 경험한다. 옛 옷을 완전히 벗고 새 옷을 입는 시기이다. 새로운 탄생으로 새로운 삶이 시작된다.

제7궁방: 신비의 체험은 정점에 도달하게 된다. 하나님과의 가장 완전한 결합이 이루어지는 단계로 하나님과의 혼인에 비유할 수 있는 가장 완전한 만남이 이루어진다.

제2장

수행의 최종단계에서 성취

1. 수행의 최종단계와 삶의 변화

수행의 과정에서 어느 정도 근기가 확립되면 초자연적 경험. 비일상적인 특이한 경험, 절정의 경험 등이 나타난다. 이러한 경험들은 수행의 과정에서 나타나는 것이지 수행의 최종 단계는 아니다. 수행의 단계가 진행되면서 더 높은 의식과 삶의 변형이 진행된다. '의식이 순수해지고 삶이 보다 성스러워진다.' '도덕적이고 윤리적인 삶이 된다.' '낙관적이고 긍정적인 삶의 태도를 갖는다.' '평정심과 평화로운 삶을 유지하게 된다.' 그러나 이러한 경험을 증득했다고 하여 수행이 끝난 것은 아니다. 깨달음을 확대하고 유지하기 위해서는 계속 수행을 해야 한다.

깨달음은 즉각적 깨달음이건 점진적 깨달음이건 혹은 자력에 의한 깨달음이건 타력에 의한 깨달음이건 과정이나 단계가 없이 이루어지지 않는다. 비록 순간적인 깨달음으로 보이지만 그 깨달음이 오기까지는 수행의 과정이 함축된 것이다. 불교적 관점은 믿음과 인내심을 가지고 정진한 결과로 보며, 기독교적 관점은 '구하고' '찾고' '두드려서' 얻은 결과로 본다.

수행의 최종 단계에서 경험하는 현상을 알고 그 경험으로부터 변형된 수행자의 의식과 인격을 아는 것은 나의 수행의 목표를 안내하는 이정표가 된다.『수행의 절정체험』의 저자 이춘호는 수행의 최종단계에서 절정체험을 한 수행자들과의 인터뷰를 통한 조사연구에서 그들의 변화된 의식과 삶을 다음과 같이 정리하였다.

1) 신체적, 정신적 건강의 회복과 정서적 조절 능력의 향상
2) 마음과 자신과의 동일시에서 벗어나 자유롭게 됨
3) 세계관과 삶의 태도의 근본적인 변화
4) 영성 추구의 완결에 대한 확신
5) 수행의 장애에 대한 극복과 지속적인 수행
6) 경전에 대한 이해가 깊어지고 영적 통찰 또는 에너지를 타인에게 전달
7) 죽음에 대한 두려움의 극복

종교학자 윌리엄 제임스(William James)는 그의 저서 *Religious Experience*에서 깨달음을 통해 성인의 반열에 오른 사람들은 다음과 같은 특징이 있다고 하였다.

첫째, 초월적이고 이상적인 힘에 의해 영향을 받는다.
둘째, 초월적이고 이상적인 힘에 의존하며 순종하는 삶이다.
셋째, 깨달음 이전의 삶과 달리 무한히 자유스럽고 행복감을 갖는다.
넷째, 모든 대상과의 관계에서 분열, 부조화, 미움 등의 부정적 감정이 사라
지고 조화, 일치, 사랑의 감정이 일어난다.

에이브럼 매슬로우(A. Maslow)는 인간의 욕구 5단계의 마지막 단계를 '자아실현 욕구'라고 하였다. 자아실현을 이룬 사람들은 다음과 같은 공통점이 있다.

1) 효율적인 현실 감각과 높은 직관력,
2) 자기, 타인, 자연에 대한 수용
3) 자발성, 소박함, 자연스러움
4) 개인의 욕망으로부터의 초월
5) 환경에 지배받지 않고 능동적, 자율적
6) 인식이 끊임없이 신선함
7) 신비적 체험이 있음
8) 공동체적 정서

9) 대인관계에서 마음이 넓고 깊음

10) 수단과 목적, 선악의 판단 기준을 가짐

11) 철학적이고 악의 없는 유머감각

12) 창조성

매슬로우는 말년에 기존의 5단계 욕구 위에 또 다른 욕구가 있다고 하였다. 자아실현의 욕구보다 한 걸음 더 나아가 세속적이고 제한적인 자아의 개념을 넘어서는 '자아초월의 욕구'를 주장하였다. 자기초월의 욕구(Self Transcendence)란 자기의 의식을 초월한 의식으로 본래적으로 주어진 의식이다. 자기의식과 탐욕적 욕구에 의해 잠재되었던 욕구가 수행으로 드러나게 되어있는 의식이다. 이를테면 양심, 신성, 본성 등의 순수의식이 자기초월의 욕구에 해당한다. 매슬로우는 자기초월의 욕구를 실현했다고 생각한 사람들을 조사 연구하였는데 그 특성은 다음과 같다.

1) 존재(Being) 세계에 대해 넓고 깊은 지식이 있다.

2) 존재의 수준에서 살고 있다.

3) 통합된 의식을 갖고 있다.

4) 고요하고 명상적 인식을 한다.

5) 깊은 통찰력과 지혜가 있다.

5) 창조적이다.

6) 겸허하다.

7) 타인의 고통과 불행에 대해 책임감을 느낀다.

자아실현과 자아초월의 욕구를 이룬 사람들은 자기 삶의 문제는 더 이상 자신의 고통이 되지 않으며 타인이 고통에서 벗어나도록 봉사하는 삶 즉 이타적인 삶을 산다. 이러한 삶의 실현은 저절로 되는 것이 아니라 끊임없는 배움과 자기 수행에 의해 가능하다.

2. 불교 수행의 최종단계

불교 수행의 궁극적 성취는 깨달음, 해탈, 열반을 증득하는 것이다. 이들 용어는 동의어로 사용되는 경우가 있으나 의미와 쓰임새에 있어서 차이점이 있다. 하지만 이들 용어들은 신앙 성취의 최종 단계라는 점, 수행의 최종 단계에서 경험되는 상태의 표현이라는 점에서 같다고 할 수 있다. 즉 탐욕과 번뇌가 소멸되고 지고(至高)의 고요함과 행복감을 경험하는 단계이다.

깨달음은 과정과 최종 성취의 의미를 포함하고 있다. 깨달음에 해당하는 빨리어 보디(bodhi)는 각성, 자각, 지혜의 뜻을 가진 'budh'를 어근으로 하는 명사 'buddha' 즉 깨달은 자의 지혜를 의미한다. 따라서 깨달음은 위없는 최상의 지혜를 얻게 되는 신앙의 최종 성취 단계이다.

불교에서 깨달음은 계정혜(戒定慧) 삼학(三學)의 수행을 통해서 증득된다고 한다. 삼학은 계수행(戒修行), 정수행(定修行), 혜수행(慧修行)이다. 계수행이란 도덕적 청정함을 닦는 수행을 말하고, 정수행이란 집중에 이르러 고요하고 청정한 상태에 이른 것이고, 혜수행이란 통찰력과 지혜를 계발해서 해탈에 이르는 것이다.

구체적으로 삼학을 닦는 수행의 과정은 다섯 가지 장애(감각적 욕망, 악의, 나태와 혼침, 들뜸과 후회, 의심)를 버리고, 네 가지(몸, 느낌, 생각, 현상) 대상에 마음을 확립하여, 일곱 가지 깨달음의 요소(알아차림, 존재와 현상의 법, 정진, 기쁨, 평안함, 집중, 평온)를 계발하게 될 때 위없이 바르고 완전한 깨달음에 이를 수 있다고 설명한다. 초기 불교에서 깨달음의 성취는 열반과 동일시되는데 깨달음에 대한 접근은 열반의 성취라기보다 번뇌 제거에 초점을 맞추어야 한다.

불교 신앙의 최종 목표인 해탈과 열반은 신앙 성취의 최종 단계로 보며 '심해탈(心解脫)', '혜해탈(慧解脫)' 혹은 '세간적 해탈', '출세간적 해탈' 등의 성취를 의미한다. 해탈은 심해탈과 혜해탈로 나누는데 이 두 가지 해탈이 갖추어질 때 열반이 실현된다. 해탈에 이른 상태는 세간과 출세간에서 벗어나 번뇌를 완전히 소멸한 것으로 색계(色界)에 조건 지어진 감각적 욕망이 벗어나는 상태, 출세간(出世間的에 조건 지어진 탐진치의 완전한 소멸 상태 그리고 멸진정(滅盡定)에 들어가 열반에 이른 상태를 말한다.

고도의 집중 상태에 이르게 되면 신통력(神通力)을 얻게 된다. 이 신통력은 크게 육신통(六神通)으로 (1) 신족통(神足通, 공간에 걸림 없이 마음대로 다님), (2) 천이통 (天耳通, 멀리서 일어난 소리를 들음), (3) 타심통(他心通, 사람의 마음을 꿰뚫어 앎), (4) 숙명통(宿命通, 자신의 전생을 앎), (5) 천안통(天眼通, 타인의 과보를 앎), (6) 누진통(漏盡通, 번뇌와 망상이 완전히 소멸되고 모든 것에 통달함) 등이 있다.

신통력이란 불교 경전에서 잇디빠다(iddhippāda)라는 말로 표현한다. 잇디빠다란 '초월적 힘'을 말하는 것으로 잇디(iddhi)와 빠다(pāda)의 복합어다. 잇디는 성공, 성장, 번영을 뜻하는 복합어로 명상을 통해 도달한 특별한 성공, 즉 놀라운 재주를 행하는 능력의 성취란 의미를 지니고 있다. 이러한 성취는 불교 수행을 통해서만 나타나는 것이 아니다. 인도의 요가 수행, 기독교의 영성 수행 등에서도 성취할 수 있는 능력이다.

불교명상과 요가명상에서는 이러한 능력의 성취를 기적이나 신적인 지위를 얻은 것으로 여기지 않는다. 집중 즉 삼매의 성취를 통해서 이룰 수 있는 것으로 자연적 인과과정이 압축되고 확장된 것이라고 본다. 일반적인 감각으로는 보이지 않지만 정신적, 물질적 에너지가 내밀한 조건적 작용에 의해 일어나는 현상이다.

불교명상에서는 이러한 신통력을 얻은 것이 곧 불교명상의 궁극적 목적인 지혜를 증득한 증거라고는 보지 않는다. 진정한 기적의 의미는 악하고 불건전한 것을 극복하고 착하고 건전한 것을 증진시키는 것을 보여줌으로써 인간의 변화를 유도하는 것이다. 이러한 초월적 힘을 책임질 수 없는 대상에 잘못 사용되는 것을 경고하였다. 또한 초월적 힘을 과시하거나 이교도를 교화하기 위해 사용하는 것을 금하였다. 신통력은 수행의 절정에 해당하지만 해탈을 위해 필수적인 것으로 보지 않고 번뇌를 소멸시키고 해탈을 위한 토대가 됨을 강조한다. 따라서 신통력은 수행의 궁극적 단계라기보다는 깨달음을 위한 초월적 지혜를 얻는 수단이다.

신통력과 해탈에 이르게 하는 수행으로 사마타와 위빠사나 명상이 있다. 사마타 명상을 통해서 심해탈에 이르러 고요함과 집중에 들어가고, 위빠사나 명상을 통해 혜해탈에 이르게 되면 무지에서 벗어나 지혜를 얻게 된다. 이 두 수행법은 상호보완적으로 이루어진다. 즉 사마타에 이르게 되면 마음이 청정하고 고요한 상태에 이르게 되고, 마음이 고요하고 청정한 상태에 이르게 되면 위빠사나를 통해 통찰력에 이르게 된다.

열반은 불교 수행에서 가장 높은 단계의 정신적 성취이다. 열반은 불을 끈다는 뜻으로 번뇌의 뜨거운 불길이 꺼진 고요하고 평정한 상태에 이른 것을 말한다. 열반은 해탈의 상태이고 완전한 열반은 해탈 상태의 획득이다. 열반은 유여열반(有餘涅槃)과 무여열반(無餘涅槃)이 있는데 전자는 살아있는 동안 아라한이 획득한 탐진치의 소멸을 뜻하고, 후자는 아라한의 죽음과 더불어 조건지어진 모든 것들이 남김 없이 소멸된 것을 말한다. 불교 수행의 교과서라고 할 수 있는『청정도론』에서 열반은 탐진치(貪瞋痴)가 영원히 꺼진 상태로 설명하고 있다. 탐진치가 꺼진 상태에서 신구의(身口意) 삼업(三業)이 소멸되어 번뇌 윤회의 고리에서 영원이 벗어난 상태다. 윤회의 종식은 불교에서 지향하는 신앙 성취의 최종 단계이고 이러한 상태에 이른 자를 아라한(arhant) 혹은 '깨달은 자'(buddha)라고 한다.

3. 기독교 관상의 길과 최종단계

기독교적 신앙발달 이론을 구성한 제임스 파울러(James W. Fowler)는 신앙발달의 최종단계를 제6단계 '보편적 단계'로 보았다. 파울러는 보편적 신앙발달의 단계는 절대적인 사랑과 정의를 위한 행동을 구현해 그것을 현실적인 것이 되도록 만드는 단계이다. 이 단계에서는 초월적인 도덕성과 종교성을 구현하는 일에 있어서 열정적이며 보편적인 사랑을 위해 전념하기 때문에 선과 정의를 위해 자신을 기꺼이 희생한다.

제임스 파울러의 영향을 받은 웨스터호프(John H. Westerhoff III)는 신앙발달의 마지막 4단계를 고백적 신앙단계라고 했다. 웨스터호프는 고백적 신앙으로 사는 사람들은 진리에 대한 위대한 조명과 큰 각성의 단계로서 "한층 깊은 해방, 완전한 생활, 정신적 건강, 그리고 동질성에 관해 알 수 있으며 그 생활을 이 세계에 속한 생활로써가 아니라 이 세상에 있어서 책임있는 생활로 변화시킬 수 있다."고 본다. 고백적 신앙단계는 자신의 삶이 더 이상 고통이 되지 않는다. 자신의 고통으로부터 벗어나 타인의 고통을 해결하기 위해 기꺼이 참여하는 단계이다.

토마스 그룸(Thomas H. Groome)은 신앙발달의 단계를 "자유에 이르는 과정"이라고 하며 신앙의 최종단계는 완전한 자유에 이르는 것이라고 하였다. 그가 말하는 자유는 하나님 나라의 가치들(정의, 평화, 화해, 기쁨, 소망 등)과 그 가치를 위하여 사는 공동의 결과와 상태를 말한다. 이 자유를 구가하기 위해서 하나님의 은총과 인간의 책임이 필요하다.

제임스 파울러가 말하는 신앙발달의 마지막 단계인 보편적 단계는 영성발달의 최고수준이다. 고백적 신앙단계는 개인적으로는 자아를 초월하여 자유와 평화의 내적 세계를 이루며 외적으로는 사랑과 자비를 실천하는 단계이다. 이 단계에서 사회 정의를 실현하기 위해 기꺼이 자기를 희생할 줄 알며 삶과 죽음을 초월한 삶을 실현하는 것이다.

이렇듯 기독교의 신앙발달의 최종단계는 하나님과 일체를 이루어 하나님의 사랑을 실천하는 단계이다. 즉 인간에 대한 하나님의 사랑을 실천하는 것이 신앙발달의 최종단계이다. 신앙발달의 최종단계 즉 신앙발달의 완성단계는 자신의 죄와 고통으로부터 완전한 자유와 해방의 상태에 이르는 것이다. 자신을 초월하여 신에 대한 사랑과 이웃에 대한 사랑으로 충만한 상태를 말한다.

4. 기독교와 불교 수행의 최종 단계

종교적 경험을 연구한 학자 윌리엄 제임스(William James)는 모든 종교적 경험의 내용이 같다고 하였다. 공통적으로 세상적인 삶을 지향하다가 회심의 과정을 거쳐 종교적 삶을 지향하게 된다고 하였다. 그는 회심에 의해 신앙 경험의 최종단계에 이른 결과를 '성인다움'이라고 하였다. 성인다움은 모든 종교의 신앙발달이 추구하는 최고의 단계로서 높은 신앙심과 자비를 증득한 상태다. 성인다움의 단계는 모든 존재 앞에 사랑과 겸손, 궁극적 존재에 대한 무한한 신뢰, 그리고 타인들에 대하여는 온유함과 사랑을 동반하지만 자신에 대해서는 엄격한 내적 상태에 이른 단계라고 하였다.

신앙 성장과 발달의 최고 단계의 공통적 특징은 자신을 초월하는 것이다. 기독교에서 자신의 초월한다는 것은 '나' 중심과 자기 높임에서 벗어나 하나님 중심 인간으로의 전환을 의미한다. '나' 중심한 관념의 세계에서 벗어나 순수한 의식에 이르는 단계로 나 중심의 지향에서 하나님 중심 지향으로의 삶의 변화가 자기초월이다.

불교에서의 자기초월이란 관념적인 존재에서 실재적인 존재로의 자각과 경험이다. 오온(五蘊)을 자아로 보았던 사견(邪見)에서 오온은 실체가 없고 무상(無常)과 무아(無我)의 존재임을 깨닫는 것이 자기초월이라고 할 수 있다. 따라서 불교 수행의 마지막 단계인 해탈과 열반이라는 것은 자신이 무상한 존재요, 무아인 존재로서 자각하고 경험적으로 완전한 자유와 해방의 상태에 이르는 것이라고 할 수 있다.

기독 신앙의 최종단계인 신과의 합일과 불교 수행의 최종단계인 해탈과 열반은 그 개념과 정의가 다르다. 그러나 신앙 성장 혹은 변용의 최종단계에서 증득되는 신과의 합일과 열반은 실천적인 면과 경험되는 세계에서는 같다고 할 수 있다. 이 단계에 이르게 되면 인간의 고통과 실존의 문제에서 자기를 초월하게 된다. 그리고 자아 중심의 삶에서 조건 없는 사랑과 자비를 실천하는 단계로, 자아 중심의 삶에서 이타적인 생활로 변화가 일어난다. 결론적으로 수행의 최종단계는 모든 종교가 공통적으로 추구하는 성인다움의 모습을 갖추는 것이라고 할 수 있다. 기독교는 예수의 삶을 닮는 것, 불교는 붓다의 삶을 닮는 것이다.

불교 수행의 중심에 있는 위빠사나 수행의 단계는 16단계로 나뉜다. 이 16단계의 최종단계에 해당하는 13단계에서 16단계까지는 '고뜨라브'(성인의 반열)의 지혜를 증득하는 단계와 도(道)와 과(果)의 지혜를 증득하는 단계이다. 이 단계에서는 중생에서 성인 혹은 성자의 반열에 오르게 되고 불법(佛法)을 완전히 꿰뚫어 아는 지혜를 증득하게 된다.

기독교의 관상의 길 3단계의 마지막 단계는 신과의 합일의 단계이다. 이 단계에서는 자기중심성에서 벗어나 하나님의 현존 안에 거하며 하나님의 섭리 안에서 자신이 살게 됨을 깨닫게 된다. 이 단계에 이르면 세상의 고통이 나의 고통으로 느껴지며 사람을 사랑하고 하나님의 나라 실현을 위해 기꺼이 봉사하는 단계이다. 이 단계는 하나님의 자녀로서 성인의 위치에 오르는 단계이다.

참고도서

전재성 역, 『쌍윳따니까야』, 한국빨리성전협회, 2014.

김남선, 『5박 6일 명상체험기』, 불광출판사, 2000.

박석, 『명상 체험 여행』, 모색, 1998.

이춘호, 『한국명상가들의 절정체험』, 미내사클럽, 2012.

권기헌, 『가야산으로의 7일간의 초대』, 한·언, 2001.

쫑가파, 청천 역, 『깨달음에 이르는 길』, 지영사, 2010.

지운, 『명상 깨달음을 논하다』, 사유수, 2017.

마야시 사야도우, 『깨달음으로 이끄는 명상』, 경서원, 2003.

예수 데레사, 최민순 역, 『영혼의 성』, 바오로 딸, 2015.

붓다고사, 대림스님 역, 『청정도론』, 초기불전연구원, 2009.

James w. Fowler, *Stage of Faith*, Happer Collins, 1981.

John H. Westerhoff III. Will Our Children Have Faith, Seabury Press, 1976.

Thomas H. Groome, *Christian Religious Education*, Happer & Row, 1980.

William James, 김재영 역, 『종교적 경험의 다양성』, 한길사, 2011.

제4부

전통 종교 수행

제1장

요가 수행

1. 요가의 의미

요가의 기원은 학자들에 따라 견해가 다르나 고대 파키스탄 펀잡 지방에서 발견된 벽화에 나타난 요가 수행 자세를 통해 기원전 약 2000년에서 2500년에 이르는 것으로 유추하고 있다. 문헌상으로는 인도의 성전(聖典)으로 불리는 리그베다(기원전 1500년 전)에 요가 철학의 근본사상과 요가 행자들이 소개되고 있다. 리그베다는 바라문교의 경전으로 사용되었으며 이 경전에는 당시 성현(聖賢)의 반열에 있는 요가 행자들의 사상이 깃들어 있다.

리그베다의 철학을 소개하고 있는 우파니샤드는 기원전 700년경에서 200년 사이 만들어진 것으로 추정되는데 이 자료에도 요가의 철학과 근원적 사상이 담겨져 있다. 이 자료에는 요가 수행의 6단계가 소개되고 있다. (라자 요가에서는 8단계로 구성) 되어 힌두교 경전의 위치에 있는 바가바드기타에서도 요가의 세 가지 사상이 소개되고 있는데 첫째, 지(知)의 요가(Janna Yoga), 둘째, 행(行)의 요가(karma Yoga), 셋째, 신애(信愛)의 요가(Bhakti Yoga)이다.

BC 2세기에 요가 사상을 체계화하고 AD 4−5세기경 완성된 것으로 보이는 파탄잘리의 『요가수트라』는 요가의 교과서로 불릴 만큼 요가의 사상과 요가 명상에 대한 체계를 갖춘 책이다. 이 책에서 마음 다스림과 이를 위한 수행법 그리고 요가의 체계인 아스탕가, 즉 팔지(八支) 요가가 소개되고 있다.

요가란 요가 사상, 요가 동작, 요가 명상 등을 어우르는 개념인데 일반적으로 아사나(동작)만을 요가라고 부른다. 요가는 삼매를 목적으로 하는데 삼매는 정신적인 면과 육체적인 면의 수행을 통해서 이루어진다. 그러나 하타요가는 주로 신체적인 면의 수행을 강조하면서 정화법, 호흡 조절, 아사나 등 동작을 채널로 하는 수행을 말한다.

요가 전통에서 요가 수행자를 유끄따(yukta), 결합한 사람, 또는 스티따(sthita-prajnaâ)라고 하는데 확고한 지혜를 가진 사람이라는 의미이다. 여기서 요가의 목적은 결합과 지혜를 계발하기 위한 것이라고 볼 수 있다. 힌두교 경전의 하나인『바가바드기타』에서 요가를 "평정심을 높이는 것" "영혼의 단계를 높이는 것" "확고한 자아 확립" "결합한 사람" 등으로 설명하고 있다. 이를 통해서 요가란 자아 확립, 영적 삶의 고양, 균형 있는 사람이 되는 것을 지향하고 있음을 알 수 있다. 이 경전에서 요가를 통해 완성에 이른 요가 수행자를 "마음이 어떤 괴로움에도 영향받지 않고 쾌락에 대한 욕망으로부터 벗어나 있으며 집착, 두려움, 분노가 없는 사람 그는 확고한 통찰력을 가진 성자"라고 불렀다.

본래 요가라는 말의 어원은 "yuj"(결합)이라는 의미를 갖는다. 우주의 신 브라만 신과 내 안에 내재하는 아트만 신과의 결합, 마음과 몸의 결합, 물질과 정신의 통합 등을 강조한다. 그러나 파탄잘리의『요가수트라』이후 요가는 신과의 합일을 목적으로 하기보다는 신체적인 정화와 균형 그리고 강화에 목적을 두고 있다. 여기서 결합한다는 것은 신체적인 통합과 균형의 의미가 있다. 요가 동작을 통해서 몸과 마음을 신성화시키고 통합과 균형을 유지하도록 한다는 의미이다.

하타요가(Hathyoga)에서 하타(Hatha)라는 말은 힘(Force)을 의미하고 하타요가란 육체의 정화와 강화를 위한 방법으로 자신을 변화시키고 초월하려는 형태의 요가다. "Hatha"라는 말은 "Ha"와 "Tha" 두 단어가 결합된 것으로 "Ha"는 태양을 "Tha"는 달을 의미한다. 따라서 하타요가란 양(陽)의 에너지를 상징하는 태양과 음(陰)의 에너지를 상징하는 달의 합일과 조화 그리고 일치를 의미한다.

하타요가에서는 희랍사상이나 기독교에서처럼 인간의 육체를 욕망과 죄를 담고 있는 부정한 것으로 보지 않는다. 인간을 소우주로 보며 육체를 신성시한다. 육체는 신성이 내재하는 성전(聖殿)과 같은 것으로 보며 육체를 통해서 해탈할 수 있다고 본다. 따라서 하타요가는 심신의 건강과 아름다움 또는 장수를 위한 요가 행법이라고 할 수 있다.

2. 라자요가(Râja Yoga)

라자(Râja)라는 말은 왕을 의미한다. 따라서 라자요가란 '왕의 요가' 혹은 '요가의 왕'을 의미한다. 2세기경 『요가수트라』의 저자 빠딴잘리가 창안한 요가 체계를 말하며 16세기부터 주로 빠딴잘리 요가 체계와 아스탕가 요가(ashtâ-anga-yoga, 팔지요가)를 구별하는데 사용되었다. 이 용어 안에는 라자요가가 하타요가보다 우월하다는 의미가 내포되어 있고, 마음 수련을 하는 참된 수행자들을 위한 수행법이라는 의미가 있다. 이러한 의미가 더 드러나게 된 것은 최근에 하타요가가 미용체조나 신체의 균형미를 추구하는데 사용되기 때문이라고 할 수 있다.

빠딴잘리의 『요가수트라』는 힌두교 전통과 불교 전통을 이어받은 요가를 체계화한 책이다. 『요가수트라』는 그 내용을 볼 때 아슈탕가와 키리야 요가(kriyâ-yoga, 행위요가)의 통합이라고 할 수 있다. 『요가수트라』의 대부분 키리야 요가를 설명하는데 할애되었고, 아스탕가 요가에 대하여는 많은 비중을 차지하고 있지 않으나 가장 핵심적인 내용은 아스탕가 요가라고 할 수 있다.

아스탕가 요가란 '여덟 가지 요가'의 체계를 말하는 것으로 깨달음의 여덟 단계라고 할 수 있으며 자아초월로 나가는 과정이라고 할 수 있다. 아스탕가 요가는 불교 수행의 영향을 받았다고 볼 수 있으며 불교의 삼학(三學, 戒·定·慧)을 더 구체화한 내용이다. 다만 불교의 수행과 다른 것은 팔지요가에는 아사나(동작 요가)가 추가되어 있다. 불교 수행에서는 아사나 수행을 하지 않는다. 그 이유는 불교 수행에서 마음이 이완되면 몸도 자동적으로 이완된다고 보기 때문이다. 아스탕가 요가의 여덟 가지 단계는 다음과 같다.

(1) yama(야마); 금계 − 행하지 말아야 할 것

(2) niyama(니야마); 권계 − 행해야 할 것

(3) âsana(아사나); 자세

(4) prânâyâma(프라나마야); 호흡조절

(5) pratyahara(프라티야하라); 감관 철수

(6) dhâranâ(다라아나); 정신집중

(7) dhyâna(디야나); 명상

(8) samâdhi(사마디); 삼매

위의 야마, 니야마는 불교의 삼학(三學) 중 계수행(戒修行)에 해당하는 것으로 윤리 도덕적인 청정함을 말하며 불교의 5계에 해당하는 것들이다. 아사나, 프라나야마, 프라티야하라는 디야나는 정수행(定修行)에 해당하는 것으로 집중을 목적으로 한다. 집중을 통해서 마음이 고요해지고 청정해지며 삼매에 이르게 된다. 아스탕가 요가에서는 혜수행(慧修行)에 대하여 언급하지 않는다. 그러나 삼매에 이르게 되면 자기 초월과 해탈이 가능하기 때문에 아스탕가 요가의 목적과 삼학의 궁극적 목적은 동일하다고 할 수 있다. 즉 양자(兩者)는 지혜를 통한 해탈을 목적으로 한다. 아스탕가 요가에서 다라아나(집중)의 전 단계 야마, 니야마, 아사나, 프라나야마, 프라티야하라는 마음챙김 기반 위에서 이루어져야 한다. 이 과정에서 마음챙김이 기반이 될 때 몸과 마음에서 일어나는 현재의 경험을 주시하며 몸과 마음의 이완과 균형을 이룰 수 있다.

참고도서

Bob Stahl & Elisha Goldstein(2010), *Mindfulness-Based Stress Reduction Workbook*, CA USA; New Harbinger Publications, Inc.

Elizabeth De Michelis(2005), *A History of Modern Yoga*, NY USA; Continuum.

John Kabat−Zinn(2013), *Full Catastrophe Living*, New York USA; Bantam.

Swami Niranjanananda Saraswati(1993). *Yoga Darshan*, India; Yoga Publication Trust

Ed. Knut A. Jacobsen(2005), *Theory and Practice of Yoga*, MA USA; Martinus Nijhoff Publishers and VSP.

Ed. Singleton and Jean Byrne(2009). *Yoga in the Morden World*, NY USA; Routledge.

Georg Feuerstein(2008), *The Yoga Tradition*, 김형준 역, 『요가 전통』, 서울; 무우수.

이거룡(2017), 『요가수트라 해설』, 아산; 선문대학교 출판부.

이태영(2003), 『하타요가』, 서울; 도서출판 여래.

제2장

초월명상(TM)

1. 초월명상의 유래와 의미

TM이 우리에게 알려진 것은 1970년대이다. TM을 계승하여 보급한 힌두교 구루 마하리시(Maharishi, 1879－1950)는 TM의 기원을 5000여 년 이전 『베다(Veda)』로 보고 있다. TM은 『베다』에서 시작해 2500년 전에 출현한 성인 샹카라(Shankara)에게 전해졌다. 샹카라는 베다의 지식과 방법을 전수받은 지도의 위치를 샹카라챠리아(Shankaracharia)라는 자리에 두었다. 이 위치는 인도에서 가장 높은 정신지도자의 지위로 대를 이어 계승된다.

가장 최근의 계승자는 스와미(요가스승) 브라마난다 사라와티(Swami Baramananda Saraswati)였고 그가 마하리시 마헤시에게 TM 명상법을 전수하였다. 마하리시는 사라와티 스와미로부터 13년간 TM을 지도받아 계승 발전시키어 전 세계에 보급하였다. 그는 1955년부터 인도와 미국을 비롯해 전 세계에 TM을 보급하기 시작하여 미국에 세워진 마하리시 대학과 세계 각국에 소재한 센터에서 TM을 연구 및 지도하고 있다. 한국에서는 1974년도 초월명상센터가 설립되어 TM을 가르치고 보급하고 있다.

마하리시는 그가 전수받고 지도하는 명상법을 다른 명상법과 구분하기 위하여 초월명상(Transcendental Meditation)의 머리글자를 따서 TM이라고 명명하였다.

TM은 '일반적인 의식의 수준을 넘어 순수한 의식에 도달하는 기술'이라는 의미이다. 일반적인 의식이란 인간의 생각, 이성, 지성 등으로 일상에서 의식하는 영역이고, 초월의식이란 이런 것들에 지배받지 않는 태생적으로 주어진 순수의식을 말한다. 이를테면, 인간의 본성, 신성(神性), 혹은 불성(佛性) 등이 초월의식이다. TM은 바로 이러한 의식의 세계에 들어가는 기술이라고 할 수 있다.

2. 초월명상의 방법과 효과

TM 명상법은 철저하게 스승으로부터 전수받도록 되어 있기 때문에 서적을 통해서 혼자 수련하는 것은 어렵다. 필자도 TM이 한국에 처음 들어온 1970년대 서울 사당동 센터에서 5일간의 TM 수련을 받았다. TM 수련을 마치고 필자는 전수받은 만트라를 다른 사람에게 공개하거나 가르치지 않겠다는 서약을 했다. 따라서 이 장에서 필자가 전수받은 만트라를 소개하지는 않겠다.

TM은 만트라를 채널로 하여 순수의식 혹은 통일장에 들어가는 명상이다. 인간의 의식 세계에는 본래 주어진 본성이 있다. 본성이 계발되면 창조의 근원, 지성의 근원, 환희의 근원에 접하게 되는데 TM은 근원의 의식 세계에 들어가기 위한 명상법이다. 주어진 만트라를 채널로 하여 일상의 의식에서 가장 높은 단계인 순수의식의 세계에 들어가는 것이다. 순수의식의 세계에 접하게 되면 물질과 정신, 자연과 나, 신과 나의 합일을 경험할 수 있게 된다.

순수의식은 우주의식이다. 자아의식이 우주의 의식으로 확대되면 자기 확립과 자기완성이 이루어진다. 우주의식의 세계에서 살게 되면 인간의 정신과 물질이 통합되며, 자아 주관을 할 수 있으며, 심신의 건강이 이루어지고 진정한 자유와 희열을 경험하게 된다. TM의 궁극적 목적은 개인과 사회의 평화와 행복을 구현하는 것이다.

TM 명상법은 인도의 베다 전통에 의한 것이며 파탄잘리의 아스탕가 요가의 8단계의 수행법에 따른 것이다. 다만 요가의 궁극적 목적인 삼매에 들어가는 채널로 호흡이나 아사나를 사용하지 않고 만트라를 사용하고 있다는 점이 다르다. 이때 만트라는 다른 종교의 만트라처럼 음절에 어떤 의미가 담긴 것이 아니라 '옴' 만트라처럼 아무런 의미가 없는 단음절 만트라를 사용한다. 이 만트라를 반복적으로 암송하게 되면 외부로부터 들어오는 감각과 마음에서 일어나는 잡념 망상을 막을 수 있으며 마음이 고요해지고 순수의식의 세계로 들어가게 된다.

TM 명상 수련자들은 20분씩 하루 2차례 이 명상 수련을 실행할 것을 권고 받는다. TM 명상은 꼭 가부좌 자세를 취하지 않아도 된다. 소음으로부터 방해받지 않는 조용한 장소에서 편안한 자세로 20분간 주어진 만트라를 암송한다. 이 수행을 매일 계속하면 깨어있는 의식을 유지하며 기쁘고 행복한 삶을 살 수 있게 된다.

TM명상은 어떤 대상에 대하여 집중하고 주시하여 통찰력을 계발하는 것은 아니다. 집중이나 생각의 통제를 하지 않고 단순히 만트라를 암송하게 되면 자동적으로 뇌파가 안정되어 마음이 고요하고 청정한 상태에 이르게 된다. 이러한 상태에서 순수한 의식에 들어가 육체적으로 휴식상태로 들어가며 정신적으로는 깨어있는 상태가 된다.

TM 명상은 그 효과에 대하여 가장 많은 과학적 데이터가 있다. 미국에 마하리시 대학은 명상에 대한 가장 많은 과학적 연구의 실적을 쌓은 대학이다. 이 대학의 TM연구소는 명상이 마음의 이완뿐만 아니라 산소 소모량의 감소, 신진대사량의 감소, 심장박동률의 감소, 피부저항의 감소, 혈액 중 유산염의 감소 등에서 생리적인 효과가 있다는 연구결과를 내놓았다. 이러한 효과들이 마음의 평화와 안정과 신체적인 건강을 증진시킨다는 연구 결과를 내놓았다.

참고도서

마하리시 마헤시, 이병기 역,『초월의 길 완성의 길』, 범우사, 2005
한국초월명상센터 편저,『TM 초월명상법』, 하남출판사, 2007.
피터 러셀, 김용철 역,『초월명상 TM 입문』, 정신세계사, 1987.
정태혁,『명상의 세계』, 정신세계사, 1999.

제3장

남방 불교 명상

　남방불교란 미얀마, 스리랑카, 태국 등의 불교를 말한다. 남방불교는 초기불교 전통의 명상인 사마타와 위빠사나 수행법을 계승하고 있다. 사마타는 한 대상을 주시하여 집중력을 계발하는 명상법이고 위빠사나는 주시의 대상을 바꾸어가며 알아차림을 계발하여 지혜를 증득하기 위한 명상법이다. 그런데 집중력이 없으면 통찰력이 계발될 수 없고 통찰력이 없으면 집중력도 계발될 수 없기 때문에 사마타 명상과 위빠사나 명상은 상호보완적이다.

　사마타는 한문으로 멈춘다는 의미의 '止'(지)로 번역되고, 위빠사나는 통찰한다는 의미의 '觀'(관)으로 번역된다. 위에서 설명했듯이 이 두 명상법은 서로 보완적이며 쌍으로 닦아야 한다는 의미로 지관(止觀)명상 혹은 지관쌍수(止觀雙修)라고 한다. 붓다는 사마타와 위빠사나 중에 어떤 것을 먼저 닦아야 하느냐는 제자 아난다의 질문에 지관쌍수를 닦아야 해탈에 이른다고 하였다. 불교수행의 궁극적인 목적은 지혜와 해탈이기 때문에 통찰력을 계발하는 위빠사나가 남방불교의 대표적인 명상이다.

1. 사마타 명상

1) 사마타의 유래와 의미

사마타(Samatha)란 빨리어로 'sam'에서 파생된 말로는 우리말 고요함, 청정함의 의미이다. 영어로는 calm(고요, 평온), tranquility(고요함, 평온, 평정), serenity(맑음, 청명, 평온) 등으로 번역된다. 중국어로는 멈춘다는 의미의 지(止)로 번역되는데 마음에서 일어나는 해로운 상태가 '그치다'는 의미를 갖는다. 마음의 고요함, 청정함, 평정심 상태를 개발하고 유지하는 수행을 사마타 명상이라고 한다.

사마타는 사마디(samadhi, 삼매, 定)를 갈고 닦는 수행이다. 'samadhi'는 sam＋ā＋dha의 합성어로 고요, 평정의 의미를 가진 'sam'을 접두어로 하여 '본다'의 의미를 가진 'dha'가 합성되어 마음의 집중과 통일된 상태를 의미한다. 불교 초기 경전 맛지마 니까야에서는 사마타를 "마음이 하나의 대상에 고정되어 있는 상태"라고 한다.

사마타 명상은 고유한 불교 명상의 하나로 알려졌으나 불교 이전의 타 종교 수행법에도 사마타 수행이 있었다. 석가모니는 출가하여 6년간 고행 수행과 요가 전통의 사마타 수행을 하였다. 그러나 석가모니는 사마타 수행만으로 진정한 깨달음에 도달할 수 없음을 알고 일상으로 돌아와 지혜를 계발하는 위빠사나 수행을 창안하게 되었다. 그렇다고 붓다가 사마타 수행을 부정하거나 폐기한 것은 아니다. 사마타 수행의 기반에서 위빠사나 수행이 수월하게 이루어짐을 경험하게 된 것이다. 사마타 명상은 위빠사나를 수월하게 하는 기반이 된다.

2) 집중, 명상, 선정

앞에서 설명했듯이 사마디는 '마음의 통일' '마음의 집중'을 의미한다. 마음이 하나의 대상에 모아진 상태를 집중이라고 한다. 불교 경전에서는 '사마디'와 '마음의 한 정점'을 혼용해서 쓰고 있다. 처음에는 집중에 도달한 상태를 사마디라고 하였으나 점차로 마음의 집중으로 대치되어 동의어가 되었다. 오늘날에 집중은 사마디에 들어가기 위한 방편으로 사용하고 있다. 사마디에 마음의 집중과 집중 상태 고요함, 청정함이 내포되어 있다고 할 수 있다.

깊은 집중에 들어간 상태를 삼매라고 한다. 우리말로는 선정(禪定)이라고 한다. 선정에 해당하는 빨리어 자나(jhana)는 '불태우다' '몰입하다'라는 의미이다. 'jha'라는 말은 산스크리트어 'dyai'라는 말에서 유래되었다. 라자요가 7단계 '다야나(dhyana, 명상)'는 이 'dyai'에서 유래되었고 '다야나(명상)는 라자요가 6단계 '다라나(dharana, 집중)'의 다음 단계에 해당한다. 라자요가에서는 집중, 명상, 삼매를 구분하고 있다. 6단계 집중을 통해 7단계 명상에 들어가고, 명상을 통해 마지막 8단계 사마디에 들어가는 것으로 설명하고 있다.

수행에서 보편적으로 사용하고 있는 용어 선정(禪定)은 위의 집중, 명상, 사마디의 상태를 포괄한 의미로 사용된다. 요가의 스승 시바난다는 몰입의 시간에 따라 '집중' '명상' '사마디'를 구분하고 있다. 집중은 12초 동안 하나의 상태에 머묾을 말하고, 명상은 144초 동안 집중 상태가 계속됨을 말하고, 삼매는 30분 이상 몰입상태를 유지하는 것이라고 한다. 집중 상태에서 명상에 들어가고 명상에서 삼매를 경험할 수 있다.

3) 올바른 집중

우리는 수행에서뿐만 아니라 일상에서 집중이라는 말을 많이 쓰고 있다. 집중에는 바른 집중과 바르지 못한 집중이 있다. 수행에서 말하는 집중은 일상에서 말하는 집중과 그 의미가 다르다. 사람들은 게임, 놀이, 공부 등에 몰입하게 될 때 '집중한다.'고 한다. 올바른 집중이란 선의(善意)를 가지고 몰입하며 의식이 깨어있는 상태이다. 반면에 바르지 못한 집중은 욕망이 개재되거나 의식이 또렷하지 못한 상태에서 어떤 대상에 빠져있는 상태를 말한다. 이를테면 도박을 할 때 승부욕을 갖고 알아차림 없이 집중하는 경우는 바르지 못한 집중이라고 할 수 있다.

알아차림(sati, 正念)과 분명한 앎(sampajanna, 正知)이 있을 때 바른 집중이 된다.

선정은 집중의 상태에서 알아차림과 분명한 앎이 여일하게 이어지는 상태를 말한다. 마음이 고요하고 청정하며 순수하고 평정심이 유지되는 상태에서 분명한 알아차림이 이어진다. 이때는 주시와 알아차림이 계속되면서 한 점의 잡념이나 망상이 일어나지 않고 어떠한 장애도 없는 상태이다.

알아차림이 없는 몰입상태는 잘못된 집중으로 가기 쉽다. 집중을 하고 있지만 악의(惡意)가 있거나 혼침과 졸음으로 알아차림이 없는 상태는 올바른 집중이라고 할 수 없다. 이러한 상태에서는 결코 삼매를 경험할 수 없다. 잘못된 집중 상태에서 알아차림 없이 어떤 대상에 빠져 들어가기 쉽다. 이러한 상태가 자주 계속되면 습관이 되거나 중독이 될 수 있고 번뇌 망상에서 벗어날 수가 없다. 바른 집중에서는 좋은 기운을 증진시키지만 바르지 못한 집중에서는 좋은 기운을 소진시키게 된다.

알아차림은 집중을 향상시키며 집중을 이룬 상태에서 사마디를 경험하게 된다. 알아차림은 더 깊고 정묘한 집중으로 이끌고, 사선정을 이끌어 가며, 사선정의 마지막 단계인 해탈과 지혜에 도달하게 된다. 해탈과 지혜의 증득은 올바른 집중을 통해서 이루어지며 올바른 집중은 정진과 알아차림에 의해 강화되는 것이다.

위빠사나 명상의 목적은 통찰력을 계발하여 해탈과 지혜를 증득하기 위함이다. 사물과 현상을 꿰뚫어 아는 지혜를 계발하기 위해서는 알아차림의 능력이 있어야 한다. 알아차림의 능력을 계발하기 위해서는 집중과 삼매를 위한 수행을 해야 하며, 집중과 삼매를 이끌기 위해서는 사마타 명상의 기반이 있어야 한다. 사마타 명상을 통해 마음이 고요함과 청정함을 계발하게 될 때 알아차림이 작동하게 된다. 따라서 사마타 명상의 기반 위에서 위빠사나 명상이 이루어지며 위빠사나 명상을 통해 알아차림의 힘이 증진되어 더 깊은 집중에 들어갈 수 있게 된다.

4) 선정에 들어가기

사마타 명상의 목적은 올바른 집중으로 선정에 들어가는 것이다. 선정을 통해 번뇌와 고통에서 벗어나 지고(至高)의 평화와 행복을 경험할 수 있고 수행의 궁극적 목적인 자유와 해탈에 이르게 된다. 자유와 해탈의 경지에 들어가려면 삼법인(無

常, 苦, 無我)을 깨달아야 한다. 존재의 무상함과 무아를 깨닫게 될 때 고통의 원인인 집착으로부터 벗어날 수 있다. 삼법인을 깨닫는 길이 위빠사나 수행이며 위빠사나 수행을 이끌어가는 명상이 사마타이다.

앞에서 설명했듯이 선정에 들어가기 위해서는 올바른 집중이 있어야 하고, 올바른 집중을 위해서는 먼저 명상의 장애를 제거해야 한다. 명상의 장애는 (1) 감각적 욕망 (2) 악의(惡意) (3) 졸음 (4) 들뜸과 회한 (5) 회의적 의심 등 다섯 가지다. 이 다섯 가지의 뿌리는 삼독(三毒) 즉 탐욕, 분노, 어리석음이다. 삼독을 소멸시키기 위해서는 먼저 일상에서 계율을 잘 지켜 도덕적으로, 윤리적으로 청정하고 순수하게 살아야 한다. 마음의 바탕이 청정하고 순수하게 될 때 올바른 집중을 할 수 있고 올바른 집중에서 선정에 들어갈 수 있다.

올바른 집중을 위해서는 주시의 대상을 잘 선정해야 한다. 물론 일상에서 볼 수 있는 물체와 현상이 모두 주시의 대상이 될 수 있다. 다만 이 대상을 판단과 분별없이 주시하고 알아차려야 한다. 불교에서는 주시하고 알아차려야 할 대상을 사념처(몸, 느낌, 생각, 정신)라고 한다. 사념처는 연속적으로 일어나고 사라진다는 특성을 갖고 있다. 이러한 것들에 대한 집착은 번뇌와 고통의 원인이 된다. 대상에 대하여 판단과 분별없이 주시하고 알아차리는 것이 번뇌와 고통으로부터 벗어나 자유와 해탈에 이르게 된다.

올바른 집중을 위해서는 (1) 믿음, (2) 정진, (3) 알아차림, (4) 집중, (5) 지혜 등 다섯 가지 근기를 갖추어야 한다. 믿음과 정진의 기반위에 알아차림이 있어야 하고 알아차림으로 집중과 지혜를 계발하게 된다. 사선정에 들어가기 위해서는 이 다섯 가지의 근기가 있어야 한다.

선정은 일시적인 삼매를 경험하기 위함이 아니다. 또한 선정을 경험하였다고 하여 수행의 목적지에 도달한 것이 아니다. 선정의 경이로움과 지복(志福)경험을 우리의 일상으로 스며들게 해야 한다. 이를 훈습(熏習)이라고 한다. 꽃집에 들어갔다 나오면 꽃향기가 몸에 스며들듯이 수행의 향기가 우리 몸과 생활에 스며야 한다. 선정에서 경험한 해방, 자유, 기쁨, 행복 등의 느낌과 감정이 우리의 정서가 되어야 한다.

위와 같은 감정은 곧 일상에 묻히고 소멸된다. 그러나 다섯 가지 근기와 경험은 우리의 의식 속에 수행의 씨앗으로 남게 된다. 이 근기와 경험이 수행을 하고 싶은 욕구를 일으키고 다음 수행에 활력을 불어넣게 된다. 그래서 붓다는 '수행에 정진하라'고 하였고, 예수는 '쉬지말고 기도하라'고 하였다.

5) 사마타 명상과 기독교 신앙

불교명상에서 추구하는 궁극적 목적은 열반(涅槃)이다. 열반은 번뇌를 태운다는 의미를 내포한다. 사마타를 통해 번뇌를 일으키는 장애를 소멸시켜 고요함과 청정함에 이른다는 것은 마음의 정화를 의미한다. 사마타 명상에서 일어나는 선정은 곧 장애를 태우는 것으로 마음을 정화시키는 기능을 한다. 마음의 정화는 곧 사마타 명상의 목적이다.

사마타 명상을 통해 선정에 이른다는 것은 '하나의 대상에 집중된 상태'를 말한다. 이 상태에 이르게 되면 개념 이전의 자각으로 알아차림과 집중과 평정이 외부의 자극에 방해받지 않고 일제히 함께 작용하는 상태가 된다. 무상함을 체험하게 되고 기쁨, 행복, 평정, 집중의 요소들이 나타났다 사라지고 변한다. 이때 선정의 요소들도 무상하다는 것을 체험하게 된다.

기독교에서 명상에 해당하는 말에는 기도, 기원, 묵도, 묵상 등이 있는데 기도라는 말로 총칭된다. 기도의 목적은 하나님과의 합일이다. 즉 하나님의 뜻과 내 뜻의 합일이라고 할 수 있다. 기도는 내가 하나님을 찾아가 간구하는 것이라면 명상은 하나님이 내 자신에 머물 수 있도록 자신을 비우는 것이라고 할 수 있다. 기도와 명상이 각각 추구하는 바가 다르지만 불교명상법을 통해 기도에서 성취하고자 하는 바를 더 빠르고 효과적으로 성취할 수 있다. 그것은 기도에서 나타나는 종교적 경험과 사마타에서 나타나는 선정의 요소가 동일하기 때문이다.

특히 기독교 관상기도의 방법과 과정은 사마타 명상과 유사하다. 관상기도의 과정에서 일어나는 경험들은 사마타 명상에서 일어나는 요소들과 일치한다. "관상(觀想)이란 '마음에서 일어나는 상(像)을 바라본다.'는 뜻으로 조용히 눈을 감고 마음속의 여러 가지 이미지, 생각, 정서들이 일어나는 것들을 관조하는 것을 의미한다. 관상은 영어로 'contemplation'으로 접두어 'con'은 '함께', '강하게'라는 뜻이고, 뒤의 'temple'은 '관찰하기'로 표시된 특별한 대상의 뜻이다. 이 단어의 뜻은 주의를 기울여 집중적으로 바라보고 관조하기 위해 구별된 대상을 의미한다. 관상이란 대상의 관조를 통해 그 대상과 일치가 이루어진 상태를 의미하는 것으로 관상기도란 이러한 관상 상태를 유지하는 것을 말한다. 관상기도를 통해 자기 비움과 자기 부정이 이루어져 마음이 정화되면 그리스도의 조명체가 되고, 그리스도와의 합일을 경험하게 된다.

사마타 명상 과정에서 일어나는 선정의 요소 즉 위딱까(vitakka, 사유), 위짜라(vicāra, 숙고), 삐띠(pīti, 희열), 수카(sukha, 행복), 에까가따(ekaggatā, 평온) 등은 고요와 집중의 산물이다. 그러나 이러한 선정의 요소들은 불교수행에서 얻고자하는 궁극적 목적이 아니다. 근접삼매에서 몰입집중에 이르는 경계에서 일어나는 요소들이다. 이러한 선정의 요소들은 수행의 활력과 증진을 위해 유익한 관찰의 대상일 뿐 수행의 최종단계는 아니다.

불교의 사마타 명상이 추구하는 것과 기독교의 관상기도가 추구하는 것은 집중과 마음의 정화라는 면에서 일치한다. 사마타 명상과 관상기도를 통해 증득되는 집중과 정화는 이들 수행의 최종목적은 아니다. 사마타의 최종목적은 집중과 정화를 통해 지혜를 증득하기 위한 것이고, 관상기도는 집중과 정화를 통해 신과 합일을 성취하기 위한 것이다.

기독교적 관점의 지혜는 신과의 합일에서 나타나는 결과이다. 구약성경 잠언서에 "여호와를 경외하는 것이 지혜의 근본이요, 거룩하신 자를 아는 것이 명철이니라.(잠언서 9장 10절)"고 하였다. 하나님과의 합일을 이루게 되면 사물과 현상을 꿰뚫어 볼 수 있는 지혜를 증득하게 되는 것이다. 따라서 기독교 신앙인들이 기도의 한 방식으로 상좌불교 명상 사마타의 방식을 수용한다면 기독교 신앙 발달의 궁극적 단계인 하나님과의 합일을 이루는 유익한 방편이 될 것이다. 즉 인간에 내재된 신성과의 만남이 이루어질 것이다.

2. 위빠사나 명상

1) 위빠사나 명상의 유래와 의미

많은 명상 중에서도 오늘날 사마타와 위빠사나가 세상에 가장 널리 알려져 있고 주목을 받고 있다. 서구에서는 위빠사나의 개념에서 불교의 종교성을 배제하고 'Mindfulness Meditation'으로 불리고 있으며 우리나라에서는 '마음챙김'으로 번역 하여 사용되고 있고 마음챙김 명상을 기초로 한 여러 심리치료 방법들이 개발되었 다. 마음챙김은 위빠사나 명상의 원리를 적용하여 감각기관에서 일어나는 느낌, 감각, 생각, 현상 등을 주시하며 알아차리는 명상법이다.

위빠사나의 전통을 이어가고 있는 남방불교에서 위빠사나는 부처님께서 깨닫기 위해 사용한 유일한 방법이라고 주장한다. 미얀마, 스리랑카 등의 불교를 국교로 하는 국가에서는 승려나 일반 신도들이 기독교의 기도처럼 일상생활에서 이 수행 을 하고 있다. 위빠사나는 인도에서 불교의 발생과 더불어 이어온 수행방법이기는 하지만 11세기경 인도의 배불정책 등으로 그 명맥이 끊어지게 되었다. 위빠사나가 대중에 알려진 것은 최근의 일이다. 미얀마에서 스님들이 위빠사나 명맥을 이어오 다가 1970년대부터 대중에게 보급하기 시작하였다.

우리나라에서도 1970년대 후반부터 고엔카 위빠사나, 마하시 위빠사나 등이 알 려지기 시작하였다. 필자는 2000년도 10박 11일의 고엔카 위빠사나 수행을 통해서 위빠사나와 처음 인연을 맺었고 그 후 미얀마 빤띠따라마 수행처에서 21일간, 쉐우 민 수행처에서 2주간 위빠사나 수행을 경험하였다.

위빠사나란 말은 부처님시대에 일반 대중들이 사용하였던 빨리어다. 위빠사나 (vipassana)란 '나누다' '특별하다' '다양하다' 등의 뜻을 가진 접두사 'vi'와 '본다'라 는 의미의 'pas'라는 어근을 가진 명사형 빠사나(passana)가 결합된 합성어다. 이 두 의미가 합성되어 위빠사나는 '나누어 봄' '특별한 관찰' 등으로 해석할 수 있다.

따라서 위빠사나는 현상을 있는 그대로 본다는 뜻을 가지고 있다. 우리는 사물을 보게 될 때 느낌, 생각과 이미지를 통해서 관념적으로 보게 된다. 그러나 위빠사나는 알아차림을 계발하여 직관과 통찰에 의해서 사물과 현상을 있는 그대로 주시함을 뜻한다. 특히 내 몸 안과 밖에서 일어나는 현상들에 대하여 판단과 분별없이 주시하고 알아차리는 것이다. 따라서 위빠사나는 통찰, 내적 통찰, 직관적 통찰 등으로 해석할 수 있다.

2) 위빠사나 명상의 방법

위빠사나라는 말은 사물을 있는 그대로 객관적으로 본다는 뜻이다. 수행자는 우선 마음을 집중하기 위해 자연적인 호흡을 관찰하는 것으로 위빠사나 명상을 시작한다. 호흡은 인간이 살아있음과 감정의 변화에 따른 신체 움직임의 변화를 가장 잘 보여준다. 신체에서 일어나는 호흡은 일정하면서도 변화가 있기 때문에 호흡을 관찰하게 된다. 호흡을 주 대상으로 관찰하면서 정묘하게 집중된 마음으로 몸과 마음이 변화하는 특성을 관찰하게 되며, 무상(無常), 고(苦), 무아(無我) 라고 하는 보편적이고 우주적인 진리를 경험하게 된다.

호흡을 관찰하는 방법은 콧구멍 밑에서 이루어지는 들숨과 날숨을 주 대상으로 관찰하는 방법과 호흡으로 일어나는 배의 부름과 꺼짐을 관찰하는 방법이 있다. 고엔카 위빠사나는 전자의 방법으로 호흡을 관찰하면서 몸의 감각을 주시하고 관찰한다. 몸의 느낌, 통증, 감각의 흐름 등을 주시하면 망상, 잡념, 생각 등 잡다한 번뇌가 일어나지 않으며 심신의 고요함과 평화로움을 느끼게 된다.

마하시 위빠사나는 호흡에 따른 배의 부름과 꺼짐을 주 대상으로 주시하며 배를 주시하다가 몸에서 일어나는 감각, 마음에서 생각, 상(相) 등이 떠오르면 이를 집중하여 주시하고 알아차리게 된다. 이러한 감각, 생각, 상 등이 떠오르는 과정과 소멸을 주시하므로 무상, 고, 무아라는 존재의 특성을 꿰뚫어 보게 된다.

쉐우민 위빠사나는 수행자의 선호에 따라 1차 주시의 대상을 콧구멍 혹은 배의 호흡을 기반으로 하여 주로 마음을 관찰하는 수행법으로 삼는다. 수행처에서뿐만 아니라 일상에서 마음의 작용과 마음 부수를 관찰하게 된다. 즉 현재 일어나고 있는 마음, 머무는 마음, 사라지는 마음을 관찰하게 된다. 판단과 분별없이 마음을 주시하고 관찰하게 되면 마음의 무상성(無常性)과 무아성(無我性)을 알게 된다. 마음의 무상성과 무아성을 알게 될 때 번뇌 망상에 빠지거나 끌려다니지 않게 된다.

일반적으로 명상을 하게 되면 모든 느낌과 감정 그리고 생각을 차단하여 무상무념에 들어간다. 즉 어떤 한 곳에 마음을 집중함으로 마음 안에서 일어나는 느낌, 감각, 생각들을 차단하여 번뇌로부터 자유로워지는 것을 명상이라고 한다. 이러한 명상법을 불교에서는 사마타 명상이라고 한다. 위빠사나는 사마타 명상과 달리 몸과 마음에서 일어나는 느낌, 감각, 생각 등을 집중하고 주시함으로 정신현상과 물질현상의 관계, 원인과 결과의 연속, 일어남과 사라짐의 원리를 깨닫는 것이다. 이를 깨달음으로 부처님이 깨달은 진리 즉 고집멸도(苦集滅道)의 사성제(四聖帝)와 삼법인(三法印)을 통찰하는 것이다.

불교 경전에 의하면 위빠사나의 궁극적인 목적은 지혜를 계발하는 것이라고 한다. 위빠사나를 통해서 통찰력을 계발하면 지혜가 증득되고 이 지혜를 통해 무명(無明)으로부터 벗어나 해탈을 성취하는 것이다. 위빠사나를 통해서 삼법인(無常, 苦 無我)을 깨닫고 해탈의 경지에 이르게 되며 윤회의 고리에서 벗어나게 된다는 것이다. 즉 위빠사나 수행을 통해 모든 번뇌의 윤회(업의 윤회, 원인과 결과의 윤회)로부터 자유로워지게 된다. 위빠사나를 통해 지혜를 계발하게 되면 우리의 일상생활에서 번뇌를 쌓지 않고, 고통에 묶이지 않으며, 감각적 쾌락에 빠지지 않게 된다. 위빠사나를 통해 순간순간 일어나는 번뇌의 원인들을 알아차리고 그것을 소멸시킬 수 있는 힘을 갖게 되기 때문입니다.

3) 위빠사나 명상과 기독교 신앙

위빠사나는 부처님을 깨달음으로 이끈 수행법으로 현재까지 남방불교를 중심으로 유지 발전되었다. 위빠사나란 빨리어로 '분별하다' '뛰어나다' '다양하다' 등의 의미를 지닌 접두어 위(vi)와 '본다'라는 의미의 빠스(pass)의 어근을 가진 명사형 빠사나(passanā)가 결합된 용어로 '나누어 봄' '뛰어난 봄' '분별없이 봄' '객관적으로 봄'이라는 의미를 가진 단어다. 위빠사나는 '꿰뚫어 봄' '분별없이 봄' '정밀한 관찰'

등에 의하여 지혜를 계발하고 궁극적으로 깨달음에 이르는 수행법이다.

위빠사나는 일반적으로 팔정도의 '사띠'(sati)를 계발하는 수행법으로 알려져 있다. 사띠는 '마음챙김' '알아차림'으로 번역되며 위빠사나는 마음챙김, 혹은 알아차림을 통한 지혜 계발 수행법으로 통용되고 있다. 오늘날 남방불교에서 행하는 위빠사나 명상은 사념처, 즉 신수심법(身受心法)에 대한 마음챙김의 확립 혹은 사띠의 계발을 통한 지혜 계발의 수행법이다. 대념처경(Mahāsatipaṭṭhāna Sutta)에서 사념처 수행은 인간의 고통에서 벗어나는 유일한 길이라고 한다.

> "비구들이여 이 도는 유일한 길이니 중생들의 청정을 위하고 근심과 탄식을 다 건너기 위한 것이며, 육체적 고통과 정신적 고통을 사라지게 하고 옳은 방법을 터득하여 열반을 실현하기 위한 것이다. 그것은 바로 네 가지 마음챙김의 확립이다."

위빠사나 명상은 기독교 신앙 성장발달에 유용한 수행법이다. 기독교에서 말하는 인간의 죄성(罪性)의 발현을 이해하고 그 죄성을 소멸시키는데 유용한 수행법이 될 수 있다. 기독교에서는 죄로부터 벗어나기 위해서 믿음을 강조한다. 하나님에 대한 신실한 믿음으로 죄를 멀리하고 선한 마음을 유지할 수 있게 된다고 본다. 위빠사나를 통해 자신의 죄성과 존재의 무상(無常)함을 관찰하는 수행은 기독교 믿음을 강화하는 방편이 될 것이다.

위빠사나 수행법에 따라 신, 수, 심, 법을 동시에 통찰하는 수행 또는 각각 통찰하는 수행법이 있다. 미얀마 남방불교에서 이루어지는 위빠사나 명상은 수행처 또는 수행 지도자에 따라 사띠의 대상으로 삼는 념처(念處)가 다르다. 위빠사나를 유지 발전시켜 온 미얀마 수행센터 중에는 사념처를 동시에 통찰하는 수행센터, 마음을 주로 통찰하는 수행센터, 법을 관찰하는 수행센터, 12연기를 주로 통찰하는 수행센터가 있다.

미얀마 쉐우민 수행센터는 주로 마음을 통찰하는 수행을 한다. 마음을 통찰한다는 것은 마음에서 일어나는 현상을 관찰하는 것이다. 즉 감각기관인 마음과 감각대상이 만나게 될 때 마음이 어떻게 반응하는가를 알아차리는 수행이다.

마음(心)을 통찰하는 수행은 기독교인들의 신앙성장과 발달에 매우 유용한 수행법이 될 것이다. 기독교에서도 인간의 고통을 마음의 문제로 본다. 즉 마음에서 일어나는 타락성인 욕망, 교만, 시기, 질투 등은 인간의 원죄에서부터 형성된 것이다. 따라서 인간이 죄성으로부터 벗어나기 위해서는 자신에게 죄성이 있음과 죄성이 일어나 마음을 이끌어가는 것을 통찰해야 한다. 기독교에서 말하는 원죄나 죄성은 인간의 무의식에 잠재되어 있어 인간을 고통으로 이끌어간다. 따라서 위빠사나 명상을 통해 무의식 세계에서 일어나는 죄성의 일어남을 관찰하는 것은 죄성을 소멸시키는 중요한 방편이 될 것이다.

기독교 신앙의 궁극적 목적은 하나님과의 합일이다. 하나님과의 합일을 위해서는 먼저 장애가 되는 죄성을 해결해야 한다. 원죄란 유식불교에서 말하는 종자식(種子識)에 내재된 업(業)과 같은 의미이다. 인간의 마음에 내재된 죄성을 소멸시키고 선한 성품을 계발하게 될 때 마음의 정화가 이루어지고 신(神)의 조명체가 되며 비로소 신과의 합일이 이루어질 수 있다.

미얀마 모곡 센터는 12연기를 관찰하는 수행을 한다. 불교의 연기론은 기독교의 원죄와 죄의 성립을 이해하며 그 죄로부터 벗어나 구원에 이르는 단초가 될 수 있다. 성경에서 말하는 원죄의 형성을 불교 연기법으로 해석할 수 있다. 즉 선악과를 따먹고 원죄가 형성되는 과정을 12연기로 설명할 수 있다. 선악과라는 먹음직스럽고 보임직스런 대상이 감각기관과 마주치게 되어 좋은 느낌 수(受)가 일어나고, 그 느낌을 따라가다 갈애(渴愛)가 생기게 되고, 갈애는 집착(執着)이 되고, 집착이 유(有), 즉 업을 만들게 되어 인간은 고통에 빠지게 된다.

인간 조상이 선악과를 따먹고 타락하게 되었다는 것은 선악과에 대한 갈애와 집착으로 탐진치(貪瞋痴) 삼독에 빠지게 되었음을 말한다. 선악과에 대한 탐욕이 시기, 질투를 만들어 해와를 유혹하게 되었고 인간 조상 해와와 아담이 선악과를 따먹음으로 말미암아 원죄를 형성하게 된 것이다. 아담 해와는 눈이 밝아져 세간적인 지혜는 얻었지만 출세간적인 지혜는 얻지 못하고 무지와 고통에 빠지게 되었다.

위빠사나를 통한 연기법의 순관(順觀)에 의한 원죄 형성의 조건을 이해하게 되면 역관(逆觀)에 의한 연기법으로 원죄 형성을 소멸하는 조건을 이해 할 수 있다. 즉 인간 고통의 소멸을 위해서는 업으로부터 해탈해야 하며, 업으로부터 벗어나기 위해서는 집착을 하지 말아야 하며, 집착으로부터 자유롭기 위해서는 갈애가 일어나지 않아야 하며, 갈애를 일어나지 않기 위해서는 느낌(受)을 알아차려야 하고, 수를 알아차리기 위해서는 육입(六入)을 잘 단속해야 한다.

육입을 잘 단속한다는 것은 마음을 단속하는 것이다. 대상을 알아차린다는 것은 안이비설신의(眼耳鼻舌身意) 육입이 대상을 알아차리는 것이다. 육입은 단지 대상과 접촉할 뿐이고 대상과 접촉해서 알아차리는 것은 마음이다. 마음은 아는 작용을 하게 된다. 인간이 고통으로부터 벗어나기 위해서는 마음이 대상을 알 때 관념으로 알지 않고 본질과 실재를 알아야 한다. 본질과 실재를 아는 것이 지혜다. 위빠사나 명상을 통해 지혜를 계발하게 되면 죄성의 발현과 소멸을 볼 수 있고 죄성이 소멸되면 신성의 발현을 자각하게 된다.

참고문헌 및 도서

초기 불교경전 문헌류

대림/각묵 스님 번역 및 주해,『아비담마 길라잡이(상/하)』, 초기 불전 연구원, 2003.
붓다고사, 대림스님 옮김,『청정도론(1/2/3)』, 초기불전연구원, 2009.
묘원 주해,『대념처경』, 행복한 숲.
묘원,『대념처경 주석서 1, 2, 3』, 행복한 숲, 2011.
각묵 스님 주해,『디가 니까야』, 초기불전 연구원, 2005.
전재성, 편역,『맛지마 니까야』, 한국빠알리성전협회, 2002.
전재성, 편역,『숫타 니까야』, 한국빠알리성전협회, 2004.
전재성, 편역,『쌍윳타 니까야』, 한국빠알리성전협회, 2002.
전재성, 편역,『앙굿따라 니까야』, 한국빠알리성전협회, 2008.

위빠사나관련 도서

각묵스님 옮김, 『네 가지 마음챙기는 공부』, 초기불전, 2008.

김열권 편저, 『위빠사나(1/2)』, 불광출판사, 2003.

김열권, 옮김, 『붓다의 호흡법-아나빠나삿띠』, 불광출판사, 2007.

김열권, 『보면 사라진다』, 정신세계사, 2003.

마하시 사야도 정동하 역, 『깨달음으로 이끄는 명상』, 경서원, 2003.

묘원, 『사념처 명상의 세계』, 행복한 숲, 2015.

무념, 『사마타 그리고 위빠사나』, 보리수 선원, 2004.

사야도 우자나카, 김재성 역, 『위빠사나 수행』, 불광출판사, 2003.

스티븐 스나이더, 정준영 역, 『몰입이 시작이다』, 불광출판사, 2009.

아짠마하 부와 편역, 김열권 역, 『위빠사나 성자 아짠문』, 불광출판사. 200.

우쿤달라 비왐사, 김봉이 옮김, 『위빠사나 아홉 요인』, 행복한 숲, 2009.

우실난다 사야도, 아짠차, 김열권/김해양 옮김, 『위빠싸나 지혜』, 호두마을 선원,
        2004.

정준영, 『위빠사나』, 민족사, 2010.

준보 역, 『네 가지 알아차림의 확립』, 보리수 선원, 2003.

헤네폴라 구나라타나, 이재석 역, 『사마타 명상』, 아름드리미디어, 1998.

헤네폴라 구나라타나, 손혜숙 역, 『위빠나사 명상』, 아름드리미디어, 2007.

제4장

북방불교 명상

1. 간화선(看話禪)

1) 간화선의 의미와 유래

간(看)이란 본다는 뜻이며 화(話)는 화두를 말한다. 따라서 간화란 화두를 본다는 의미다. 화두를 본다는 말은 화두를 참구(參究)한다는 뜻이다. 조사선(祖師禪)의 초조(初祖)인 보리달마 이래 중국의 선종(禪宗)은 인도의 선정과는 다른 양식의 수행법을 주장하였다. 중국의 선종은 "곧바로 자기의 마음으로 향하여 그 본성을 보아 불타를 이룬다."(直指人心見性成佛)는 것을 수행의 목표로 한다. 6세기경 인도에서 중국으로 건너온 보리달마 이후 제 오조(五祖) 홍인에 이르기까지 단일한 선법(禪法)의 계보로 이어왔다. 중국에서 수행법으로 간화선이 이어지고 번성하게 된 것은 중국인의 사유와 의식구조가 논리적 합리성을 중요시하기보다는 직관적 사유에 익숙하였기 때문이다.

간화선 이후 점수(漸修, 점진적 깨달음)를 주장하는 북종선과 돈오(頓悟, 순간 깨달음)를 주장하는 남종선으로 갈라졌다. 초반에는 북종선이 우세하였으나 안녹산의 난 이후 제 6조 혜능(638년~713년)의 제자인 신회의 활약으로 남종선이 주류를 형성하게 되었다. 남종선은 다시 그의 종풍에 따라 분파되어 임제종, 조동종, 법안종, 운문종, 위안종의 오가(五家)를 형성하였고 그 중에서 임제종이 가장 오랜 전통과 융성한 선종이 되었다.

간화선이 조사선 전통의 수행법으로 성행하게 된 것은 임제종이 오랜 기간 융성하였기 때문이다. 화두를 들고 철저대오(徹底大悟)하는 간화선은 당대의 조주 선사의 '무(無)'자 화두와 '개에는 불성이 없다.'는 화두에서 그 기원을 찾을 수 있다. 오로지 화두만을 보는 수행법을 극력하게 주장한 사람은 임재종의 정통을 이어온 대혜종고(1089년~1163년) 선사였다. 그는 조동종의 묵조선 수행에 반대하며 간화선을 임제종의 정통적인 수행법으로 정착시켰다.

우리나라에서는 고려시대 보조국사 지눌이 대혜종고의 간화선을 받아들였으며 『간화결의론(看話決疑論)』을 저술하여 이를 널리 퍼게 되었다. 지눌의 선사상은 선(禪)과 교(敎)가 통합된 다양성을 드러내고 있으며 이를 기반으로 간화선의 우수성을 말하였다. 이후 그의 제자인 진각국사 혜심 등에 의하여 간화선이 계승 발전되면서 우리나라 선수행의 방법으로 위치를 확고하게 하였다.

2) 간화선의 목적과 방법

화두의 목적은 모든 불교 수행에서 추구하는 궁극적 목적인 깨우침에 있다. 우리의 마음을 밝혀서 자신의 참된 자성(自性)을 깨닫는 것(明心見性)이 화두를 하는 목적이다. 여기서 자성이란 법(法)의 본성 즉 불성을 말한다. 따라서 화두선을 한다는 것은 불성을 참구하고, 중생의 마음을 참구하는 것이다. 나의 본성을 알고 중생의 마음을 안다는 것은 본성과 중생의 마음이 부처의 마음인 것을 아는 것이다.

화두선의 방법은 두 가지가 있다. 화두를 참구하는 데는 백척간두(百尺竿頭)에 서있는 것과 같이 치열하게 하는 방식과 일상에서 가볍게 화두를 참구하는 이완된 방식이 있다. 보통 전자는 수행자들의 방식이고 후자는 재가자들의 일상에서 화두를 두는 방식이다. 치열한 방식으로 화두를 두면 돈오를 더 쉽게 경험할 수 있고 이완된 방식의 화두는 점수의 방식으로 잡념 망상을 떨치고 마음의 고요와 평정심을 유지할 수 있다.

이완된 방식의 화두선은 일상생활에서 가능한 수행법이다. 화두를 들고 살게 되면 우리 주변에 편재되어 있는 진리를 깨닫게 된다. 화두는 수행과 깨침의 도구가 되는 것이다. 자신의 삶이 곧 화두가 되고 화두가 곧 자신의 삶이 되는 것이다. 화두를 통로로 해서 깨침의 세계로 들어가는 것이다. 일상생활에서 화두를 들고 살게 되면 내 마음에 번뇌 망상이 침투하지 못하고 고요와 평정심을 유지하며 살아갈 수 있다.

수행자는 화두참선의 대신심(大信心), 대의심(大疑心), 대분심(大憤心)의 세 자세가 필수다. 대신심은 모든 수행에서 첫째의 근기(根氣)에 속한다. 이 신심이 있어야 수행의 장애를 극복하고 정진할 수 있기 때문이다. 대신심은 화두 자세 자체에 대한 믿음과 화두를 제시해 준 스승의 가르침을 믿는 것이다. 자신이 화두 수행을 통해 반드시 깨침에 이른다는 것과 화두 수행에 정진할 수 있다는 믿음이다.

대의심은 대신심의 바탕에서 화두 자체에 대한 의문을 갖는 것이다. 이 의문을 자신이 기필코 해결해야 할 지상의 과업으로 삼고 화두를 들어야 한다. 이 화두를 타파하지 않으면 이 자리에서 일어나지 않겠다는 굳은 결기를 가지고 수행을 해야 한다는 것이다. 여기에서의 의문은 단순한 의문이 아니라 자신의 본질적인 문제에 대한 의문으로 그 누구도 대답을 해 줄 수 없으며 자신의 철저한 수행을 통하여 스스로 깨침에 이르게 되는 것이다. 이 깨침에 이를때까지 화두일념(話頭一念) 즉 자신과 화두가 하나되는 것을 경험해야 한다.

대분심은 화두에 몰입하여 정진하는 것을 말한다. 단순하게 의문만 가지고 수행을 계속하기는 어렵다. 그 의문을 해결하기 위한 근기와 결기가 필요하다. 화두를 해결하겠다는 굳은 의지와 화두를 들다가 죽을지언정 이 화두를 놓지 않겠다는 결단과 결기가 필요하다. 절대 이 화두를 놓지 않겠다는 불퇴전(不退轉)의 자세가 필요하다.

화두선에서 중요한 것은 화두에 대한 의문방식이 '왜'가 아닌 '무엇'이 되어야 한다. '왜'라고 하는 물음으로 화두를 들게 되면 분별심만 키우게 된다. 분별심은 순수한 자각과 깨달음에 장애가 된다. 화두는 합리적이고 논리적인 답을 얻고자 하는 것이 아니라 논리를 초월한 경험이다. '이 뭐꼬'라고 묻는 것은 '왜'라는 해답을 기다리는 것이 아니라 '그것이 무엇인가'라는 것을 참구하는 것이다. 이를테면 '내 팔을 움직이는 자는 누구인가'라는 화두를 두었다고 한다면 이 팔을 움직이는 자가 '나'라는 대답을 구하는 것이 아니라 '이 팔을 움직이는 자는 무엇인가'라는 질문을 참구하는 것이다.

화두선의 수행에서 깨침을 의도적으로 만들거나 기대해서도 안된다. 깨침은 본래부터 자신 안에 있는 것이기 때문에 화두를 들고 마음을 갈고 닦으면 어느 땐가 그 빛이 드러나게 되어있다. 화두일념으로 수행하게 되면 한 순간에 깨침이 오게 된다. 화두선의 기본법칙은 무심(無心)이다. 사량분별(思量分別)이 없는 무심 상태에 들어가면 저절로 불성이 드러나게 된다. 중단없이 화두를 두는 것은 무심의 상태에 들어가는 길이며 무심상태를 유지하는 길이 되는 것이다.

2. 묵조선

1) 묵조선의 유래

위에서 언급한대로 북방불교의 수행법은 두 법맥인 임제종 계통의 간화선과 조동종 계통의 묵조선으로 나눌 수 있다. 오늘날 북방불교 수행에서는 간화선이 주류를 이루고 있고 묵조선 수행은 흔하게 접할 수 없는 수행법이다.

묵조선은 굉지정각 선사(1091~1157)에 의해 주창된 선법이다. 굉지정각 선사는 화두선을 주창한 대혜종고(1089~1163)와 동시대 선사이다. 굉지정각 선사는 간화선은 근기와 결기가 없이 접근하기가 어렵다고 생각하여 묵조선을 창안했다. 물론 굉지정각 선사는 간화선을 가볍게 여기거나 비판하지 않았다. 그는 대혜종고와 교류하며 간화선과 묵조선을 겸행한 것으로 알려졌다.

그러나 대혜종고는 묵조선을 '삿된 선법'이라고 비판하며 묵조선 선법은 "검은 산 밑에 있는 귀신의 소굴로 빠져들게 하는 선법"이라고 혹평을 하였다. 이러한 영향으로 실제로 북방불교에서는 묵조선이 크게 번창하지 못하고 임제종 계통의 화두선이 주류로 이어져 왔다.

굉지정각은 간화선의 입장에서 이루어진 묵조선의 비판에 대해『묵조명(默照銘)』을 출간하여 묵조선만이 지혜의 작용을 활발하게 할 수 있다고 하였다. 묵조선은 자연스럽게 마음의 근본을 꿰뚫어 비출 수 있게 하는 것으로 부처와 조사들이 전해 온 참된 선법이라고 주장하며 대혜종고의 간화선 선풍은 공안에 얽매여 있는 것일 뿐이라고 비판했다.

2) 묵조선의 의미와 방법

묵조선 수행의 근본은 다른 조사선과 마찬가지로 본증자각(本證自覺)에 있다. 즉 선천적으로 이미 완성되어 있다는 것이다. 수행의 목적인 깨침마저도 이미 완성되어 있는 것으로 수행을 통해서 자각하는 것이다. 인간은 본래 붓다, 즉 깨달은 자다. 일체중생실유불성(一切衆生悉有佛性) 즉 일체의 만물에 불성이 있다는 의미이다. 수행을 통해 불성이 체험되고 실현되는 것이 본증자각이다. 이렇듯 몸소 느끼고 터득하는 수행법이 묵조선이다.

묵조선의 방법은 흔히 무방법의 방법이라고 한다. 오로지 앉아 있는 것이 수행의 전부다. 좌선은 단순한 수행의 방법이 아니다. 좌선 자체가 수행 통로이자 곧 깨침인 것이다. 좌선을 한마디로 지관타좌(只管打坐)라고 한다. '오직 앉아있을 뿐이다'라는 의미다. 앉아있는 것이 깨침 자체다. 좌선은 수행이면서 동시에 깨침인 것이다. 깨침의 내용이 몸의 좌선으로 드러나 있는 것이다. 조사선의 시조 달마 대사가 9년 동안 좌선 면벽수행을 한 것도 바로 이 깨침을 유지하고 깨친 자의 모습을 보여주기 위함이었다.

묵조선의 수행법은 묵조(默照), 즉 오직 고요히 앉아 묵묵히 탐구하는 것이다. 밖의 경계와 인연에 흔들리지 않고 고요하고 위엄있게 앉아 있는 것이다. 마음은 공(空) 상태로 텅 비어 있으면서도 일체를 수용하고 그 비춤은 오묘하고 성성적적(惺惺淑淑, 고요하고 깨어있음)의 상태이다.

묵조선은 세 단계로 이루어진다. 처음에는 흔들림 없는 자세를 취하고 호흡이나 몸을 주시하며 몸과 마음에 일체를 이룬다. 호흡이나 몸에 집중하므로 잡념 망상을 떨치고 고요하고 청정한 상태에 이른다. 마음과 몸이 이완되고 오로지 몸의 전체성에 주시하고 알아차리는 단계다. 두 번째는 안정된 좌선의 자세가 확립되어 고요하고 위엄있는 자세가 된다. 지관타좌에 들어간 단계라고 할 수 있다. 자아와 환경이 하나되어 경계가 사라지고 수행자 자신이 우주와 하나되는 것이다. 마음에 어떤 생각이 일어나거나 머물러 있지 않다. 사물과 현상이 또렷하게 자각된다. 몸과 마음이 이완되어 일어나는 장애가 사라지고 즐겁고 고요함을 경험하게 된다. 세 번째는 고요하고 청정한 가운데 내 앞에서 일어나는 사물과 현상을 분별심 없이 바라보게 되는 단계다. 안과 밖의 어떤 장애에도 걸리지 않고 광대무변을 체험하게 된다. 의식이 뚜렷한 상태에서 마음이 고요하고 평정심을 유지하게 된다. 본증자각이 분명한 상태다.

묵조선은 단순히 좌선상태로 수행할 때만 하는 것은 아니다. 일상생활에서도 적용할 수가 있다. 우리가 일상에서 하고 있는 삶 전체를 투입하는 것이다. 위빠사나 수행처럼 부분을 주시하고 알아차리는 것이 아니라 마음과 몸 그리고 나의 전체성을 주시하고 알아차리는 것이다. 묵조선은 자신의 전존재와 지금 하고 있는 일을 주시하고 알아차리는 훈련이다.

참고도서

김호귀, 『묵조선』, DOpianSA, 2012.

김호귀, 『묵조선 요』, 도서출판 석란, 2007.

김호귀, 『선과 수행』, 도서출판 석란, 2008.

대한불교조계종 불학연구소 편, 『간화선』, 조계종 출판사, 2020.

이청, 『이뭣고』, 불교영상, 1998.

고봉원요, 전재강 역주, 『禪要, 선요』, 운주사, 2006.

성암선사, 대성 역, 『대의단의 타파 무방법의 방법』, 탐구사, 2010.

관전일희, 김재천 역, 『좌선의 구조와 실천』, 경서원, 1989.

영목대졸, 조벽산 역, 『선불교 입문』, 홍법원, 1991.

제5장

티베트 불교 수행

1. 티베트 불교 수행의 유래와 체계

우리나라에서는 선불교를 중심한 참선 수행이 주류를 이루어왔기 때문에 밀교에 대한 일반적 인식이 그렇게 깊지 않다. 밀교 수행은 긴 시간의 수행을 거쳐야 완성되기 때문에 일반인들이 쉽게 접근하기가 어렵다. 필자는 서울불교대학원 재학 중 티베트 불교를 공부하였고 최근 린포체(살아있는 부처)들의 수행지도에 의해 밀교의 예비수행 정도를 경험하였다.

티베트 불교는 근본적으로 인도 불교의 전통을 계승하였다. 인도에서 성행한 밀교의 교학과 수행체계가 티베트에 전해진 것이다. 티베트 불교는 인도 불교의 전통을 충실하게 계승하려고 노력하였지만 티베트 문화와 전통에 토착화된 뵌(Bön)교 같은 밀교 형태도 있다.

인도의 밀교는 3, 4세기경 시작되어 7세기경에 교리와 수행체계가 정비되었다. 밀교의 가르침은 대승불교 교리의 실천적 완성을 하려는 것이다. 티베트 불교의 수행법은 대승불교의 공(空)사상과 중관, 유식(唯識) 사상의 철학적 관점을 계승하고 실천적으로는 유가행파(瑜伽行婆)의 전식득지(轉識得智, 의식을 바꾸어 지혜로 변하게 하는 수행)를 이념으로 하고 있다. 이를 효과적으로 실천하기 위해 진언(眞言)과 수인(手印), 만다라 관법 등의 독특한 유가관을 발전시켰다. 여기서 유가관이란 요가의 실천에 중점을 두면서 삼라만상이 유식무경(唯識無境, 오직 식(識)일 뿐이고 대상세계에는 경계가 없다)의 교의(敎義)를 말한다.

티베트 불교 수행 차제(次第)는 신구의(身口意, 몸과 말과 생각) 삼밀, 즉 신밀(身密), 구밀(口密), 심밀(心密)을 닦는 것이다. 신밀은 불·보살의 행위와 수인(手印)을 가리키며, 구밀은 진언과 다라니를 그리고 삼밀은 부처님의 깨달음의 세계를 말한다. 본래 삼밀은 초기 불교의 교학과 수행체계를 말하는 것이었으나 7세기 중엽 밀교가 불·보살의 형상을 담은 만다라를 관(觀)하거나 수인을 지으면서 진언을 통한 유가삼매에 들어가는 수행법으로 개발되었다.

초기불교의 경전들을 수트라라고 하고 티베트불교의 경전을 딴뜨라라고 한다. 딴뜨라는 8세기 이후 출현한 새로운 성격의 경전들을 말한다. 딴뜨라의 내용은 물론 초기불교 수행의 현교(顯敎, 경전의 교설)를 바탕으로 한 것이지만 초기불교의 수행법과는 상당이 다른 내용들이다. 신에 대한 찬가와 의례, 주문, 점성술, 천문과 의학, 마술 등 다양하고 신비한 영역을 다루고 있다. 딴뜨라 수행은 이러한 신비주의적 형태의 수행으로 주로 스승에 의해 비밀리에 전교(傳敎) 되기 때문에 밀교(密敎)라고 한다.

한편 대승의 가르침 중에서 특별한 방편인 금강승(金剛乘)을 밀교(密敎) 혹은 밀법(密法)이라고 한다. 금강승은 진언(眞言)을 위주로 한 다양한 방편을 가지고 있기 때문에 진언승 혹은 방편승이라고 한다. 금강승 수행은 스승에 대한 절대적인 믿음과 헌신을 통해서만 수행의 결실을 맺을 수 있는 전통이기 때문에 스승(Lama)의 티베트어인 '라마' 수행 혹은 산스크리트어로 스승을 뜻하는 '구루' 수행이라고도 한다.

티베트 불교의 밀교 수행에서는 먼저 불교사상을 공부한 다음 본격적인 수행에 들어간다. 본격적인 수행에 들어가기 전 예비수행을 닦아야 하는데 예배수행의 차제는 (1) 귀의 (2) 배례(拜禮) (3) 금강살타 수행 (4) 만달라 공양 (5) 구루(스승) 요가 등으로 이루어진다. 이 순서는 단계에 해당하는 것으로 귀의에서 시작하여 구루 요가로 이루어진다.

필자도 예비 수행만 경험하였기 때문에 이 책에서 본격적인 밀교수행을 설명하

기는 어렵고 위 예비 수행과 겔룩파의 창시자 쫑카파(1357~1419) 람림 수행체계
에 대해 간단히 설명하겠다.

2. 티베트 불교의 예비 수행 체계

1) 귀의(歸依)

모든 불교의 수행은 삼보(三寶, 부처님, 법, 승가)의 귀의로부터 시작한다. "거룩
한 부처님께 귀의합니다." "거룩한 불법(佛法)에 귀의합니다." "거룩한 승가에 귀의
합니다."를 서원하고 의례와 수행에 들어간다. 밀교에는 하나 더 귀의 서원이 있다.
스승에 대한 서원으로 딴뜨라 수행의 길과 깊은 경지로 이끌어 줄 스승에 대한 귀
의이다. 딴뜨라 수행에서는 먼저 스승에 귀의한 다음 삼보에 귀의한다. 딴뜨라 예
비 수행의 귀의는 십만 번의 4귀의를 염송해야 한다.

2) 배례(拜禮)

대부분의 종교 의례나 수행에는 절 형식이 있다. 여기서 배례란 부처님께 절을
올리는 것을 의미한다. 본래 기독교의 예배(禮拜)라는 말도 주님에게 순종을 표시
하는 행위이다. 예배의 의미는 존경하는 분께 예를 갖추어 절을 한다는 의미이다.
이러한 의미로 절을 하다보면 자신의 수행의 근기(根氣)도 기를 수가 있게 된다. 절
에는 큰절이 있고 반절이 있다. 큰절은 오체로 엎드려 하는 절을 말한다. 딴뜨라 예
비 수행에서는 오체투지로 하는 절을 10만 번 올려야 한다. 여기서 고려할 점은 단
순히 몸만 엎드려 절하지 말고 스승에 대한 관상을 하면서 절을 해야 한다. 그래야
몸과 마음 그리고 생각이 정화되기 때문이다.

3) 금강살타

　　금강살타 수행은 금강살타를 심상화(Visualization)하여 먼저 자신을 정화하고 금
강살타와 나와의 합일을 경험하는 수행법이다. 이 수행을 할 때는 조용한 장소에서
좌선의 자세를 취하고 마음의 정화를 위해 참회로부터 시작을 한다. 참회는 업장을
녹이는 효과가 있기 때문이다. 자신이 세운 서원이나 서약 그리고 계율을 범한 잘
못을 참회한다. 그리고 참회의 기반에서 모든 중생을 구원하겠다는 보리심이 함께
해야 한다. 자신의 정수리에서 30센티미터 위 연화대에 앉으신 금강살타의 희고 빛
나는 얼굴을 관상한다. 연화대와 자신의 정수리에 연꽃 줄기와 같은 대롱으로 연결
되었다고 상상하며 금강살타와 하나되었음을 느낀다. 금강살타의 가슴 쪽으로 향
한 오른손에는 지혜의 상징인 금강저를 오른쪽 가슴에 대고 허리 쪽으로 향한 왼손
은 자비를 상징하는 요령을 들고 왼쪽 허리에 대고 계신 것을 세밀하게 관상한다.

　　금강살타의 가슴에 있는 연화대 위 월륜의 중앙에 만트라 종자 '훔(Hūṃ)'자가
있고 그 주위를 만트라가 '훔'자를 에워싸고 시계 방향으로 돌면서 빛나고 있다고
상상한다. 그리고 거기에서 하얀 감로수가 끊임없이 흘러나와서 대롱을 통하여 자
신의 정수리로 녹아 들어와 몸과 마음의 모든 업장을 정화시킨다고 상상한다. 이
감로수가 업장을 씻어내고 석탄같은 검은 물이 몸의 숨구멍으로 빠져나간다고 상
상한다. 병으로 고통받는 사람은 죽은 피와 세포가 피고름 모양으로 빠져나간다고
상상한다. 그리고 사업이나 공부 등 하는 일에 장애가 있다고 생각하는 사람은 독
충이 항문으로 빠져나간다고 상상한다.

　　이러한 금강살타 관상과 더불어 수행자는 금강살타 만트라를 염송한다. 수행자
는 백자진언(百字眞言)을 독송하여 금강살타의 가피를 기원한다. 백자진언을 마친
후 '옴 벤짜 사토훔'을 108번 암송한다. 그리고 수행을 마무리하면서 자신의 죄업을
참회하는 기도를 하고 금강살타가 그 기도의 대답으로 "너의 업장이 이제 모두 청
정해졌느니라."는 말씀을 관상하고 자신과 하나되는 모습으로 회양한다.

　　금강살타 만트라와 청정하고 순백한 금강살타 관상을 동시에 행하기란 쉽지않
다. 그렇기 때문에 사마타와 위빠사나 명상을 구비해야만 한다. 사마타와 위빠사나

명상을 통해 주시와 알아차림이 확립된 수행자에게는 만트라가 쉼없이 돌아가게 되고, 관상은 더욱더 명료하게 되어 순백과 청정의 상태에 이르게 된다.

　이러한 예비적인 금강살타 수행이 탄트라의 본 수행에 들어가서는 금강살타와 내가 하나가 되는 합일의 경지에 이르게 된다. 수행자의 금강살타 수행은 예비적인 수행이면서 동시에 본 수행이기도 하다. 하지만 이러한 금강살타 수행법을 수행하기 전에 반드시 기본적인 수행법을 성취해야만 하고 기본수행을 성취하고 난 뒤에도 금강살타 수행과 병행하는 다양한 행법(보궐 만트라, 참회, 섭수와 명상, 금강염송, 회향 등)을 같이 구족해야만 한다. 위의 수행법은 기본적으로 10만 번 이상을 성취해야 한다. 이러한 다양한 수행법이 성취되어야 본격적인 탄트라 수행에 들어가게 된다.

4) 만달라 수행

　티베트 불교의 배례, 금강살타 수행 등과 같은 예비 수행들은 대부분 물리적 방편을 가지고 수행을 한다. 만달라 수행도 수행의 깊이에 따라 차원이 다르지만 만달라 공양은 그 방법이 어렵지 않기 때문에 이해하고 실행하는데 힘든 부분은 없다. 티베트 불교 수행자들 중에는 만달라 공양을 자신의 수행법으로 삼고 평생 이 수행을 이행하고 있다.

　만달라 공양은 일반적으로 둘레가 약 10센티미터 둥그런 판을 가지고 시작한다. 이 공양판은 청정한 세계를 상징하는 것으로 수행의 의미와 성스러움을 표현하기 위해 보통 금이나 은과 같은 귀금속으로 만든다. 만약 이러한 판을 구하기 힘들다면 그냥 맨땅이나 돌판 혹은 나무판으로 만든 것을 사용해도 된다. 그러나 어떤 재료로 만든 판이건 실제로 관상할 때는 황금판으로 관상해야 한다. 공양판은 모든 중생에게 내재된 불성을 상징하기 때문이다.

　동그란 만달라 공양판이 준비되면 쌀과 같은 곡물, 동전, 보석 등을 가지고 만달라를 쌓아 올린다. 원판 가득 만달라가 쌓이면 그 위를 평평하게 하고 원판보다 작은 판을 놓고 다시 그 판을 공양물로 채우게 된다. 만달라는 기본적으로 원판을 왼

손 위에 올려놓고 가슴 높이에 위치시킨 다음 오른손으로 공양물을 시계 방향으로 뿌리면서 쌓아간다. 시작할 때는 먼저 3보와 스승에게 올리는 귀의문과 만달라 공양에 필요한 기도문을 염송한다. 이 과정에서 청정한 만달라 세계의 모든 중생들이 깨달음을 성취하기 바라는 보리심이 일어나야 한다.

3. 람림 수행의 체계

1) 람림 수행 창시자 쫑카파

티베트 불교 수행법의 역사적 흐름은 닝마파, 까규파, 샤까파, 겔룩파 등 네 전통으로 이어져 오고 있다. 이 중에 닝마파의 족첸 수행, 까규파의 착첸(마하무드라), 샤까의 람데(도과(道果, 수행의 열매) 수행이 전통적으로 이어져 오고 있는데 이 수행법들은 대근기(大根氣), 신체적 고난도의 기술과 지혜가 요구되기 때문에 실제로 수행에 임하는 사람이 드물다.

그러나 겔룩파의 람림 수행법은 어떤 특수한 분야나 까다로운 기술이 아니기 때문에 일반인 누구나 실천할 수 있는 수행법이다. '람림'은 단계적인 길 즉 깨달음에 이르는 구체적이고 단계적인 하사부, 중사부, 상사부로 체계화되었고 각 단계에서의 수행법들을 설명하고 있다.

람림 수행의 창시자 쫑카파 스님은 그의 저서『람림체모』라는 책에서 방대한 수행체계를 다루고 있는데 이후 제자들의 요청에 의해『람림체모』를 축약해서『람림소본』『람림 중본』등을 집필하여 일반인들이 접근하기 좋은 저서를 남겨놓았다. 쫑카파가 활동한 시기는 우리나라 고려 말에서 조선 초기다. 그는 티베트 불교의 중흥을 이끌어 온 스님으로 7세에 출가하여 승려가 되었고 16세에 지금의 시장성 티베트로 들어가 여러 종파 전통사원의 스승들로부터 광범위하고 심도 있는 학문과 수행을 하였다.

이후 쫑카파 밀교에 대한 잘못된 이해와 실천에 대한 과감한 주장을 하면서 까

담파 이론을 중심으로 한 청정비구승단인 겔룩파를 창립하여 티베트 불교의 현교와 밀교 양종에 대하여 대개혁을 이끌었다. 티베트 불교에서는 쫑카파를 문수보살의 화신으로 숭모할 정도로 존경과 권위를 표하고 있다.

2) 람림 수행체계

하사부의 수행단계: 귀의(내생에의 귀의, 삼보에의 귀의), 계율 수행, 업장의 정화

중사부의 수행단계: 번뇌와 고통의 소멸, 십이연기 지관 수행, 삼학(三學, 계·정·혜) 수행

상사부의 수행 단계: 자애 수행, 이타적인 삶, 보리심의 실천, 육바라밀 실현, 선정과 지혜 증득을 위한 수행, 사섭법(보시섭, 애어섭, 이행섭, 동사섭) 수행

첫 단계인 하사도에서는 삼보(三寶, 부처님, 법, 승가)에 귀의하는 단계로 귀의처의 계율을 이행하는 것을 말한다. 이 단계에서는 윤회의 고리를 끊고 죽음에 대해 초탈하며 내생의 인간계나 하늘나라와 같이 좋은 세간에 태어나는 것을 목표로 삼는다. 그 방법은 보시를 많이 하고 계율을 잘 지키면서 살아가는 것이다. 바로 세속에서 나의 행복을 추구하는 길이다. 구체적으로 제행무상(諸行無常, 죽음과 무상 사유), 윤회개고(三惡道, 지옥, 축생, 아귀의 고통), 인신난득(人身難得, 사람의 몸을 얻기 어려움), 인과응보(因果應報, 인과에 대한 믿음), 귀의삼보(불·법·승 삼보에 귀의함) 등을 수행하는 단계다.

둘째 단계인 중사도에서는 윤회의 고통을 절감하고서 해탈, 열반을 추구하는 수행 단계다. 삼학(계, 정, 혜)의 수행을 통해서 번뇌의 뿌리를 뽑는 단계이고, 아라한을 궁극적 목표로 삼는 전문수행자의 길이다. 구체적으로 불교의 핵심사상인 사성제(四聖諦), 팔정도(八正道), 십이연기(十二緣起) 등을 공부하고 수행하는 단계다.

셋째 단계는 대승보살의 길이다. 상사도에서는 불교수행이 무르익어서 해탈과

열반이 멀지 않은 수행자가 보리심을 발하여 열반을 유예하고 윤회 속에 머물면서 성불(成佛)의 그날까지 상구보리하화중생(上求菩提下化衆生, 위로는 깨달음을 추구하고 아래로는 중생을 제도한다)의 길을 가는 단계다. 대승보살이 구체적으로 육바라밀(六波羅密), 사섭법(四攝法) 등을 익히는 단계다.

참고도서

소남 걜첸 곤다, 석혜능 역, 『티베트 밀교의 명상법』, 불광출판사, 1996.

조셉 아르파이아, 롭상 랍가이, 서보겨으 역, 『마음을 다스리는 티베트 명상법』, 2002.

쵸감 트룽파, 진우기 역, 『행복해지는 연습』, 솔바람, 2007.

최로덴, 『티벳불교의 향기』, 대숲바람, 2009.

쫑카파, 『깨달음에 이르는 길―람림』, 지영사, 2010.

뗀진 앙걀 린포체, 무명거사 역, 『티베트의 선』, 다레현, 2011.

제5부

수행의 유형과 방법

제1장

기도(祈禱) 수행

1. 기도의 의미와 유형

기도란 자신의 의지처가 되시는 신 또는 거룩히 여기는 대상에게 의사소통을 하는 행위양식이다. 이러한 행위양식은 모든 종교에서 찾아볼 수 있다. 일반적으로 원하는 바를 간구하거나 도움을 구하는 행위이며, 인생길에서 가야할 길을 묻거나 약속과 서원을 하는 행위이다. 이렇듯 기도란 의지처가 되시는 분에 대한 자신의 생각과 의지를 표현하는 행위라고 할 수 있다.

기도의 표현 양식은 독백, 묵도, 간구 등이 있으며 기도의 대상에 따라 다양하다. 외적인 행위양식으로는 언어, 눈을 감고 합장, 무릎 꿇기, 엎드리기 등의 신체적 행위 또는 자세가 동반된다. 또한 기도를 위해 목탁, 염주, 묵주, 벨(종) 등이 사용되기도 하며 리듬과 곡을 넣어 찬송의 형태로 기도하기도 한다.

기도는 모든 종교의 신앙생활에서 가장 핵심적인 행동 가운데 하나이다. 그러나 기도를 한 문장으로 정의 내리기는 어렵다. 기도란 종교적 이념과 의례 등에 따라 여러 형태로 정의될 수 있기 때문이다. 기도는 넓은 의미에서 자신이 의지하고 섬기는 분에 대한 의사소통이라고 할 수 있다.

종교의 역사는 인류역사와 함께하며 가장 핵심적인 행위인 기도 또한 인류 역사와 함께한다. 인간은 원시사회부터 자연의 재해, 질병과 환난, 금기 등에서 초자연적인 존재에 의지하고 도움을 요청하는데서부터 기도가 시작되었다고 볼 수 있다. 기도는 일상에서 자신을 수호하고 인도하는 존재에 대한 믿음과 감사의 표시로 이루어지다가 형식을 갖춘 기도가 등장했을 것이다.

고대인들의 생활 중에 위험으로부터 도움, 소유를 구하는 일 등 말로 하는 기도가 중심이었을 것이다. 그러다가 찬송, 감사, 순종 등이 기도의 내용에 포함되었으며 묵언, 찬송, 공동기도, 대표기도 등의 형식도 발달했다. 기도라는 단어는 오늘날 불교, 기독교, 유대교, 민속 종교 등 대부분의 종교에서 사용하고 있다. 각 종교에서 자신들이 섬기는 분과의 의사소통의 방식으로 기도를 사용하고 있다.

기도의 개념에는 응답이라는 의미가 포함되어 있다. 기도는 응답을 전제로 하여 이루어진다. 즉 자신이 믿고 의지하는 대상이 내 기도에 응답하는 것이다. 오늘날까지 종교가 존재할 수 있었던 것은 응답이 있기 때문이다. 응답은 계시, 깨달음, 축복 등의 여러 형태로 이루어진다. 물론 자신의 기도를 열납하는 분은 자신의 삶과 요구를 다 알고 있다는 전제가 있다. 우리의 모든 것을 다 아는 분이지만 내가 그 분께 더 가까이 가고 내 간구에 귀를 기울이시도록 기도를 하게 된다.

2. 불교의 기도

불교의 신행(信行)에는 수법행(隨法行 ; 부처님의 가르침에 따라 자력으로 수행함)과 수신행(隨信行 ; 선지식인의 불법(佛法)에 대한 가르침을 믿고 그것에 따라 수행함)이 있다. 전자는 근본불교나 초기불교의 신행 형태이며 후자는 대승불교의 신행 형태이다. 수법행은 주로 전문 수행자를 중심으로 이루어지는 전문화된 신행으로 재가(在家) 불자에게는 실천하기 어려운 신행이다. 불교의 수법행은 기도라기보다는 명상에 가깝다고 할 수 있다.

수신행은 삼보와 계율을 확고하게 믿고 불법(佛法)을 수행하여 불교의 궁극적 목적인 자유와 해탈, 열반에 이르는 신행이다. 수신행은 대승불교의 신행 형태로 경전 신행을 중심으로 불보살님의 구제를 청원하고 희구하는 형태이다. 수신행은 밑음의 방편이며 기도에 속한다고 할 수 있다. 대승불교는 믿음의 방편인 수신행이 중시되면서 예배, 공양, 참회, 권청(勸請), 발원, 수희(隨喜), 회향 등 다양한 기도 형태의 수행법이 발달하였다.

　대승불교의 기도는 사무량심(四無量心)의 발원과 사홍서원(四弘誓願)의 실천이라고 할 수 있다. 사무량심은 모든 중생에게 즐거움을 주고 괴로움과 미혹을 없애주는 자(慈)·비(悲)·희(喜)·사(捨)의 네 가지 무량심을 말한다. 자무량심(慈無量心)은 모든 중생에게 즐거움을 베풀어 주는 마음가짐이며, 비무량심(悲無量心)은 중생에 대한 연민심을 갖고 깨달음과 해탈을 주려는 마음가짐이다. 희무량심(喜無量心)은 중생으로 하여금 고통에서 벗어나 기쁨을 주려는 마음가짐이며, 사무량심(捨無量心)은 탐욕이 없음을 근본으로 하여 모든 중생을 평등하게 보고 미움과 친절함에 대한 분별을 두지 않는 마음가짐이다.

　사홍서원은 모든 보살의 4가지 큰 서원으로 1) 중생무변서원도(衆生無邊誓願度: 중생을 다 구원하겠다), 2) 번뇌무진서원단(煩惱無盡誓願斷: 번뇌를 다 끊겠다), 3) 법문무량서원학(法門, 無量誓願學: 법문을 다 배우겠다), 4) 불도무상서원성(佛道無上誓願成: 불도를 다 이루겠다)이다. 대승불교의 이러한 기도는 불교의 궁극적 목적인 해탈과 열반의 세계를 현실 세계에서 정토(淨土)를 구현하려는 신행이다.

　대승불교의 기도의 신행을 가장 잘 설명해주는 것은 『화엄경』의 보현행원(普賢行願)으로 보현보살의 10대 행원을 말한다. 즉 부처님께 (1) 예배하고 공경함 (2) 부처님을 찬탄함 (3) 널리 공양함 (4) 업장의 참회 (5) 남이 짓는 공덕을 기뻐함 (6) 설법해주기를 요청함 (7) 부처님께서 이 세상에 오래 계시기를 소청함 (8) 항상 부처님을 따라 배움 (9) 항상 중생의 뜻을 따름 (10) 지은 바 모든 공덕을 회향함 등이다. 이는 불보살님께 드리는 기도의 과정을 오회(五悔)로 요약할 수 있다. 즉 불보살님께 예배하고, 참회하고, 권청하며, 수회하면서, 수행의 공덕을 발원(發源)하고 회향하는 것이다.

　위에서 언급하였듯이 불교의 기도 대상과 형태는 다양하다. 기도의 대상에는 석가모니불, 아미타, 약사여래, 관세음보살, 지장보살, 문수보살, 보현보살, 칠성각, 산신 등이 있다. 그리고 이들에게 드리는 기도의 형태는 독경, 절, 염불, 합장, 만트라

등이 있다.

이러한 기도의 대상과 방법도 중요하지만 기도하는 정신과 자세가 중요하다. 바람직한 기도는 청정한 마음으로 믿음과 소망 그리고 자비심을 갖고 정진하는 것이다. 기도에 정진하다보면 무념무상(無念無想)하고 무상(無想)과 무원(無願)에 이르게 되어 해탈과 열반을 증득하게 된다.

3. 기독교의 기도

성경 복음서를 보면 예수 그리스도는 기도에 대하여 여러 번 언급하였다. 마태복음 6장은 기도의 자세를 설명하고 있다. 하나님은 '우리가 구하기 전에 다 아시니까 반복해서 하지말라'는 말씀과 '남에게 보이려고 하지 말고 골방에 들어가 조용히 기도하라'는 말씀을 하였다. 그리고 '하나님은 우리의 기도에 응답하신다.'고 말씀하였다.

> "또 너희는 기도할 때에 외식하는 자와 같이 하지 말라 그들은 사람에게 보이려고 회당과 큰 거리 어귀에 서서 기도하기를 좋아하느니라. 내가 진실로 너희에게 이르노니 그들은 자기의 상을 이미 받았느니라.
> 너는 기도할 때에 네 골방에 들어가 문을 닫고 은밀한 중에 계신 네 아버지께 기도하라. 은밀한 중에 보시는 네 아버지께서 갚으시리라. 또 기도할 때에 이방인과 같이 중언부언하지 말라. 그들은 말을 많이 하여야 들으실 줄 생각하느니라. 그러므로 그들을 본받지 말라 구하기 전에 너희에게 있어야 할 것을 하나님 너희 아버지께서 아시느니라.(마태복음 6장 5—8절)

이어서 9절에서 13절에 예수께서는 기도의 모범을 보여주시면서 "너희는 이렇게 기도하라."고 말씀하신다. 이 기도문을 '주기도문' 혹은 '주님이 가르쳐주신 기도'라고 한다. 여기에서 하나님의 이름으로 기도하라는 것과 하나님께 무엇을 간구할 것인가를 가르쳐주고 있다.

그러므로 너희는 이렇게 기도하라. 하늘에 계신 우리 아버지여 이름이 거룩히 여김을 받으시오며, 나라에 임하시옵시며 뜻이 하늘에서 이룬 것 같이 땅에서도 이루어지이다. 오늘날 우리에게 일용할 양식을 주옵시고, 우리가 우리에게 죄지은 자를 사하여 준 것과 같이 우리 죄를 사하여 주옵시고, 우리를 시험에 들게 하지 마옵시고 다만 악에서 구하옵소서! 나라와 권세와 영광이 아버지께 영원히 있사옵나이다. 아멘(마태복음 6장 9-13절)

위 말씀에 이어 31절 33절 예수께서는 기도의 자세에 대하여 설명하고 있다. 무엇보다도 먹고 입고 사는 문제를 놓고 기도하지 말고 먼저 그의 나라와 의를 구하라고 하였다.

"그러므로 염려하여 이르기를 무엇을 먹을까 무엇을 마실까 무엇을 입을까 하지말라. 이는 다 이방인들이 구하는 것이라 너희 하늘 아버지께서 이 모든 것이 너희에게 있어야 할 줄을 아시느니라. 그런즉 너희는 먼저 그의 나라와 그의 의를 구하라 그리하면 이 모든 것을 너희에게 더하시리라"(마태복음 6장 31-33절)

예수님 당시 제자들 대부분은 배우지 못했거나 신앙적 기반이 없었던 사람들이었다. 이들이 기도하는데 어려움이 있었을 것이다. 예수는 그들에게 기도의 의미와 자세를 설명하셨던 것이다. 위 기도에 대한 의미와 자세는 오늘날 우리에게도 해당된다.

초대교회 기도의 형태는 예수님이 가르쳐주신 기도를 따랐다. 즉 어떤 형식에 묶이지 않고 자유스러운 분위기에서 감사와 기쁨으로 하나님을 찬미하고 진정으로 간구했다. 그들의 삶 자체가 기도하는 생활이었다고 할 수 있다. 사도행전 2장에서 초대교회 신앙인들의 삶을 잘 보여주고 있다.

"사람마다 두려워하는데 사도들로 인하여 기사와 표적이 많이 나타나니 믿는 사람이 다 함께 있어 모든 물건을 서로 통용하고, 또 재산과 소유를 팔아 각 사람의 필요에 따라 나눠주고 날마다 마음을 같이하여 성전에 모이기를 힘쓰고 집에

서 떡을 떼며 기쁨과 순전한 마음으로 음식을 먹고 하나님을 찬미하며 또 온 백
성에게 칭송을 받으니 주께서 구원받는 사람을 날마다 더하게 하시니라"(사도행
전 2장 43-47절)

중세 기독교가 로마의 국교가 되고 예전이 제도화되고 형식화되면서 기도의 형
태도 달라졌다. 중세 초기 교부들에 의해 관상의 기도가 시작되었고 점차로 형식화
되고 정형화된 기도가 발달하였다. 만트라와 같이 반복되는 기도, 같이 암송하는 공
도문, 묵주를 들고 하는 기도, 운율을 넣어 하는 기도 등이 있다. 이러한 기도들은 단
순하고 형식을 갖추어 누구나 쉽게 따를 수 있는 장점도 있지만 무미하고 형식적이
될 수 있다는 단점을 갖는다.

종교개혁기에 이르면서 개신교의 예배형식이 많이 달라졌고 종교개혁 정신인
'믿음으로만' '성서로만' '만인사제직'의 정신에 따라서 기도의 형식이 달라졌다. 종
교개혁기 이후에 나타난 개신교 교파들에 따라 여러 예배형식과 기도의 형태가 나
타났다. 성공회는 가톨릭의 형식을 대부분 따랐고 재세례파나 형제단과 같은 교파
에서는 신조나 형식적인 기도보다는 자신의 믿음을 고백하는 기도와 성령의 임재
를 경험하는 것을 중요시하였다. 그리고 대부분의 개신교는 형식에 구속되지 않고
단순하고 자유롭게 하나님과 대화하는 자세로 기도를 했다.

기도는 하나님과의 대화이다. 따라서 자유롭고 단순한 형식의 기도를 드려야 한
다. 그러나 어느 정도의 질서와 규칙을 따라야 한다. 『기도』의 저자 리처드 포스터
는 기도 유형을 "안으로 향하는 기도" "위를 향한 하는 기도" "밖으로 향하는 기도"
로 나누었다.

안으로 향하는 기도는 자신을 반성하고 성찰하며 회개하는 기도로 마음을 정화
하고 청정하게 하는 기도이다. 이 기도를 통해 내 안에 계신 하나님과 합일을 이루
게 되고 내 뜻과 하나님의 뜻을 일치하게 한다.

위를 향한 기도는 하나님을 찬양하고 찬미하는 기도, 안식의 기도, 성례의 기도,
임재의 기원 등이 있다. 거룩하시고 존귀하신 하나님께 기쁨과 영광을 돌리는 기도
이다. 보통 기도의 시작 부분에서 위를 향한 기도를 드리게 된다.

밖으로 향하는 기도는 일상적인 기도로 간구의 기도, 중보기도, 치유의 기도, 고난과 역경을 이기는 과정 등 이타적인 기도이다. 이 기도는 내 자신보다 하나님의 나라와 그 백성을 위해 기도하는 유형이다.

위의 기도는 각각 따로 하는 기도가 아니라 한 기도 안에 위의 세 내용이 포함되어야 한다. 먼저 회개하고 성찰하여 마음을 고요하고 청정하게 한다. 기도에 들어가기 전 홀로 묵상 하는 것이 좋다. 다음에 하나님께 찬양과 찬미를 하며 영광을 드리는 기도를 드린다. 안으로 하는 기도와 위로 하는 기도를 통해 나의 뜻과 하나님의 뜻을 일치시킨 다음 밖으로 향하는 기도를 한다. 밖으로 향한 기도, 즉 중보기도, 하나님의 나라를 위한 기도를 드려야 한다.

참고도서

정태혁, 『명상의 세계』, 정신세계사, 1999.

박석, 『명상 길라잡이』, 도솔, 1997.

나용화, 『영성과 경건』, 기독교문서선교회, 1999.

전용복, 『묵상과 평강』, 도서출판 세줄, 2007.

리차드 포스터 『기도』, 두란노, 1996.

Patrica Monaghan & Eleanor. G Uiereck, *Meditation*, New World library, 1999.

제2장

호흡 수행

1. 호흡관찰 명상의 의미와 효과

초기불교 경전 쌍윳다니까야, 맛지마니까야, 디가니까야 등에 들숨과 날숨에 마음을 챙기는 수행법으로 아나빠나사티(Anapanasati)가 소개되고 있다. 그리고 초기 경전의 주석서인 대념처경에 이 수행법에 대한 자세한 설명이 있다. 아나빠나사티란 우리말로 "들숨 날숨에 마음챙김"(出入息.念經)"으로 번역하며 일반적으로 '호흡관찰 명상'이라고 한다.

호흡관찰 명상은 모든 명상의 기반이 된다. 이러한 기반이 있어야 명상을 수월하게 할 수 있다. 따라서 호흡관찰 명상은 모든 명상으로 들어가는 문이라고 한다. 호흡관찰 명상은 호흡에 집중하고 주시하며 알아차리는 수행법으로 이 명상을 통해서 마음이 고요해지고 청정해질 때 사마타(집중명상)와 위빠사나(통찰명상)가 가능하다.

불교의 호흡명상은 요가의 호흡 조절법(Pranayma)이나 기(氣)수련의 조식(調息)법과 다르다. 요가나 기수련에서는 호흡을 인위적으로 조절하여 멈추거나 길게 하여 에너지를 향상하거나 축적하는 목적으로 호흡을 한다. 그러나 불교 명상에서는 의도적으로 호흡을 조절하지 않고 자연 호흡에 대한 주시와 알아차림으로 이루어진다.

기독교 성경에 보면 태초에 하나님께서 흙으로 사람을 지으시고 코에 푸뉴마(숨, 생기)를 불어넣어 영을 가진 인간이 되게 하셨다고 했다. 호흡은 우리 생명의 근원이다. 호흡은 생명 에너지의 원천이며 물질과 마음을 이어주는 교량 역할을 한다. 그러나 평소 우리는 의도적으로 호흡을 주시하거나 알아차리지 않는다. 명상에서 호흡을 주시와 알아차림의 방편으로 삼는 데는 다음과 같은 이유가 있다.

첫째, 집중력이 강해진다. 호흡은 순간에 일어났다 순간에 사라진다. 그러나 인간이 살아있는 한 호흡은 되기 때문에 주시하고 알아차릴 수 있는 대상으로 적합하다. 집중명상은 한 대상을 계속 집중하는 명상이므로 끊임없이 일어났다가 사라지는 호흡은 명상의 주제가 된다.

둘째, 호흡을 통해 무상성(無常性)을 느낄 수가 있다. 호흡은 항상(恒常) 하지 않는다. 낡은 입자들은 사라지고 새로운 입자들이 계속 들어온다. 호흡의 요소나 질은 항상하지 않고 고정불변이 아니다. 따라서 호흡을 통해 존재의 무상성을 느끼게 되며 존재에 대한 집착을 내려놓을 수가 있다.

셋째, 무아성(無我性)을 느낄 수 있다. 호흡은 실체가 없지만 작용이 있고 결과를 남긴다. 실체는 없고 실재는 있다. 그냥 조건에 따라 호흡이 일어나고 사라지는 것이다. 호흡이 일어나고 사라지는 것을 통해 존재의 무아성을 느끼게 된다. 몸이 '나'라는 존재에 대한 집착에서 벗어날 수 있다.

넷째, 호흡을 주시하고 알아차리면 마음이 안정되고 고요해진다. 호흡을 통해서 감정 상태를 조절할 수 있다. 호흡을 주시하고 알아차리면 불안, 불만, 분노, 우울감 등의 감정 상태가 가라앉게 된다. 마음이 정화되고 맑음으로 집중력과 통찰력이 계발된다.

2. 호흡관찰 수행법

1) 수식관(隨息觀)

호흡이 잘 느껴지는 콧구멍 또는 배를 먼저 주시하고 그곳에서부터 호흡을 따라가며 호흡의 흐름을 관찰하는 명상이다. 콧구멍이나 코밑의 인중의 한 점을 주시하면서 그곳에서부터 횡격막을 통해 들어가고 나오는 호흡의 흐름을 관찰한다.

2) 수식관(數息觀)

콧구멍 밑 또는 배를 주시하면서 들숨에 배가 일어나고 내쉬는 숨에 배가 꺼짐을 숫자를 세면서 관찰하는 수행이다. 한번 숨을 들이마시고 내쉴 때마다 '하나' '둘' '셋' 등 숫자를 세어 나아간다. 숫자를 세어 나가다 잡념 망상이 일어나 숫자 세는 것을 잊어버리면 처음부터 다시 센다.

3) 호흡자각 수련

호흡이 느껴지는 콧구멍을 주시하면서 들이마시고 내쉬고 또는 배를 주시하면서 들숨에 '일어남' 날숨에 '사라짐' 등의 명칭을 붙이면서 호흡을 느끼고 바라보는 호흡관찰 명상이다. 요가에서 사용하는 호흡관찰은 들숨 날숨의 의성어를 사용하여 들숨에 '쏘' 날숨에 '함'의 명칭을 붙이기도 한다.

4) 불꽃 호흡관찰 명상

오른손을 들어 20-30센티미터 앞에 놓고 다섯 손가락 혹은 검지를 보며 그 손가락을 촛불이라고 상상하며 숨을 관찰한다. 여기서 숨은 촛불의 불꽃이라고 상상하며 들숨에 코로 불꽃을 흡입하고 날숨에 입으로 불꽃을 배출한다고 상상하며 호흡을 한다.

3. 호흡관찰 명상 유형

필자는 미얀마에서 마하시 계통의 빤띠따라마 수행처의 위빠사나와 쉐우민 계통의 위빠사나를 경험하였고 우리나라에서 고엔카 위빠사나를 경험하였다. 이 세 유형의 위빠사나에서 추구하는 궁극적 목적은 통찰력 계발을 통한 기반 위에 지혜를 증득하는 것이다. 그러나 수행법에서는 다소 차이가 있다. 호흡을 관찰하는 부위에 대한 차이가 있고 명상 주제인 사념처(四念處; 몸·느낌·생각·법) 중 강조하는 염처 (念處, 주시의 대상)가 다르다.

1) 마하시 위빠사나의 호흡관찰

필자는 마하시 위빠사나 계통의 빤띠따라마 수행처에서 21일간 수행을 하였다. 이 수행처에서는 배의 호흡을 관찰한다. 배의 호흡에 대한 명칭을 부르면서 수행을 하는데 들숨에 일어나는 배를 보고 "일어남" 날숨에 꺼지는 배를 보고 "사라짐"의 명칭을 붙이며 마음과 몸에서 일어나는 느낌, 감각, 생각, 현상 등을 2차 대상으로 주시하며 이들에 대한 명칭을 붙이며 수행한다.

이 수행처에서는 집중을 위한 주시의 대상을 전환하면서 위빠사나 수행을 한다. 즉 집중과 알아차림을 동시에 수행한다. 사념처를 동시에 주시하고 알아차리는 명상이기 때문에 초보자에게는 다소 어려운 과정이지만 스스로의 수행 경험을 통해 깨달음의 길을 가도록 한다. 생활에 대한 통제가 아주 엄격하여 식사시간과 수면시간을 제외하고 새벽 4시 30분에 일어나 저녁 9시 30분까지 60분간 좌선, 60분간 걷기명상으로 이어진다.

빤띠따라마 수행처의 위빠사나는 선택 없이 명상 주제를 관찰한다. 사념처 즉 감각, 느낌, 생각, 현상에 대하여 선택하지 않고 순간순간에 일어나는 것에 대해 주시하며 알아차리는 것이다. 하나의 명상 주제에 머무르지 않고 마음이 가는 주제를 주시하며 알아차린다.

2) 고엔카 위빠사나의 호흡관찰

고엔카 위빠사나는 고엔카에 의해 개발된 명상으로 호흡관찰 명상, 즉 아나빠나 사티와 몸의 감각을 주시하는 위빠사나 명상으로 구성되어 있다. 전반부 3일은 호흡관찰을 통해 마음을 정화하고 고요하게 하는 집중명상을 하고, 4일 이후부터는 몸의 감각을 주시하고 알아차리는 위빠사나 명상을 한다. 고엔카 위빠사나에서 몸의 감각을 주시하고 알아차리는 것은 몸의 감각이 삼법인(三法印; 무상·고·무아)을 가장 잘 경험할 수 있는 대상이기 때문이다.

고엔가 위빠사나의 호흡관찰 명상은 수련 초반에 코밑 인중의 한 지점을 주시하며 호흡을 관찰하다가 이에 익숙해지면 콧구멍 입구를 주시한다. 호흡은 의도적으로 강하게 하거나 약하게 하지 않고 자연스런 호흡을 한다. 콧구멍 주변에 스치는 호흡의 상태와 느낌을 판단 없이 관찰한다. 호흡관찰 명상은 사마디 즉 집중의 경지에 이르기 위한 수행법이다.

호흡관찰 명상은 위빠사나 명상의 기반이 된다. 호흡관찰은 사마타(집중) 명상으로서 마음을 정화하고 고요하게 하는 기능을 한다. 마음이 고요해지고 청정해지면 마음에서 일어나는 일들이 명료하게 보인다. 고엔카 위빠사나에서는 이때부터 몸에서 일어나는 감각을 주시하고 알아차린다.

고엔카 위빠사나에서 수(受, 감각)를 주요 명상 주제로 삼는 것은 감각이 인간의 고통의 원인이기 때문이다. 몸의 감각은 고통을 표현한다. 이 고통으로부터 벗어나기 위해서는 감각과 느낌에 붙들리지 않고 선택적 반응을 할 수 있어야 한다. 고통스런 감각도 순간 일어났다가 사라지는 무상의 현상이라고 이해하게 되면 고통으로부터 어느 정도 자유로워질 수 있다.

3) 쉐우민 위빠사나의 호흡관찰

쉐우민 위빠사나는 쉐우민 사야도에 의해 개발된 명상으로 사념처 명상 중 "심(心, 생각)"을 주로 관찰하는 명상이다. 물론 사념처 명상 중 느낌, 감각도 관찰하지만 이러한 느낌과 감각이 일으키는 생각을 주로 관찰한다. 즉 지금 마음에서 일어나는 생각을 주시하며 판단과 분별없이 알아차리는 것이다.

쉐우민 위빠사나에서의 호흡관찰은 콧구멍 주변에서 느끼는 호흡 혹은 배에서 느끼는 호흡을 관찰한다. 수행자 각자가 자신에게 익숙한 호흡관찰법을 따른다. 이 위빠사나 명상에서도 여타의 위빠사나와 마찬가지로 호흡을 1차 주시와 알아차림의 대상으로 삼고 있다. 이를 기반으로 이루어진 마음의 바탕에서 일어나는 생각을 주시와 알아차림의 주제로 삼고 있다.

생각을 주시와 알아차림의 대상으로 삼는 것은 인간의 행위는 먼저 생각이 일어나고 이 생각에 의해서 행위가 일어나기 때문이다. '마음에서 일어나는 생각', '마음에 머무는 생각', '마음에서 떠나는 생각' 등을 주시하고 알아차리는 것이다. 생각을 주시하고 알아차림으로 생각에 빠지거나 끌려가지 않게 된다.

쉐우민 위빠사나는 생활 속에서 지금 현재의 경험을 주시하며 알아차리는 것을 강조한다. 따라서 여타의 수행처처럼 엄격한 수행규칙이나 생활의 통제 없이 자유로운 분위기에서 지금 여기서 일어나는 생각을 관찰하며 알아차리는 수행을 한다. 수행처에서 대화, 식사, 산책 등의 생활이 자유롭지만 이러한 자유로운 활동 중 항상 마음에서 일어나는 생각을 주시하고 알아차리는 훈련을 한다.

참고도서

대림스님 역,『들숨 날숨에 마음챙기는 공부』, 초기불전연구원, 2008.

래리 조젠버그,『일상에서의 호흡명상－숨』, 한언 숨, 2006.

장현갑,『명상에 답이 있다』, 담앤북스, 2013

윌리엄 존슨, 김규돈 역,『그리스도인의 참선』, 분도출판사, 1996.

David Fontana, *Learn to Meditate*, Chronicle Books, 1999.

Patrica Monaghan & Eleanor. G Uiereck, *Meditation*, New World library, 1999.

제3장

경전 수행

1. 경전 수행의 의미

대부분의 종교는 창시자의 언설(言說)을 묶은 경전이 있다. 교인들은 언설을 체화(體化)하는 방편으로 경전을 읽고 새기는 수행을 한다. 여기서 새긴다는 말은 기억하고, 해석하고, 되새긴다는 뜻이다. 따라서 경전 수행이란 단순히 경전을 읽는 것이 아니라 그 경전 안에 있는 진리를 내재화. 의식화, 인격화, 생활화하는 과정을 말한다.

경전이란 불변의 진리와 도리를 다룬 책으로 대부분의 종교는 창시자의 생애나 사상을 기록한 경전을 가지고 있다. 기독교에서는 성경, 불교에서는 불경(佛經), 유교에서는 사서삼경(四書三經) 등이 있다. 이들 경전이 만들어지는 과정은 종교마다 다르지만 대부분 처음에는 창시자의 어록이나 사상이 구전으로 내려오다가 문서로 정리되는 과정을 거친다. 이 과정에서 편집 기록자의 해석이나 사견이 들어갈 수 있기 때문에 정경을 가리는 작업을 통해 정경에 들어갈 수 없는 것들을 외경(外經) 또는 위경(僞經)으로 분리한다. 불교에서는 결집(結集)을 통해서 정경을 확정하고 기독교는 종교회의에서 정경을 결정한다. 그리고 시대가 흐르면서 정경을 정리하고 새롭게 번역하는 작업이 계속 이루어지고 있다.

혹자는 경전 자체를 진리라고 보는 사람이 있지만 경전은 진리를 가르치는 교과

서이지 그 자체가 진리는 아니다. 경전에는 진리가 담겨있고 그 진리를 설명하는 내용이 있다. 따라서 경전을 이해하기 위해서는 올바른 해석이 중요하다. 올바른 해석을 하는 데는 무엇보다도 말씀이 처음 말하여질 때와 쓰여 질 때의 삶의 자리를 이해하는 것이 중요하고 말씀이 처음 말하여 질 때 그 말씀을 하시는 분의 심정을 이해하는 것이 중요하다.

경전 수행이란 말씀을 새기는 과정이라고 할 수 있다. 우리말 '새기다'에는 '기억하다' '해석하다' '되새기다' 등의 의미가 있다. 경전 수행이란 말씀을 기억하고 해석하고 되새기는 과정이라고 할 수 있다. 말씀을 새겨서 생활 속에서 실천하는 것이 경전 수행의 목적이다.

2. 불교의 경전 수행

불교계에는 경전을 보지 않고 오로지 마음과 몸을 갈고 닦는 수행을 강조하는 전통도 있다. 달마 대사에 의해 중국에 전해진 조사선(祖師禪)에서는 "불교의 진수는 어떤 경전의 문구에 의하지 않고 마음에서 마음으로 직접 체험에 의해서 전해진다고 주장한다. 이를 '불립문자(不立文字, 문자로 진리를 전할 수 없다)' '교외별전(教外別傳, 경전에 의존하지 않고 체험에 의해 깨닫는다)', '직지인심(直指人心, 경전을 통하지 않고 단번에 깨닫는다)'이라고 한다.

대승불교에서 수행자의 길을 삼승(三乘), 곧 성문승(聲聞乘, 부처님의 교학에 의해 깨달음에 정진하는 수행자), 연각승(緣覺乘, 스승에 의하지 않고 홀로 수행하여 깨달음), 보살승(菩薩乘, 중생의 구원을 위해 보리심을 수행함)으로 구분하고 있다. 이러한 삼승의 구분은 자신의 구원만을 위해 수행하지 않고 중생의 구제를 위해 힘쓰라는 대승불교의 이념에 따른 것이다. 그러나 티베트 불교에서는 밀교(密教)의 높은 수행의 길을 가기 위해서 먼저 경전의 이해와 깨달음을 위해 정진한 다음 밀교 수행에 들어가라고 가르친다.

석가모니 붓다는 종문사수(從聞思修) 입삼마지(入三摩地)를 가르쳤다. 이는 문사

수(聞思修)를 쫓아 삼매에 들라는 뜻으로 삼매에 들기 위해서 문(聞)과 수(修)의 길을 가야함을 말한다. 문은 단순히 소리의 들음으로 이해할 수 있으나 곧 말씀의 들음을 의미하고 사(思)는 사량분별(思量分別)을 말하고, 수(修)는 문사(聞思)를 통하여 상수멸정(想受滅定) 곧 삼매에 들어가는 것을 말한다.

불교에는 경전 공부를 통해 깨닫고자 하는 학승(學僧)이 있고 수행을 통해 깨닫고자 하는 도승(度僧)이 있다. 이 두 길은 깨달음으로 가는 각각의 길이라기보다는 상호보완적이다. 경전을 통해 수행의 목적과 방향을 바로 잡을 수 있고, 수행을 통해 경전에 담긴 진리를 이해하고 체화할 수 있다. 따라서 경전을 공부하고 수행하는 길과 수행하며 경전을 공부하는 길을 겸해서 가야 한다. 즉 진리를 공부하며 실천하고 실천하면서 진리를 공부하는 길이 진정한 수행자의 길이다.

불교의 전통과 사상은 요가로부터 영향을 받았다는 것은 주지의 사실이다. 요가 수행자 중 중근기에 있는 수행자는 정화를 위한 수행으로 고행(苦行), 독송(讀誦), 헌신(獻身)이 있다. 독송의 산스크리트어 스바댜야(savādhybayā)는 문자적으로 '자신의 탐구'다. 즉 경전을 비롯한 영적인 글을 읽고 스스로 그 뜻을 탐구하는 수행법의 하나다. 불교의 독송은 요가의 독송으로부터 영향을 받았다고 할 수 있다.

불교의 경전 수행은 부처님 당시에도 중요한 수행법의 하나였다. 부처님을 따르던 수행자들은 혼자 있을 때나 단체로 있을 때 항상 게송을 암송하므로써 또한 부처님의 곁을 떠나 먼 곳으로 유행(遊行)하는 수행자는 이 게송을 암송함으로써 언제나 부처님을 모시고 법을 듣는 마음으로 생활을 하였다.

부처님은 열반에 이르기 전 내 안에 법을 오래 머물게 하는 칠법(七法)에 대한 말씀을 하였다. 그 핵심은 경에 대한 수행이다. 이 말씀 각 구절의 말미에 쓰인 문구 "법이 가히 오랠 것이다."는 경전을 수지독송(受持讀誦)하라는 의미이다.

다시 칠법이 있으니 들으라. 제 비구여 (1) 원망의 마음을 갖지 않으면 법이 가히 오랠 것이다. (2) 부끄러움을 안다면 법이 가히 오랠 것이다. (3) 경을 읽고 계를 지킴에 게으르지 않는다면 법이 오랠 것이다. (4) 앉거나 일어섬에 마음 가운데 경법을 잊지 않는다면 법이 가히 오랠 것이다. (5) 앉거나 일어섬에 고(苦)와 마주하지 않고 싫어한다면 법이 가히 오랠 것이다. (6) 앉거나 일어섬에 경법을 밝히면 법이 가히 오랠 것이다. (7) 독경함을 배우고 마땅히 그 깊은 뜻을 풍송한다면 법이 가히 오랠 것이다. 비구들이여 이 칠법을 지킬 것이다.

초기불교에서 경(經)을 게송하는 것이 개인 수행 차원에서 이루어졌다면 대승불교에서 만들어진 경전 독송은 중생을 구제하기 위한 수행이었다. 대승불교 운동이 시작되면서 대승경전이 형성되었고 대승불교를 따르던 수행자들은 경전을 부처님 대하듯 소중히 여겼다. 경전을 공양 공경함으로 수행의 발판으로 삼았고 중생의 구원을 위한 방편으로 삼았다. 중생의 구원을 위해 경의 암송과 필사본을 세상에 널리 유포하였다.

수행자들은 그 어떤 보시보다도 법을 보시하는 것이 중생을 위해 가장 큰 공덕이 된다고 하였다. 금강경에 "집체만한 보석을 보시하는 것 보다 법구 한 구절을 보시하는 것이 더 큰 공덕이 된다."고 하였다. 불교 경전 『대반야바라밀다』에 대승경전을 수행하는 10가지 법이 잘 나타나 있다. 이는 경전 수행의 요체를 말한 것이다.

(1) 베껴 쓰는 것(서사, 書寫) (2) 공양함(공양, 供養) (3) 남에게 베풂(보시, 普施) (4) 다른 이의 독송을 집중해서 들음 (5) 스스로 읽음(청, 聽) (6) 이치에 맞게 그 글귀와 의미를 받아 지님(수지, 受持) (7) 이치에 맞게 글귀의 의미를 닐리 설명함(광설, 廣說) (8) 읽고 암송함(독송, 讀誦 (9) 이치를 고요하게 살펴 봄(사유, 思惟)(10) 이해한 것을 잊지 않으려고 닦아 익힘(수습, 修習)

불교의 경전 수행은 수행의 중심 자리에 있고 타종교의 수행법보다 다양하고 체계적이다. 수행법들로는 독경, 독송, 간경, 풍송, 전경, 서사 등이 있다. 경전수행에는 소리를 내서 읽는 독경이 있고, 소리를 내지 않고 마음으로 읽는 간경이 있다. 독경이란 독송이라는 말로 쓰이기도 하는데 여기에는 경전의 글귀를 읊조리는 풍경(諷經), 경전을 소리 내어 읽는 풍송(諷誦)이 있다. 이렇듯 소리 내어 경을 읽는 독경은 마음속으로 부처님을 모시고 예불 의식 및 기도의 일환으로 사용한다.

독경과 달리 소리 내지 않고 경을 읽는 묵독(默讀)이 있는데 여기에는 간경(看經),

사경(寫經) 등이 있다. 간경을 간독이라고 하는데 '경전을 본다'라는 의미이다. 한자 간경은 '이마에 손을 대고 자세히 본다'라는 의미와 가르침을 담은 책이라는 의미가 있다. 따라서 간경이란 붓다의 가르침을 담은 경전을 정성들여 읽고 새기는 수행이다. 붓다가 제시한 길을 찾아가는 것이며, 경전에 담긴 불법의 지혜를 체득해 가는 수행의 방편이다.

사경은 경전 그 차제에 대한 공경심을 표현하는 수행법으로 정해진 의식에 따라 청결한 마음을 가지고 경의 한 글자 한 글자를 정성스럽게 베껴쓰는 수행법이다. 때로는 절수행과 함께 병행하는데 하나의 경전을 택하여 경전의 글귀 한 자 쓸 때마다 절을 한 번씩 올리는 일자일배(一字一拜) 등 다양한 수행법들이 있다.

불교경전 수행법은 이렇듯 다양하지만 경을 읽고 새긴다는 같은 의미와 목적을 갖고 있기 때문에 현대 수행에서는 독경, 간경, 풍경 등의 단어에 큰 차이를 두지 않고 간경 혹은 간독이라는 말로 통칭하고 있다. 수행의 의미와 목적으로 볼 때 경전을 읽고 새긴다는 의미에서 간경으로 통칭하는 것이 바람직하다고 본다.

고명석은 대한불교조계종 출판 『수행법 연구』에서 간경의 목적을 다음과 같이 설명하였다.

> 1) 마음을 밝혀서 마음 가운데 경전 말씀을 명백히 드러나게 하여 마음과 경이 상통하게 하는데 있다.
> 2) 경전 속에서 부처님의 마음을 알아내어 부처님의 말씀을 생활 속에서 실천하는데 있다.
> 3) 경전을 수지독송(受持讀誦)하여 경전의 진실성을 찾아내어 내 것으로 만드는데 있다.
> 4) 지식을 지혜로 승화시켜 경전의 지혜를 자유롭게 꺼내 쓸 수 있도록 한다.
> 5) 경전을 수행의 기초로 삼아 경전의 가르침대로 행위 할 수 있도록 한다.
> 6) 경전을 이해하므로 불교에 대한 올바른 이해를 할 수 있다.
> 7) 경전을 수지독송하여 부처님의 말씀이 몸과 마음에 배이게 한다.
> 8) 간경을 통해 글의 맛을 알게 되어 여기서 관조의 힘, 내면을 보는 힘으로 나타난다.
> 9) 간경을 통해 억눌린 마음과 업장을 해탈하여 일상생활을 자유롭게 영위하

도록 한다.

10) 신구의(身口意) 삼업을 깨끗이 닦아 업장을 소멸한다.

위 간경의 목적을 통해 경전을 읽는 것은 단순히 지식을 쌓고 이해하는 것이 아니라 경전을 통해 깨달음과 지혜를 얻어 우리의 생활을 변화시키는 데 목적이 있음을 알 수 있다. 간경은 경전의 말씀을 체화(體化)하는 목적을 갖고 있다. 말씀을 체화한다는 의미는 말씀을 몸에 배이게 하여 몸과 마음에 새기는 것을 의미한다. 경전을 읽음으로 지금까지 몸에 배어 있던 습기(習氣)나 업장(業障)으로부터 벗어나 자유와 해방을 영위하도록 하는 것이다.

불교 경전의 수행은 불교 명상의 사마타와 위빠사나에서 지향하는 의미와 같다고 할 수 있다. 경전수행은 사마타에서 지향하는 바와 같이 집중을 목적으로 하며, 위빠사나에서 지향하는 지혜계발을 목적으로 하고 있다. 경전 수행을 통해 사마타 명상에서 증득하는 마음의 고요와 평정심을 갖게 되고, 위빠사나 명상을 통해 지혜를 계발하게 되면 수행의 마지막 단계인 도(道)와 과(果)를 성취하게 된다.

3. 유대교 쉐마 정신

유대교가 기독교의 출현 전이나 후에도 수천 년 동안 단일민족으로 그들의 전통과 정체성을 지키고 유지할 수 있었던 것은 경전 토라(Torah)에 대한 권위를 지키고 그에 순명(順命)하는 삶을 살았기 때문이다. 그들은 70여 년간 바빌론 포로생활에서도 민족의 정체성을 지켰다. 그리고 기원 후 거의 2천여년 간 국가가 없는 디아스포라 유대인으로 살면서도 단일 민족성과 그들의 전통을 이어왔다. 포로생활 중에도 유대인들은 시나고구(회당)에 모여 토라를 공부하고 음식을 나누며 그들의 공동체를 지켜 나왔던 것이다.

유대인들은 "주의 신실한 아비가 그 자녀에게 알게 하라"는 성구를 가정교육의 이상과 실천의 모토로 삼고 토라 공부를 하였다. 그들이 경전을 공부하고 실천을 할 수 있었던 정신적 힘은 구약성경 신명기 6장에 나오는 쉐마(Shema)이다. 이스라엘 백성들이 말씀을 생명시하며 생활 속에서 말씀을 새기면서 살 수 있었던 것은 이 쉐마의 정신이 있었기 때문이다. 쉐마는 다음과 같다.

> "오늘날 내가 네게 명하는 이 말씀을 너는 네 마음에 새기고 네 자녀에게 부지런히 가르치며 집에 앉아 있을 때든지 길을 갈 때든지 누웠을 때든지 일어날 때든지 이 말씀을 강론할 것이며 너는 또 그것을 손목에 매어 기호로 삼으며 네 미간에 붙여 표를 삼고 또 네 집 문설주와 바깥문에 기록할지니라."

회당은 예배와 학교의 기능을 하는 곳으로 이곳에서 예배를 중심으로 기도와 토라 공부가 이루어졌다. 기원전 70년경에는 로마의 영향을 받아 회당의 별당에서 학교의 조직체계로 교육이 이루어졌는데 주로 성서를 가르치는 기능을 했다. 이들 학교에는 성경의 벧 하세퍼(성경의 집), 벧 탈무드(설명의 집) 벧 하미드라쉬(연구의 집) 등이 있고 여기에서 성경의 단계적 공부가 이루어졌다. 이 학교들은 율법을 암기하고 율법에 대한 해석과 연구하는 기관으로서 기능을 하였다.

유대인들의 토라 공부는 단순히 성경공부의 차원이 아니었다. 그들의 경전 공부는 척박한 환경과 외세의 침략으로 억압과 고난의 환경 속에서 민족성을 유지할 수 있는 힘이요, 선민정신을 이어가는 정신적 지주가 되었다. 경전 토라 공부가 유대인들의 정신을 하나로 묶는 힘이 되었고 그들의 생활을 이끌어 가는 횃불이 되어 오늘의 강인하고 지혜로운 유대인으로 이끌어 온 것이다.

4. 기독교 성경공부

예수의 십자가 죽음 이후 약 70년 이전까지 기독교 공동체에는 아직 성서가 출간되지 않았다. 이렇듯 성서가 출간되지 않은 것은 당시 기독교는 종말론적 공동체로서 재림에 대한 소망이 있었기 때문이다. 초대교회 신도들은 예수를 기리면서 그의 재림을 기다리고 있었다. 그리고 편편이 남아있는 예수의 어록을 읽고 장로들이 권면하는 형식으로 말씀 공부를 했다. 예수의 재림이 지연되고 예수를 따랐던 사도들이 타계하면서 후손들에게 기독교의 전통과 정신을 교육해야 할 필요성이 대두되었다. 종말이 지연되고 한 세기를 넘기면서 기독교의 정착과 교육이 필요하게 된 것이다. 따라서 기독교 전통 상속과 교육을 위해서 성서 편찬의 필요성이 대두되어 그동안 전해진 구전과 단편적인 문서들을 편집하여 성서가 출판된다.

중세기에 접어들면서 성서가 경전으로 자리잡게 되었다. 그러나 성서는 신성불가침의 권위를 가진 경서(經書)로서 일반 신도들은 접할 수가 없었고 성직자들만이 성서를 읽고 해석할 수 있는 권한을 가졌다. 비록 일반 신도들이 성서를 접한다고 하더라도 그 사회에서 사용하지 않는 라틴어로 기록되었기 때문에 성서를 읽을 수가 없었다. 이렇게 일반 신도들이 성서를 읽을 수 없었던 것은 성서의 권위보다도 성직자의 권위를 높이기 위해서였다.

일반 신도들은 성서를 읽고 묵상하는 일이 어려웠으나 수도원을 중심한 수도사들에게 경전 공부와 묵상은 그들 생활의 전부라고 할 수 있다. 그들은 거룩한 독서(Lectio Divana)의 방법을 통한 묵상이 일상이었다. 거룩한 독서는 관상으로 들어가는 문으로써의 역할을 했다. 독서－묵상－기도－관상의 네 단계로 이어지는 수행의 단계는 가톨릭 수행의 도식이요 표준이 되었다.

중세 수도원에서 생활하는 성직자들은 경전의 독서뿐만 아니라 중요한 책들을 읽고 필사하는 일에 집중하였다. 중요한 경전의 필사본을 보급하여 수도원의 재원(財源)을 마련하기도 하였지만 분심과 잡념을 떨치고 평정심을 유지할 수 있는 수행의 방편으로 삼은 것이다. 특히 독신생활을 하는 성직자들에게는 욕망과 분심을 떨치기 위해 무엇인가를 집중할 필요가 있었다. 성서를 읽고 필사하는 일은 마음의 집중과 고요함을 유지하기 위한 수행의 방편이었다.

종교개혁 이후 성서는 만인에게 개방되어 평신도들도 성서를 읽고 묵상할 수 있는 길이 열리게 되었다. 종교개혁 정신이었던 "믿음으로만" "성서로만" "은혜로만" "만인사제직"의 사상은 성직자들의 독점물이었던 성서를 만인에게 개방하게 만든 것이다. 종교개혁자 루터는 일반인들이 쓰지 않았던 라틴어로 쓰인 성서를 독일어로 번역하여 누구나 성서를 읽고 그 안에서 하나님을 만나고 경험할 수 있게 하였다. 기독교인들에게 성서를 읽고 묵상하는 일은 하나님의 임재를 경험하고 그와 하나되는 수행의 방편이 된 것이다.

기독교에서는 일반적으로 명상이라는 말보다 묵상이라는 말을 사용해 왔다. 말씀을 읽고 새기는 것을 말씀의 묵상이라고 한다. 묵상의 의미는 그리스도 안에 머무는 행위이다. 그리스도 안에 머문다는 것은 그의 말씀 안에 머무는 것을 말한다. 독일의 신학자 루돌프 보랜(Rudolf Bohren)은 기독교의 말씀 묵상이란 "나의 길을 인식하면서 나를 감싸주는 분과의 접촉을 추구하고, 찾는 것을 의미하며, 성서 말씀의 들음 속에서 현재적 영의 예언을 듣는 것을 의미한다."고 하였다. 기독교 말씀 묵상의 의미는 말씀 안에서 하나님의 뜻과 내 뜻을 일치시키는 것이고 그와 하나되는 것이라고 할 수 있다.

기독교 특히 개신교는 타종교의 명상법과 같은 수행법들이 별로 없고 기도와 말씀 묵상이 수행의 전부라고 할 수 있다. 현대에 와서 말씀 묵상의 방법으로 QT(Quiet Time) 프로그램이 있다. QT란 말씀을 조용히 묵상하고 그 뜻을 새기는 것을 말한다. 기독교는 지금까지의 성직자를 통한 설교 중심에서 QT를 통해 신도들 자신이 말씀을 읽고 새기는 수련 프로그램을 실시하고 있다.

예수는 "진리를 알지니 진리가 너희를 자유케 하리라"(요한복음 8장 32절)고 하였다. 그런데 예수는 바로 자신이 곧 길이요 진리요 생명이라고 하였다(요한복음 14장 6절). 예수는 말씀과 하나되는 것이 자신과 일체되는 길임을 강조한 것이다. 기독교에서는 말씀을 읽고 말씀 안에서 주님과 하나된 것을 화육(incarnation)이라고 한다. 기독교에서 수행이란 바로 말씀으로 화육하는 길이라고 할 수 있다.

5. 가톨릭의 경전 수행

초대 기독교 예배에서는 오늘날과 같이 목사의 설교가 아닌 장로들의 권면이 있었고 평신도들이 말씀을 읽고 들을 수 있었다. 그러나 기독교가 로마 국교가 되면서

부터 성경은 성직자만 읽고 해석할 수 있었다. 성직자들은 문법적으로 분석하여 연구하는 일에만 몰두하였지 성경을 암송하고 묵상하며 영적으로 이해하고 말씀 안에 하나님의 영적 임재를 이해하는 데는 소홀히 하였다.

그런 가운데 어거스틴은 성경을 문법적으로 의미를 찾는 것도 중요하지만 성경을 해석하는 것이 목적이 아님을 강조했다. 그는 성경의 영적 해석, 즉 성경 본문이 독자에게 주는 의미를 발견하는 것이 성경 해석의 고유한 방법이라고 가르쳤다. 그리고 중세의 수도원장이었던 귀고(Guigo)는 하나님과의 신실한 합의를 위해 성경을 읽을 것을 강조했다.

이러한 흐름에서 하나님과의 합일을 추구하는 관상기도가 이루어졌고 관상기도의 방법으로 중세 초기의 렉시오 디비나(Lectio Divina) 그리고 현대에 와서 향심기도가 발달하게 되었다.

1) 렉시오 디비나(Lectio Divina)

Lectio Divina를 뜻하는 히브리어 '시아흐'와 '하가'가 있다. '시아흐'는 "암송하다" "곰곰이 생각하다"를 뜻하고 '하가'는 "중얼거리다" "속삭이다" "깊이 생각하다"를 의미한다. 헬라어로는 '프로멜레타오'가 있는데 "대답하기 전에 생각한다."(누가복음 12장 14절)를 의비한다. 이러한 의미로 볼 때 렉시오 디비나는 성경을 되새김하듯이 암송하며 새기고 묵상하는 것이다.

렉시오 디비나의 성경적 근거로는 시편 1편 2절의 말씀 "복 있는 사람은 여호와의 말씀을 즐거워하여 그 율법을 주야로 묵상하는 자로다" 시편 19장 14절 "내 입의 말과 마음의 묵상이 주 앞에 열납되기를 원하나이다." 시편 119편 15절의 "내가 주의 법도를 묵상하나이다." 등이 있다.

시편 119편은 렉시오 디비나의 의미를 잘 설명하고 있다. 렉시오 디비나는 하나님의 말씀을 사랑하며, 하나님을 사랑하기 때문에 그 말씀을 깊이 묵상하고, 그 말씀을 위해 기도하고 찬미하며, 그 말씀 중에 순종하는 것이라고 하였다. 그리고 신약성서 요한복음 6장 63절 "내가 너희에게 이른 말이 영이요 생명이라" 요한복음

15장 7절에 "너희가 내 안에 거하고 내 말이 너희 안에 거하면 무엇이든지 원하는 대로 이루리라"고 하였다.

위와 같은 의미에서 렉시오 디비나는 하나님의 말씀을 새기는 것이라고 할 수 있다. 입으로 암송하고, 마음속으로 되새김하며 묵상하여 하나님과 나와 하나됨을 느끼고 감사함으로 기도하는 것이다. 그리고 그 말씀이 삶 속에서 이루어지기를 다짐하며 말씀대로 살고 말씀에 순명하며 사는 수행을 말한다.

렉시오 디비나의 목적은 관상의 길과 마찬가지로 말씀을 통해 관상에 집중하고, 우리의 몸과 삶에서 예수 그리스도에 조명되고, 하나님과 합일이 되는 것이다. 이러한 합일이 이루어지면 요한복음 14장 20절의 말씀처럼 "내가 아버지 안에, 너희가 내 안에, 내가 너희 안에" 거하게 된다. 렉시오 디비나의 과정은 다음과 같다.

첫째, 준비단계: 마음집중

하나님의 말씀을 듣기 위해서는 무엇보다 산만하고 복잡한 마음을 내려놓고 집중상태에 들어가 고요하고 청정한 상태에 있어야 한다. 이를 위해 조용하고 성스러운 시간과 장소를 확보해야 한다. 시간은 조용한 새벽이나 늦은 밤이 좋고 장소로는 기도실이나 예배당이 좋다. 의복도 평상복보다는 깨끗하고 단정한 것이 좋다.

집중을 위해서는 호흡법 수행이 효과적이다. 2–3분 동안 눈을 감고 콧등 밑이나 인중의 한 지점을 주시하고 호흡을 관찰하면 잡념 망상을 떨치고 청정한 마음 상태에 들어갈 수 있다. 또한 십자가나 예수의 상(像)을 응시하면 집중의 상태로 들어가는데 도움이 된다. 집중상태에서 그리스도의 임재와 성령의 인도하심을 기원하는 기도를 드린다. 하나님께 기쁜 마음으로 순종할 것을 다짐하며 하나님이 말씀을 내려주시기를 기원한다.

둘째, 성경읽기: 하나님 말씀 듣기

성서는 눈과 입으로 읽지만 하나님이 주시는 말씀으로 들어야 한다. 그래서 통독이나 속독을 해서는 안 되고 천천히 읽으면서 듣고 새겨야 한다. 새김이라는 말은 암송하고 해석한다는 의미가 있다. 여기서 해석은 나의 주관에 따라 의미를 파악하는 것이 아니라 말씀하신 그리스도의 심정에서 해석을 해야 한다. 이 말씀을 하실 당시의 삶의 자리에 들어가서 말씀하신 분의 의도와 목적을 알고 읽어야 한다.

읽는 방법은 우선 정해진 본문을 읽기 전에 그 본문에서 말하여진 역사적 배경, 주제, 목적 등을 공부하고 성경 읽기에 들어가는 것이 좋다. 본문을 반복해 읽으면서 하나님이 나에게 하시려는 말씀을 들어야 한다. 먼저 내용을 판단하거나 해석하려 하지 말고 본문이 나에게 말하도록 해야 한다. 반복해서 읽다가 특별히 나의 관심을 끄는 구절은 암송하고 그 뜻을 음미한다.

셋째, 말씀 묵상: 말씀과 하나되기

말씀 묵상은 말씀을 되새김하는 과정이다. 말씀과 내가 일체되는 과정으로 하나님 뜻과 내 뜻이 하나님의 심정과 내 심정이 일체되는 과정이다. 이 과정을 통해 하나님의 길과 나의 길이 하나된다. 즉 나의 실존이 말씀과 일체가 되는 것이다. 이 단계에서는 말씀 안에서 하나님을 만나게 되는 기쁨과 말씀을 주신 분에 대한 감사가 일어나게 된다.

이 단계는 깨달음이 오는 단계다. 깨달음이란 어떤 새로운 해석이라기보다는 이 말씀이 처음 되어질 때 말씀하신 분의 뜻과 심정을 알게 되며 이 말씀이 지금 나에게 어떤 의미를 주는가를 아는 것이다. 그리고 이 말씀을 나의 삶에 어떻게 적용할 것인가를 생각하게 된다. 이때 말씀을 새기기 위해서는 말씀을 축약한 주제를 정해 마음에 새겨 놓는 일도 필요하다.

넷째, 기도: 하나님께 응답

말씀을 묵상하며 하나님의 은혜와 사랑을 체험하고 그에 대한 응답이 있어야 한다. 응답이란 하나님의 말씀에서 지시하는 것에 적극적으로 참여하고 자신의 삶에 적응시키는 것을 말한다. 설교를 듣고 감사와 찬양으로 응답하며 세상에 하나님의 말씀을 전파하고 실천할 것을 다짐하는 행위이다.

하나님은 말씀 가운데 우리를 초대하시고 우리의 말과 행위로 하나님의 말씀에 구체적으로 응답하기를 원하신다. 기도는 하나님의 임재를 기원하고 감사드리는 행위이다. 기도는 하나님께 회개와 결단 그리고 보고하는 행위이다. 기도에서 자신을 향한 기도도 중요하지만 하나님의 백성을 향한 중보기도 또한 중요하다.

다섯째, 명상: 고요와 평온함

말씀에 "마음이 청결한 자는 복이 있나니 저희가 하나님을 볼 것임이요"(요한복음 5장 8절)라고 하였다. 여기서 마음을 청결하게 하는 행위가 명상이다. 말씀을 읽고 묵상을 하게 되면 마음이 정화되어 고요하고 청정한 상태에 이르게 된다. 이 상태가 명상의 상태다. 명상을 통해 마음을 정화하고 평온한 상태에 이르면 내 안에 신성의 빛이 발휘되어 내가 그리스도의 반사체요, 조명체가 된다.

명상은 내 안에서 성령이 역사할 수 있는 마음의 밭을 가는 것이다. 기도가 하나님을 찾아가는 길이라면 명상은 하나님이 나에게 임재하실 수 있는 마음의 밭을 가는 것이다. 하나님의 임재를 체험하게 되면 내 안에 하나님의 사랑이 넘치고 하나님이 주시는 은혜와 평온을 맞보게 된다. 명상을 통해서 말씀의 의미를 새길 수 있고 일상에서 하나님을 모시고 사는 체험을 할 수 있게 된다.

위에서 살펴보았듯이 Lectio Divina는 말씀을 채널로 하는 수행법이다. 말씀을 읽고 묵상하며 내가 말씀의 실체가 되는 것이다. 위의 렉시오 디비나의 다섯 과정은 경전 수행의 과정이다. 첫째 과정은 말씀을 듣기 위해 준비하는 과정이고, 둘째 과정은 말씀을 구하는 것이요, 셋째 과정 묵상은 말씀 안에서 진리를 찾는 것이요, 넷째 과정 기도는 하나님의 임재를 경험하고 응답하는 과정이며, 다섯째 과정 명상은 말씀 안에 살고 말씀으로 화육(化肉)된 삶을 유지하는 과정이라고 할 수 있다.

2) 향심기도

향심기도는 천주교에서 행하는 기도의 한 방법이다. 이 기도 운동은 1970년대 미국의 토머스 파커 키팅 신부, 배절 페닝턴 신부, 윌리엄 메닝어 신부를 주축으로 시작되었다. 한국에서는 1980년 초부터 이 운동이 전개되었다. 개신교 가운데 일부 교회에서 이 운동을 받아들이고 있으나 대부분의 개신교는 향심기도가 신비주의와 종교 다원주의 입장에 서있다고 비판하고 있다.

향심기도 이전에는 관상기도가 주류를 이루었다. 종교개혁 이전까지 성직자는 물론 평신도까지 행할 수 있었던 기독교의 기도 방법이었다. 그러나 르네상스와 종교개혁기 이후 다양한 사상이 등장하고 성서에 대한 새로운 해석이 등장하면서 관상기도가 위축되었다. 이때부터 관상기도는 일부 성직자들에게만 허용되고 일반신자들에게는 관상기도에 접할 수 있는 기회가 없어지고 잊히게 되었다.

19세기 세속화가 가속되면서 미국의 기독교는 영성의 위기를 맞게 된다. 쾌락적 대중문화의 등장, 물질세계에 대한 집착, 가치관 혼란 등의 사조가 몰려오면서 형식적인 예배만으로 신도들의 영적 빈곤을 채울 수가 없게 되었다. 1960년대 영적 빈곤의 위기에 처한 유럽과 미국에서는 동양의 종교에 대한 관심이 고조되기 시작했다. 때맞추어 라즈니쉬, 마하리시, 요가난다, 달라이 라마 등 동양의 영적 지도자들이 유럽과 미국에서 요가, 불교명상, 기수련 등을 지도하였고 기독교인들이 이들에게 관심을 돌리게 되었다.

이러한 상황을 맞아 가톨릭의 키팅 신부는 "어떻게 교회를 떠나는 사람들의 마음을 돌려 교회로 돌아서게 할 수 있을까?"를 고민한 결과로 나온 것이 향심기도다. 키팅 신부는 아시아 종교 전통에 매료된 신자들의 영적 갈증을 풀어줄 방법으로 향심기도를 제안했다.

1962년부터 1965년까지 열렸던 제2차 바티칸 공의회에서 교회 쇄신의 일환으로 타종교와의 대화를 권장하게 되었다. 이때부터 가톨릭 수도자들이 동양 종교의 영적 스승들과의 교류를 통해 동양 종교의 수행법을 기독교에 맞게 재구성한 것이 향심기도다.

향심기도는 기독교 신비주의 전통과 불교의 경전 수행으로부터 영향을 받았다. 특히 14세기 후반 출판된 『무지의 구름』에서 직접적인 영향을 받았다. 『무지의 구름』은 저자가 알려지지 않은 책으로 지성과 영성의 조화로운 관상의 길을 소개하고 있다. 그리고 현대의 신비주의 신학자 토머스 머튼(Thomas Merton)의 『칠층산』으로부터 영향을 받았다. "하나님을 만나려면 자신의 중심으로 들어가야 한다."고 하는 머튼의 말에서 영감을 받아 향심(向心)이라는 개념이 나오게 되었다.

향심기도는 관상기도에 들어가기 위한 기도의 방법이다. 관상기도는 내 존재의 가장 깊은 심층의 중심에 계시는 하나님과 일치하기 위한 기도다. 하나님께서 내 안에 현존하시고 활동하시도록 내 마음을 비우고 모시기 위한 기도라고 할 수 있다. 하나님의 현존과 활동하시는데 대한 순종과 응답을 지향하는 기도이기 때문에 향심기도라는 말을 쓰게 되었다.

향심기도는 나의 내면의 세계에 계시는 하나님을 만나기 위한 기도다. 본래 나의 참자아는 신성(神性)이다. 분심과 망심을 정화하고 신성과의 만남을 추구하는 것이 향심기도다. 우리의 가장 깊은 중심에 현존하시는 하나님을 향하여 들어가는 기도의 방법이다. 이는 불교의 본래면목(本來面目), 즉 내가 본래 부처요 그 부처임을 깨닫게 되는 불교 명상의 원리와 같다.

향심은 내 안에 계신 하나님의 현존을 체험하고 그 분과 일체를 이루기 위한 기도로써 이러한 기도를 위한 준비가 필요하다. 우선 마음의 준비로 분심과 잡념으로 오염된 마음의 정화를 위한 회개와 순명을 다짐하는 기도가 필요하다. 다음으로 기도생활의 준비로 도덕적이고 윤리적인 청정함을 유지해야 한다. 이 청정함을 위해 계율을 지키는 생활을 해야 한다. 그리고 향심기도를 위해서 일상의 분주한 삶을 멈추고 잠시 그분을 향할 수 있는 시간과 장소가 필요하다. 기도의 시간은 20분 이상이 좋고 장소는 기도하기에 적당한 조용하고 쾌적한 곳이 좋다.

첫째, 먼저 거룩한 단어를 선택한다.

묵상하기 편안한 자세를 취하고 기도를 시작한다. "성령님 이 시간 하나님께서 내 안에 현존하시고 활동하심에 동의한다는 지향을 가지고 기도하오니 이 시간 당신께 지향을 나타내는 거룩한 단어 선택을 도와주십시오."라는 기도를 올린다. 기도 중에 마음에서 떠오르는 단어를 선택한다.

아버지, 예수님, 주님, 성령, 성모님, 어머님, 평화, 감사, 진리, 사랑 등 신앙에 관련된 단어 하나를 선택한다. 단어의 의미에 연연하지 않고 그저 단순하게 선택한다. 거룩한 단어라고 말하는 것은 단어가 거룩하기보다는 지금 이 시간 내가 지향하는 것이 거룩하기 때문이다. 단어는 나의 지향성을 위한 하나의 도구 혹은 채널이 된다. 향심기도에서 중요한 것은 하나님이 내 안에 현존하시고 활동하심을 믿고 그 분의 활동에 순명할 것을 약속하는 것이다.

거룩한 단어를 통한 향심기도는 선불교의 '화두' 수행법과 매우 유사하다. 화두와 마찬가지로 거룩한 단어에 의미를 두거나 참구하지 않는다. 그러나 향심기도와 화두참선과 다른 것은 화두는 자신의 몰입과 선정을 위한 것이지만 향심기도에서의 거룩한 단어는 하나님을 지향하기 위한 채널로 사용된다. 화두는 수행자 자신이 하는 것이고 참자아를 찾기 위해서이지만 향심기도는 하나님을 지향하여 하나님과 합일을 목적으로 하는 것이다.

둘째, 하나님께 동의하는 지향의 표시로 거룩한 단어를 떠올린다.

선택한 거룩한 단어를 몇 차례 반복하여 암송한다. 단어를 지향하다 보면 의식이 고요하고 청정해진다. 이 상태에 머물면서 하나님의 현존을 체험한다. 고요하고 청정한 의식 안에 순간적으로 분심과 잡념이 들어올 수 있다. 이것을 알아차린 순간 거룩한 단어를 의식으로 불러들인다. 거룩한 단어를 떠올리면서 향심의 마음을 불러온다.

향심기도를 하다가 어느 순간 분심이 소멸되고 거룩한 단어까지도 사라지게 된다. 이때 몰입의 상태에 들어가기 때문일 수도 있지만 혼침이 와서 그럴 수도 있다. 혼침과 몰입의 차이는 의식의 유무(有無)에 있다. 의식이 혼미한 상태는 혼침의 상태이다. 몰입의 상태에서는 의식이 청정하고 뚜렷하다. 혼침이 오면 다시 거룩한 단어를 불러와 주시하고 알아차려야 한다.

셋째, 향심의 장애가 있을 때 그 장애를 무시하고 거룩한 단어에 집중한다.

향심기도를 할 때 분심과 잡념이 떠오르는 현상은 당연한 것이다. 향심기도에 들어가게 되면 몸과 마음이 이완되기 때문에 무의식에 억압되었던 감정이나 생각이 일어나고 또한 신체적으로 혼침과 졸음이 일어나게 된다. 이러한 장애가 일어날 때 이들과 싸우려고 하거나 물리치려고 너무 애쓰지 말고 그냥 내버려두고 그대로 수용하는 자세가 필요하다.

이때 거룩한 단어로 돌아가서 향심기도의 처음 지향점에서 새로 시작하면 된다. 향심에 몰입하다보면 분심과 잡념은 저절로 사라지게 된다. 이러한 자세를 'Letting Go'자세라고 한다. 그냥 지나가게 내버려 두는 것이다. 안 좋은 감정을 지우고 잊으려고 노력하면 할수록 더 떠오르듯이 분심과 잡념을 물리치려고 싸우면 영적 감정은 더 증폭되고 에너지가 소진되게 된다. 일어나는 분심과 잡념을 내버려 두고 거룩한 단어로 들어가면 된다. 거룩한 단어로 주시를 돌리는 것이다.

분심과 잡념이 소멸되고 고요한 상태에 들어갔다고 하여 주문처럼 거룩한 단어를 반복하여 암송하는 것이 아니다. 불필요하게 단어를 반복하면 오히려 하나님의 임재와 활동을 방해하게 된다. 내 안에서 하나님이 머물고, 활동하시도록 마음을 비우고 그 분과 함께 머물러 있으면 되는 것이다. 향심기도는 하나님을 향하여 가는 길을 닦는 수련이며 그 분과의 만남과 하나되는 수련이다.

넷째, 향심기도가 끝남과 그 후의 생활이 중요하다.

향심기도를 통해 깊은 내면의 세계에 들어가서 하나님과의 만남과 합일을 경험하게 된다. 향심기도가 끝나면 나의 의식은 다시 표면의 세계로 나의 일상과 연결되게 된다. 일상의 의식세계에서 잡념 망상이 떠오르게 될 때 자신이 선택한 거룩한 단어를 암송하면 좋다. 거룩한 단어는 관상의 삶과 일상의 삶을 매개시켜주는 채널이 된다. 향심기도는 순명의 신앙과 하나님이 나의 삶 가운데 들어와 인도하시도록 이끌어가는 매개의 역할을 할 것이다.

매일매일 규칙적으로 향심기도를 하게 되면 나의 삶은 평화롭고 행복하게 된다. 삶의 동기와 목적이 달라졌기 때문이다. 향심기도를 통해 '나' 중심의 삶에서 하나님 중심의 삶이 되고 하나님이 나의 삶을 주관하시게 된다. 하나님이 내 안에 계심을 인식하게 될 때 일상에서 죄에 빠지지 않고 하나님과 타인을 위한 이타적인 삶을 살게 된다.

참고도서

대한불교조계종 편, 『수행법 연구』, 조계종출판사, 2005.

전재성 역주, 『쌍윳따니까야』, 한국빨리성전 협회, 2014.

이세영·이창영, 『향심기도 수련』, 분도출판사, 2008.

나용화, 『경건과 영성』, 기독교문서선교회, 1999.

무명의형제, 유재덕 역, 『무지의 구름』, 강같은평화, 2011.

토머스 머튼, 정진석 역, 『칠층산』, 바오로 딸, 2009.

예수의테레사, 최민순 역, 『영혼의 성』, 마오로딸, 2017.

제4장

고행 수행

1. 고행 수행의 의미

대부분의 종교는 금욕주의를 신앙의 덕목으로 삼고 있다. 신앙 훈련을 위해 금욕주의를 규범으로 삼고 있는 것이다. 특히 성직자는 금욕주의가 필수적이다. 이처럼 종교에서 금욕주의를 따르는 것은 인간의 욕망이 죄의 원천이라고 믿기 때문이다. 죄로부터 벗어나 자유로운 인간의 되기 위해서 욕망을 억제하는 수단으로 금욕주의를 따르고 있다.

고대 인도 요가 철학의 문헌에서 요가는 몸과 마음을 다스려 속박으로부터 벗어나게 하는 수행법이라고 했다. 요가의 시작은 기원전 2000~3000년경으로 추측되는데 고대의 요가에서는 식욕, 수면, 쾌락의 억제를 통해 집중력을 기르는 고행적인 행법이었다. 고대 요가의 궁극적 목적은 우주의 신 브라만과 내 안에 있는 아트만의 합일을 목적으로 하고 있다. 그리고 이 합일을 위해서 육체와 의식의 정화가 필요한데 이를 위해 고행(苦行)을 수행의 방편으로 삼았다.

기원전 2세기경에 출현한 파탄잘리 요가수트라에서는 수행의 실천으로 고행을 강조하지는 않았다. 마음의 정화와 집중을 위한 요가 수행에서는 명상적인 실천뿐만 아니라 철학적 사색, 윤리적 실천, 종교적 헌신 등이 모두 요가의 범주에 속하였다. 따라서 요가에는 정적(靜的)인 수행과 동적(動的)인 수행이 겸행되고 있다.

불교에서는 금욕주의 수행을 두타행(頭陀行)이라고 한다. 산스크리트어 'dhuta'를 음역한 것으로 '버린다' '떨어버린다' '씻는다' 닦는다' 등의 의미를 내포하고 있다. 출가 수행자가 세속의 욕심이나 습관을 떨쳐버리고 몸과 마음을 깨끗이 닦으며 육체의 고통을 참고 극기하는 훈련을 두타 또는 고행 수행자라고 한다. 불교 수행체계를 설명하는 『청정도론』에서 불교 수행의 단계를 계정혜(戒定慧; 계수행, 정수행, 혜수행)로 말하는데 계수행의 핵심은 두타행에 있다. 계수행은 금하는 계율 금계(禁戒)와 권고하는 계율 권계(勸誡)가 있는데 두타행은 금계와 권계의 구체적 실천사항을 지시하고 있다.

기독교에서는 고대 희랍 사상의 영향을 받아 육체의 훈련을 위한 방편으로 고행을 하였다. 희랍 사상은 몸과 마음을 분리하는 이원론(二元論) 입장 혹은 몸, 혼, 영혼의 삼원론(三元論)을 주장하였다. 삼원론에서는 몸을 영혼의 감옥이라고 생각하였으며 몸은 악의 근원이며 영혼은 선하다는 입장을 취한 것이다. 기독교는 몸은 악하고 마음은 선하다는 이원론 영향을 받아 몸에 고통을 가하는 것이 악을 소멸시킬 수 있는 길이라고 보았다. 희랍사상의 영향을 받은 사도 바울은 철저한 몸과 마음의 이원론 입장이었다. 바울은 "육신 생각은 사망이요 영의 생각은 생명과 평안이라" (로마서 8장 6절)고 하였다.

2. 고행 수행의 형태

독신주의

대부분의 주류 종교에서는 성직자들에게 독신주의를 의무화하거나 권장하고 있다. 가톨릭의 신부나 수녀의 독신생활은 첫째 계명이 되며 서품(敍品)의 필수 조건이다. 메소포타미아 초대 기독교 공동체에서는 독신남들만이 정회원으로 인정되었으며 로마 가톨릭에서는 독신남만이 사제가 될 수 있었다. 이러한 전통이 중세 기독교 수도원으로 이어졌다.

마찬가지로 불교에서는 승려가 되기 위한 조건으로 비구(출가해서 독신 수행을 하는 남자)나 비구니(여자 출가 수행자)가 되어야 한다. 불교에서 비구가 지켜야 할 계(戒)와 비구니가 지켜야 계가 다르며 재가자가 지켜야 할 계가 다르다. 비구나 비구니는 훨씬 많은 계를 지켜야 한다.

이처럼 고등 종교에서 독신생활을 강조하는 것은 세속적인 욕망과 행복을 억제하고 성스럽고 청정한 생활을 위해서다. 성직자가 가정을 갖게 되면 가족 이기주의에 묶여 이타적인 생활을 할 수 없다. 또한 성직자 본연의 사명인 인류 구제의 소명에 나태할 수 있고 성직에 전적으로 헌신할 수 없기 때문이다.

기독교나 불교의 창시자가 독신생활을 의무로 하거나 강조하지는 않았다. 기독교인들은 누가복음 14장에 "무릇 내게 오는 자가 자기 부모와 처자와 형제와 자매와 자기 목숨까지 미워하지 아니하면 능히 나의 제자가 되지 못하리라"는 말씀에 대한 해석을 독신주의를 강조한 것으로 보고 있으나 자연발생적으로 일어난 것으로 본다. 기독교가 로마의 국교가 되면서 제도화되고 형식화되어 심령이 갈급한 사람들이 은둔하면서 독신주의자들이 생겼고 그들을 중심으로 수도원 공동체가 형성된 것이다.

기독교 초대교회에서 성직자들의 결혼을 금한 것은 아니다. 사제들의 결혼을 완전히 금지한 것은 12세기 테라노 공의회에서 "사제가 결혼하면 처벌한다."라는 교회법이 공식화되면서부터다. 이전까지는 사제들의 결혼은 자유의사에 맡겼다. 그러나 사제들이 가정을 가지면서 부를 축적한다거나 자식들에게 사제직을 세습하는 병폐가 유발되어 공의회에서 사제의 결혼을 금하게 된 것이다.

불교에서는 부처님 당시부터 비구와 비구니 그룹이 있었다. 부처님을 따르던 제자들 가운데 출가하여 독신으로 있으면서 부처님이 설파한 법을 연구하고 교육하는 역할을 했다. 이들이 승단을 이루어 공동체 생활을 했고 법을 전파하면서 구제활동을 하게 되었다. 승단이 형성되면서 독신생활이 필요하게 되었고 금욕주의 생활을 하며 그들의 생활에 필요한 규범들이 만들어지게 된 것이다.

금식

금식은 평신도나 성직자를 가리지 않고 일반적으로 실천되는 수행법이다. 예수도 공생애를 출발하면서 40일 금식을 한 것으로 알려져 있다. 기독교의 교회력에서 중요한 부활 40일(4순절) 동안 금식을 하면서 예수의 십자가 수난에 동참한다. 예수는 모든 끼니를 끊는 금식을 하였지만 4순절 금식은 매 끼니를 다 거르는 것이 아니라 부분적으로 금식을 한다.

금식은 새로운 삶으로 승화하면서 몸을 비운다는 의미를 가지고 있다. 또한 기독교에서 인간의 몸은 악이 거하는 집이기 때문에 금식으로 육체에 고통을 주어 악의 세력을 약화시킨다는 의미를 갖고 있다. 따라서 기독교 신도들은 특별한 기도를 드릴 때 절식 또는 금식을 하고 있다.

불교 성직자들은 오후불식(午後不食)의 계율에 따라 저녁식사를 하지 않는다. 부처님께서는 평소 하루에 한번 오전에만 식사를 하셨기 때문에 훗날 제자들도 그 뜻을 받들어 오전 9시~11시를 택하여 공양을 올리게 되었다. 초기불교 전통을 지키는 남방불교의 승려들은 오늘날에도 철저하게 오후불식을 지키고 있다. 오후 12시부터 다음날 아침 공양 전까지는 물이나 맑은 주스 이외에는 먹지 않는다. 이 밖에 음식을 가려먹는 것도 수행의 한 방편이라고 할 수 있다. 북방불교에서는 채식을 한다. 그러나 남방불교에서 오후불식은 철저하게 지키지만 채식과 육식을 겸한다. 다만 스스로 살생한 동물의 육식은 하지 않는다.

이슬람교에서 금식은 가장 강조하는 계율 중 하나다. 이슬람교도들은 매년 약 한 달 정도 해 뜰 무렵부터 해 질 녘까지 금식을 하는 종교 의식이 있는데, 금식을 하는 달(月)을 라마단(Ramadan)이라고 한다. 라마단 금식은 종교적 의무일뿐 아니라 단지 음식을 먹지 않는다는 차원을 넘어 몸과 마음을 수련한다는 의미가 있다. 또 가난하고 배고픈 사람들의 고통을 직접 체험함으로써 그들과 고통을 함께 나눈다는 의미도 있다.

육체적 고행

종교마다 형태는 다르지만 육체적 고행이 심신을 수련하는 중요한 방편이 된다. 잠을 자지 않거나 수면시간을 줄이는 수행, 자신의 몸을 묶고 움직이지 않는 수행, 추운 날씨에 옷을 입지 않고 버티는 수행, 뜨거운 햇볕을 피하지 않고 탈진할 때까지 견디는 수행 등 육체에 극한의 고통을 주는 다양한 수행법이 있다. 이렇게 자학에 가까운 육체적 고통을 만드는 이유는 육체에서 비롯되는 본능적인 쾌락의 욕구를 억제하여 영혼을 순수하게 만든다는 의미가 있다.

기독교에는 금식, 철야, 절제 등 모든 유형의 금욕주의가 실현되어 왔다. 기독교인의 금욕주의 견해는 바울 서신에 나타나 있다. 로마서 8장 5절에 보면 "육신의 생각은 사망이요, 영의 생각은 생명과 평안이니라."고 하였다. 이어서 "육신의 뜻대로 살면 반드시 죽을 것이고 영으로서 몸의 행실을 죽이면 살리라"(로마서 8장 13절)라는 말씀에서 육신에 대한 고행이 바로 영을 새롭게 한다는 의미를 담고 있다.

기독교에서는 이러한 육체적 고통과 함께하는 수행에서 성령의 인도와 은혜를 입을 수 있다는 믿음이 있다. 이러한 육체적 금욕주의를 실천하는 수행이 중세에 세워진 수도원 생활의 전부라고 할 수 있다. 종교개혁자들은 지나친 금욕주의를 배척하였다. 그러나 재세례파, 청교도주의, 경건주의 등의 교단에서는 일정한 형식의 금욕주의 신앙생활을 실천하였다.

불교에서는 요가의 금욕주의 영향을 받아 초기에 금욕주의가 성행하였지만 부처님의 중도(中道) 사상의 가르침을 받고 지나친 금욕주의를 경계하였다. 즉 부처님은 출가하여 6년 동안 숲에 들어가 극한의 고행 수행을 하였지만 궁극의 깨달음에 이르지 못하고 세상에 나와 비로소 깨달음에 이르게 되었다. 그 깨달음에 이르게 한 수행이 위빠사나 명상이다. 위빠사나 명상은 지금 이 순간에 깨어서 사물과 현상의 본질을 알아차리는 것이 진정한 깨달음의 길이라고 하였다.

그러나 비구나 비구니에게는 어느 정도 금욕주의를 실천하기 위한 계율이 있다. 경전에 보면 출가 수행자들에게 불교 수행의 궁극적 목적인 열반을 증득하기 위해서는 13가지 두타행을 실천할 것을 지시하였다.(『청정도론』 참고) 이 13가지는 먹고, 입고, 거주하는 생활에서의 규율을 말한다. 즉 의식주(衣食住) 생활에서 절제와 제한을 규정하고 있다.

  (1) 분소의(누더기 헌옷)를 입는 수행
  (2) 삼의(三衣, 상의, 하의, 겉옷)만 입는 수행

(3) 탁발음식만 수용하는 수행

(4) 차례대로 탁발하는 수행

(5) 한 자리에서만 먹는 수행

(6) 발우에 탁발한 음식을 먹는 수행

(7) 나중에 얻은 밥을 먹지 않는 수행

(8) 숲에 머무는 수행

(9) 나무 아래 머무는 수행

(10) 노천에 머무는 수행

(11) 공동묘지에 머무는 수행

(12) 배정된 대로 머무는 수행

(13) 눕지 않는 수행

위 내용은 당시 출가자들에게 먹고, 입고, 거주하는 의식주(衣食住)에 대한 계율이다. 즉 분소의(糞掃衣, 누더기 헌옷)를 입어야 하고 삼의(三衣; 상의, 하의, 겉옷)만 소유해야 하는 것은 수행자들이 옷에 대한 집착에서 벗어나라고 하는 것이다. 두 번째 식사에 관한 것은 주로 탁발에 관한 내용을 규정한 계율로 음식을 맛이나 배부르게 먹지 말라는 계율이다. 그리고 마지막으로 살고 있는 장소에 관한 항목으로 소란하지 않고 무상의 가르침을 체득할 수 있는 곳에서 집착 없이 수행하라는 계율이다.

불교의 가르침의 핵심 사성제(四聖諦) 즉 고집멸도(苦集滅道)는 "인간의 고통은 집착에서 생기는 것이기 때문에 고통으로부터 자유롭기 위해서는 집착으로 벗어나야 한다."는 의미다. 집착은 욕망에서 비롯된다. 욕망과 기대가 충족되지 못할 때 불만족 즉 고통이 따르게 된다. 따라서 두타행은 출가수행자들에게 일상생활의 의식주에 대한 집착에서 벗어나 수행에 정진한다는 의미를 갖는다.

3. 불교의 계수행과 기독교 신앙

계율은 계(戒)와 율(律)의 복합어로 원래 범어에서는 계(*Sīla*)와 율(*Vinaya*)의 뜻을 가진다. 계는 자율적으로 지켜야 할 권장사항이고 율은 출가자가 지정된 금지조항을 지키는 것을 말한다. 불교의 계율에는 5계, 8계, 10계 등이 있고 사미나 승려가 지켜야 할 계율은 227가지가 있다. 계수행이란 신(身)구(口)의(意)에 의해 일어날 수 있는 악을 방지하기 위해 계를 지키는 생활을 말한다.

『청정도론(Visuddhamagga)』에 "통찰지를 갖춘 사람은 계(戒)에 굳건히 머물러서 마음과 통찰지를 닦는다."고 하였다. 계를 지키게 될 때 마음을 지킬 수 있고 마음을 지켜야 통찰지를 계발하게 된다. 계를 지키는 것은 도덕성과 윤리성을 완성하기 위해서다. 수행자는 도덕적으로 청정하게 될 때 사마디(samādhi)에 들어 설 수 있다.

『청정도론』에서 계(戒)란 계행을 뜻하는 것으로 "계를 잘 지켜 몸의 업(業)이 흩어짐이 없음을 뜻한다." 또는 "유익한 법을 잘 지탱하는 것"이라고 하였다. 계는 다음의 네 가지로 나뉜다.

① 살생 등을 절제하고 소임에 충실한 자에게 있는 의도가 계이다.
② 탐욕스러움을 버리고 탐욕스러움을 여읜 마음으로 머무는 마음부수의 계이다.
③ 다섯 가지 즉 계목을 통한 단속, 마음챙김을 통한 단속, 지혜를 통한 단속, 인욕을 통한 단속, 정진을 통한 단속 등과 악을 두려워하는 선남자들이 마주치는 경계로부터 자신을 절제하는 것이 단속의 계이다.
④ 받은 계를 몸과 입으로 범하지 않는 것이 계이다.

『청정도론』에서 계의 특징은 "작용과 성취라는 두 가지의 뜻으로 그 역할을 알게 하나니 그것은 나쁜 계행을 털어버리는 작용과 비난받지 않는 덕의 성취이다."라고 하였다. 계를 지킨다는 것은 나쁜 행동을 하지 않고 선의 행동을 계발하는 것이다. 즉 생활 속에서 마음의 청정함을 닦아나가는 삶을 말한다.

생활 속에서 계를 닦는다는 것은 감각기능 즉 오근(五根; 눈, 귀, 코, 혀, 몸)을 다스리는 일이다. 오근은 감각이 들어오는 다섯 문이다. 감각기관이 대상과의 접촉을 하게 되면 식(識)이 일어나므로 선행 혹은 악행이 만들어진다. 따라서 계수행은 감각기관을 단속하는 것이라고 할 수 있다. 불교에서 감각기관에 대한 단속을 위해 사띠(sati), 즉 마음챙김을 확립해야 한다고 한다. 마음챙김의 확립을 통해서 계에 굳건하게 머무를 수 있는 것이다.

불교의 계수행은 기독교의 도덕성과 윤리성 발달을 위해 중요한 방편이 될 수 있다. 불교의 5계나 기독교의 10계명은 상당히 유사하다. 기독교의 10계명의 첫째 계명에서 넷째 계명까지는 신에 대한 절대적 신앙을 강조하는 것이고 5계명부터는 불교의 5계와 매우 유사하다. 기독교에서는 이 계명을 지키는 것이 하나님에 대한 사랑과 인간에 대한 사랑이다.

불교에서는 계수행의 목적이 자신의 완성에 있고, 기독교에서 계명에 대한 준수는 사랑을 완성하기 위해서라고 할 수 있다. 불교에서는 계청정을 통해 마음의 청정을 이루게 될 때 양심과 자비심이 일어나게 된다고 보며, 기독교에서는 사랑의 실천을 통하여 계에 머물러 마음의 청정을 이룰 수 있다고 본다. '계를 지키는 것이 먼저인가? 아니면 사랑을 통하게 되면 계에 머물게 되는 것인가?' 하는 것은 상호보완적이다. 계수행을 통해서 마음이 청정해지면 불성과 양심이 일어나 중생에 대한 자비심을 가질 수 있으며, 생활 속에서 사랑을 실천하게 되면 계에 머물러 도덕적 완성을 할 수 있게 된다.

『청정도론』에서 계수행을 통해 계에 머무른 수행자는 두타행(dhutatiga)을 실천해야 한다. 두타행은 소욕(少慾)과 지족(知足) 등의 덕으로 계를 깨끗하게 함을 구족하게 한 다음 이 덕들을 성취하기 위해서 실천하는 수행이다. 소욕, 지족, 번뇌의 여읨, 정진, 공양의 용이함 등의 덕(德)은 물로 계의 더러움을 씻고 청정해지면 서원들이 성취되는 것이다. 이러한 성취를 통해 성인의 계보에 머물러서 수행의 즐거움이라 불리는 아라한의 계보를 증득하게 된다.

두타행을 수행하는 것은 깨달음으로 가기 위한 마음의 정화와 청결을 위해서다. 계에서 정(定)으로 가는 과정에서의 계행을 실천하기 위한 방편이라고 할 수 있다. 사선정(四禪定)의 과정에서 사정근(四正勤)을 계발해야 하는데 사정근을 계발하기 위해서 두타행이 필요하다.

기독교 신앙에서도 구원을 위해 두타행을 강조한다. 기독교는 사도 바울의 영향을 받아 육체는 본질적으로 악한 것으로 이해한다. 사도 바울은 "육신의 생각은 사망이요, 영의 생각은 생명과 평안이니라."(로마서 8장 6절)고 하였다. 이렇듯 성경 여러 곳에 육체는 정욕과 탐심의 덩어리라고 보고 있다. 기독교는 육체로부터 나오는 본능을 제어하는 금욕생활을 강조한다. 따라서 기독교는 불교의 두타행을 모범으로 하는 수행이 필요하다.

불교의 두타행을 닦게 되면 첫째, 자기를 낮추고 겸손한 신앙자의 길로 인도한다. 기독교 신앙인들이 말하는 죄란 자기중심성 인간이 된 것을 말한다. 자기중심성 인간이란 하나님을 떠나 자기를 높이고, 자기를 내세우고, 자기에 대한 집착 등 교만한 사람을 말한다. 교만은 타락한 인간의 가장 현저한 특징이라고 할 수 있다. 기독교는 이러한 죄성을 갖게 되는 것은 하나님에 대한 무지에서 비롯된다고 본다.

불교에서는 기독교가 말하는 죄성의 유발은 무명(無明)에서 비롯되며 연기법에 의해 일어나는 마음작용이라고 본다. 죄성에서 유발된 심소(心所)들을 제거하기 위해서 불교에서는 계정혜 삼학을 닦는 수행을 통하여 마음을 청정하게 하는 칠청정(七淸淨)을 닦아 나가야 한다. 칠청정은 계청정(戒淸淨), 심청정(心淸淨), 견청정(見淸淨), 의심 극복함의 청정(度疑淸淨), 도(道)를 아는 청정(道非道智見淸淨), 지견(知見)을 닦는 청정(行道智見淸淨), 지견청정(智見淸淨)이다.

유신론 신앙자가 계수행을 닦게 되면 첫째, 기독교 신앙자의 가장 중요한 덕목인 겸손의 자세를 가질 수 있다. 기독교는 인간의 타락 원인을 자기 높임, 자기중심성에서 비롯되었다고 본다. 그래서 예수의 말씀 가운데 겸손을 주제로 한 말씀이 많다.

예수의 첫 번째 설교 산상수훈은 겸손을 주제로 한 말씀이었고, 한 여인이 자기 아들을 예수의 오른편 왼편에 앉혀 달라며 아들의 명예를 구했을 때 예수는 "너희들 중 누구든지 크고자 하는 자는 너희를 섬기는 자가 되고, 너희 중에 으뜸이 되고자 하는 자는 너희 종이 되어야 하리라 인자가 온 것은 섬김을 받으려 함이 아니라 도리어 섬기려 하고 자기의 목숨을 많은 사람의 대속물로 주려함이라."(마태복음 20장 26절-28절)고 하였다. 기독교 신앙자는 계수행을 통해 자기를 비우고 낮추게 될 때 신에게 더 가까이 갈 수 있다.

둘째, 마음의 정화와 청정을 계발하고 유지할 수 있다. 하나님과 일치를 이루기 위해서는 필히 마음을 비우고 청정하게 해야 한다. 성경에 "마음이 청결한 자는 복이 있나니 저희가 하나님을 볼 것이다."(마태복음 5장 2절-11절)라고 하였다. 하나님을 본다는 것은 내 심층에 있는 신성(神性)을 감지할 수 있다는 것이다. 마음이 청정하게 될 때 탐욕에 의해 가려진 신성이 드러나게 된다. 사도 바울은 죄성을 가진 인간들을 향해서 "너희가 하나님의 성전(聖殿)인 것과 하나님의 성령이 너희 안에서 거하시는 것을 알지 못하느냐"(고린도 전서 3장 6절)고 책망하였다. 계수행을 통해 청결하게 된 마음은 하나님이 거하시는 집이 된다.

셋째, 계수행을 통해 마음이 청정해지고 신성 혹은 불성을 계발하게 되면 인간이 자연 혹은 우주와 하나됨을 체득(體得)하게 된다. 예수는 인간의 구원이 이루어지는 날 "내가 아버지(하나님) 안에 너희가 내 안에 내가 너희 안에 있는 것을 알리라."(요한복음 14장 20절)는 말씀으로 우리가 신과 일체됨을 말하였다. 인간이 깨닫게 되어 신성 혹은 불성을 계발하게 되면 나는 분리된 존재가 아니고 궁극적 존재와 연결된 존재임을 자각하게 된다. 궁극적 존재와 연결된 존재임을 자각하게 될 때 기독교 신앙의 중요한 덕목인 감사의 정서를 갖게 된다. 감사에서 기쁨과 행복이 증진되는 것이다. 따라서 계수행을 통해 청정한 마음을 갖게 되면 감사와 기쁨의 정서로 충만하게 될 것이다.

참고도서

붓다고사, 대림스님 역, 『청정도론』, 초기불전연구원.
경성, 『불교수행의 두타행 연구』, 장경각, 2005.
엄두섭, 『수도생활의 향기』, 보이스사, 1992.
나용화, 『영성과 경건』, 기독교문서선교회, 1999.

제5장

만트라(Mantra) 명상

1. 만트라의 의미

만트라는 우파니샤드 요가에서 설명하는 다섯번째 요가이다. 만트라는 일반적으로 음성진동(sound vibration)으로 해석된다. 만트라의 문자적 의미는 구속으로부터 마음을 해방하는 힘을 말한다. 산스크리트어에서 만트라는 '*manannaat*' 마음의 속박, '*trayate*'—자유와 해방, *iti*-through or thus, *mantraha*: 해방의 힘 등의 말에서 연유되었다.

만(man)은 마음을 뜻하고 트리(tri)는 건너기를 뜻한다. 따라서 만트라는 마음의 바다를 건널 수 있는 힘을 준다는 뜻이다. 즉 마음의 속박에서 벗어나 자유와 해방의 힘을 얻는다는 의미를 갖는다. 수행의 궁극적 목적은 자유와 해탈이다. 만트라는 자유와 해탈로 가는 통로가 된다.

만트라는 '다라니' '호주'(paritta, 護呪), 총지(總持), 진언(眞言), 주(呪), 신주(神呪), 명주(明呪)) 등의 여러 가지 이름이 있다. 다라니는 기억, 회상, 유지의 의미를 갖는데 주로 대승 불교에서 사용되었고, 만트라를 진언과 구분한다면 만트라는 한 음절 혹은 두 음절의 극히 짧은 음절로 되어있다는 특징이 있다. 호주는 'paritta'의 번역어로 사용되는데 남방불교에서 주력 의례를 가리키는 말로 쓰인다.

2. 만트라의 유형

일반적으로 만트라는 요가 수행자(yogis), 현인들(sadhus), 연구자 그리고 종교의식에서 사용하는 특별한 음절(syllables)이나 단어들(words)을 말한다. 전통적으로 인정을 받는 만트라에는 보편적 만트라와 개인적 만트라 두 유형이 있다.

1) 보편적 만트라(Universal Mantra)

보편적 만트라는 명상이나 집중 수행에서 사용하기 위하여 다른 전통에서 받아들여진 것이다. 보편적 만트라에는 긴 만트라, 중간 길이 만트라, 짧은 만트라가 있다.

긴 만트라: *Mahamrityunjaya mantra*와 *Gayatri Mantra*가 있다. 긴 만트라는 일련의 소리와 함께 연접하여 구성된 것으로 각각의 만트라에는 특별한 소리 유형의 강세가 있다. 예를 들면 "*Mahamrityunjaya mantra*"에는 "am"에 강세가 있고 *Gayatri Mantra*에는 "ha"에 강세가 있다.

중간 길이의 만트라: *Om Namah Shivaya*(나무관세음보살), *Om Namo Bhagavate Vasudevaya*(나모세존께 귀의합니다), *Om Namo Narayana*(나모신에게 귀의합니다)등이 있다.

유대교ー바루크 앗타 아도나닝(Barukh Attah Adonai) "신의 가호를 비나이다."

불교ー"옴마니반메훔"은 '옴'은 존재를 의미하며, '마니'는 남성을, '반메'는 여성을 뜻하고, 마지막의 '훔'은 일치를 뜻한다. 결국 존재 안에서 남과 여, 정(靜)과 동(動)을 하나로 통합한다는 의미다.

기독교ー"주 예수 그리스도여" "주여! 방자를 불쌍히 여기소서" 등이 있다.

짧은 만트라: Soham, Om, Yam, Lam, Ham 등이 있다. Soham은 "That is I"라는 의미를 가지고 있다. 옴 만트라는 브라만이나 아트만 등의 존재 자체를 뜻하는데 옴

수행자들은 옴 진동이 바로 우주의 진동과 일치한다고 본다. 옴의 음을 내면 나의 심신의 진동수가 우주의 진동수와 일치하게 되며 내가 우주와 하나가 되어 우주 안에 퍼져 있는 무한한 정보의 진리를 알게 된다고 믿는다.

TM(초월명상)에서는 "샴" "얌" "람" 등 어떤 의미가 없는 단음절로 이루어진 만트라를 사용한다. 만트라에 의미가 담겨 있으면 연상 작용이 일어나 주의력이 표면 수준에 머물기 때문이다. TM에서의 만트라는 주의를 집중시키기 위한 대상이라기보다는 주의력을 싣는 운반기구로 본다. TM에서는 만트라를 공개하지 않고 철저하게 TM교사에 의해 개인지도를 받는다. 그것은 만트라를 정확하게 배우고 사용하기 위함이다.

개인적 만트라(Individual Mantra): 개인적(Individual) 혹은 인격적(Personal) 만트라라고 한다. 이 만트라는 필요에 따라 특별하게 사용되고 이들 만트라는 "bija"(종자)만트라로 알려진 단음절 혹은 소리의 결합으로 이루어진 만트라다. 요가 만트라에서는 이 둘을 다 인정하고 있다. 영적 집단의 전통에 따라 마음의 기능을 일깨우고 집중시키기 위해서 자신의 만트라를 만들어 사용하고 있다.

개인적 만트라는 일종의 기도와 같은 것으로 절대자나 신봉자에게 자기의 소원을 빌거나 기원하는 내용으로 되어있다. 기독교에서는 "서로 사랑하라" "주여 우리를 긍휼히 여기소서!" 등을 반복해서 기원한다.

3. 만트라의 기능과 효과

힌두 딴뜨리즘에서 만트라의 언어는 곧 신의 힘을 의미하며 딴뜨라 수행의 입문자는 특정한 의례와 수행을 통해 이 힘을 자신 속에서 실현하는 것, 합일하는 것을 목표로 한다.

불교의 다라니는 깨달음에 이르는 보조적 수행으로서의 기능과 깨달음이나 구경(究竟)의 지혜 자체를 구현하는 기능을 가지고 있다. 전자는 중관과 유식의 대승불교 전통에서 강하게 표현되며, 후자는 밀교의 전통에서 강하게 표현된다.

요가에서의 만트라는 정신적인 패턴에 변형을 주며 육체적인 에너지를 일깨우는 기능을 갖는 것으로 본다. 정신적인 면에서는 마음의 집중, 마음의 기능과 정신적 에너지의 균형감, 긴장 해소, 신체 감각과 상황에 대한 민감성 개발 등에 효과가 있다고 본다. 그리고 육체적인 면에서는 쁘라나를 활성화시키고 나디 혹은 차크라, 쿤달리니를 활성화시켜서 신체의 균형을 갖게 하고, 정신적인 면에도 영향을 끼쳐 깊은 명상의 세계에 들어갈 수 있도록 한다. 만트라 수행에는 다음과 같은 유익한 효과가 있다.

1) 마음의 정화를 가져온다. 근심 걱정을 떨칠 수 있으며 마음이 상쾌하게 된다. 부정적 감정을 정화시킬 수 있다.

2) 신체와 마음에 활력을 준다. 만트라를 암송하면 활기찬 생활을 할 수 있는 에너지가 생성되고 심장박동수가 안정되어 고르게 된다.

3) 의식에 대한 통제력을 갖게 한다. 산만한 생각을 정리하고 깊은 수면을 할 수 있다. 화나 분노를 다스릴 수 있고 부정적 감정을 정화시킬 수 있다.

4) 우울증 예방 및 치유의 효과가 있다. 우울증의 원인이 되는 외부적인 자극을 차단하며 외부의 의존으로부터 벗어나 자유과 해방감을 준다.

5) 고통, 두려움, 통증 등을 물리칠 수 있다. 만트라는 고통이나 두려움 가운데 마음을 두는 의지처가 된다.

4. 한국 불교의 주력 수행의 특징

1) 현세 기복신앙: 한국 주력 수행은 무상정각(無上正覺)을 이룬 모범적인 표상이 거의 존재하지 않고 현세 기복적이다.

2) 의례적 차원의 주력수행: 일상의례에서 독송하는 능엄주엄, 천수경의 천수대비주를 새벽시간에 낭송하기 때문에 수행자 개인의 무상정각의 수행으로서 부족

한 면이 있다.

3) 기초수행으로서의 주력수행: 참선에 들어가기 전에 산란한 마음을 다스리고, 수행자가 수행에 정진하는 도중 장애가 없도록 하며, 과거 업장을 소멸케 하는 기초수행법으로 사용된다.

4) 무상정각의 성취 방편으로서의 주력수행: 간화선의 화두, 염불, 또는 간경 등이 무상정각을 이루기 위한 방편으로 사용되지만 그러한 결과에 도달한 사람은 흔하지 않다.

5. 진언 수행 중 나타나는 경계

진언 수행은 어떤 수행에서 얻은 체험보다 짧은 시간에 강한 체험을 얻을 수 있지만 그만큼 수행의 경계에서 나타나는 부작용에 주의해야 한다.

1) 몸에 진동이 온다.
2) 자신을 감싸는 공포가 엄습한다.
3) 환청이 들린다.
4) 다른 사람의 전생과 앞날을 보게 된다.
5) 향을 피우지 않았는데 향냄새를 맡는다.
6) 귀신이 보인다.

위와 같은 초자연적 현상은 주력 수행의 최종 목표가 아니다. 위와 같은 경계가 나타나면 수행을 잠시 멈추고 쉬어야 하며 마음이 동요되지 않고 거리를 두고 바라보며 감정의 동요 없이 바라볼 수 있어야 한다.

참고도서

대한불교조계종 편, 『수행법 연구』, 조계종 출판사, 2005.

에크나트 이수와란, 김성균 역, 『명상의 기술』, 도서출판 강, 2004.

셀리 켐튼, 윤구용 역, 『명상―나에게 이르는 길』, 한문화, 2012.

피터 러셀, 김용철 역, 『초월명상 TM 입문』, 정신세계사, 1987

제6장

절수행

1. 절수행의 유래와 의미

예법으로서의 절은 동서양의 어느 문화권에서나 볼 수 있다. 종교의 예식 혹은 수행법으로 절을 하였다. 요가에는 '수리아 나마스카라'(태양에게 절)가 있고, 불교에는 절 및 합장 수행이 있다. 그리고 티베트 불교의 오체투지는 중요한 예비 수행 중 하나이다. 가톨릭 성직자들도 의식(儀式)의 하나로 오체투지를 한다.

기독교의 예배(禮拜)라는 말 자체가 '절하다'라는 의미를 갖고 있다. 구약시대 예배를 뜻하는 히브리어 '샤하아'는 '굴복하는 것' '자신을 엎드리는 것'이라는 의미가 있고, 신약시대 헬라어 '프로스쿠네오'는 '절하다' '굽어 엎드리다'라는 뜻이 있다. 우리 말 '예배'는 '예를 갖추어 절하다'라는 의미가 있다.

절이란 신체동작을 통하여 상대에게 예와 경의를 표하는 방식으로 나라마다 혹은 종교마다 그 방식이 다르다. 불교에서의 절은 부처님께 예를 올리는 행위이면서 자신을 위한 수행의 한 형식에 속한다. 가톨릭은 예수 혹은 마리아 성상(聖像)에 절하는 방식이 있다. 그러나 개신교에는 절하는 형식이 없다. 하나님은 형상이 없으시기 때문에 어떤 대상을 향하여 절하는 것이 우상숭배에 해당한다고 생각하기 때문이다. 심지어 개신교는 우리나라 전통의 제사에서 조상에게 절하는 것도 우상숭배라고 하여 제사를 금하고 있다.

우리나라에서의 절 예법은 언제 어떻게 유래되었는지는 정확하게 알 수는 없다. 다만 유교의 영향으로 제사에서 절이 시작되었으며 일상에서 윗분에게 절하는 전통이 내려왔음을 알 수 있다. 또한 절의 유래는 고려시대 불교가 유입되면서부터라고 볼 수 있다. 불교의 전래는 고구려 소수림왕 372년에 시작되었지만 본격적인 불교의 유입은 고려시대라고 볼 수 있다. 이때 중국에 선(禪)을 소개한 보리달마는 수행에서 "절하기를 멈추면 불교도 끝난다."라고 말할 정도로 절을 강조하였다.

고려시대에 과거불 미래불 신앙에서 53불, 천불, 만불 등에 예불을 드렸다. 절은 보리달마 이후 6세기경 신라시대 이후 예참(禮懺)에서 예를 드리는 전통으로부터 내려왔다고 추측할 수 있지만 신라가 불교를 배척하였기 때문에 예참은 물론 절수행이 크게 발전되지 못했다. 다만 승려들이 은거하면서 참회 표시와 업장(業障)을 소멸시키기 위한 수행법으로 절을 행하였고 여신도들의 기복적인 욕구를 충족시켜주는 행위로 가정에서 많이 행해졌을 것으로 본다. 그리고 민간신앙에서 기복신앙의 방편으로 정화수 한 그릇 떠놓고 조상님께 절을 올리는 행위가 이루어졌다.

2000년도 대한불교조계종 포교원이 조사한 바에 의하면 불자들이 중요하게 생각하는 수행법은 참선이 43.3%, 절 수행법이 37.1%로 나타났다. 참선이 가장 많이 하는 수행법이지만 불교 수행에서는 참선과 절이 병행해서 이루어지고 있다. 최근에는 절수행의 본질이 흐려져 기복적이고 건강증진을 위해서 하는 경우가 많다. 절수행의 본질은 참회와 존경에 있다. 이러한 면에서 불교의 계수행(戒修行)과 병행하면서 절수행을 하게 될 때 절수행의 참된 의미가 살아날 것이다.

개신교에서는 하나님과 조상에게 절을 하지 않는다. 절을 우상숭배의 표시로 보기 때문이다. 절은 존경하는 분에 대한 존경과 감사의 표시다. 하나의 인사법이며 자신을 낮추는 겸손의 표시로 받아들인다면 하나님과 예수 그리스도에게 절하는 행위가 하나님 신앙에 위배되지 않는다고 본다.

2. 절수행 자세

절은 신앙의 대상, 조상, 존경의 대상 등에게 경의를 표하는 인사법이다. 그리고 절수행은 참회와 하심(下心)을 위해 몸과 마음을 갈고 닦는 행위이다. 불교에서는 절하는 행위를 통하여 번뇌 망상을 없애고, 윤회를 끊으며, 삼매를 통하여 궁극적인 깨달음에 이르는 방편으로 삼고 있다. 물론 개신교에서는 절수행을 행하지 않지만 절수행에 임하는 마음으로 예배를 드린다면 마음의 정화, 자기부정의 신앙 확립, 신과의 합일 등의 효과를 경험할 수 있다. 절수행의 목적은 다음과 같다.

첫째, 무아(無我)의 신앙을 위해서다. 무아란 나의 실체가 없다는 의미이다. 나란 존재는 연기(緣起)에 의해 조건지어진 존재다. 나에게 집착하는 것이 고통의 원인이기 때문에 존재는 실체가 없는 무아임을 깨달아야 한다. 기독교에서는 자기를 부정해야 하나님 앞에 나갈 수 있다고 한다. 하나님에 의존된 존재로서 하나님 중심의 삶을 떠나 나 중심의 삶을 주장하는 것이 타락이며 인간의 고통이다. 따라서 절수행은 나를 낮추고 무아의 나를 깨닫게 하는 방편이 된다.

둘째, 절은 참회의 한 방식으로 삼독(三毒, 탐진치)을 소멸하고 본성을 갈고 닦는 것이다. 인간의 타락성은 교만과 아만이다. 절수행은 불교의 관점에서는 탐진치로 오염된 업장(業障)을 소멸시키는 것이며, 기독교적인 관점에서는 타락성을 해탈하는 것이다. 절은 순종의 행위라 할 수 있다. 순종이란 자신의 뜻을 비우고 하나님 뜻대로 사는 것을 말한다.

셋째, 절하는 행위를 통하여 절제와 인내를 훈습하게 된다. 인간에게는 습(習)이 있다. 습에 따라 마음이 탐욕과 쾌락을 추구하면 몸은 나태와 태만의 길을 가게 된다. 절수행은 절하는 자신에게 집중하므로 탐욕과 쾌락으로 물든 마음을 정화시키며 집중에 들어가게 한다. 집중에 들어가게 될 때 고요하고 청정한 마음을 유지하게 된다.

마지막으로 절수행을 통해서 불교의 사마타 명상과 위빠사나 명상에서 얻는 효과를 낼 수 있다. 사마타는 집중을 위한 명상으로 고요함과 평정심을 유지하게 된다. 그리고 이러한 마음 바탕에서 지혜를 증득하는 위빠사나 명상을 수월(秀越)하게 할 수 있다. 즉 위빠사나의 본질인 나에게서 일어나는 느낌, 감각, 생각에 대한 주시와 알아차림의 힘이 길러지는 것이다. 절수행은 바로 주시와 알아차림의 힘을 길러주는 효과가 있다. 절수행을 통해 위와 같은 효과를 경험하기 위해서는 다음과 같은 자세가 필요하다.

1) 일상의 삶이 도덕적, 윤리적으로 청정해야 한다.
2) 절을 받으시는 분에 대한 존경과 감사의 마음이 있어야 한다.
3) 나태함과 유혹의 마음을 물리쳐야 한다.
4) 어떤 고통에도 물러서지 않겠다는 결기와 인내심이 있어야 한다.
5) 예배를 받으시는 분과 일체감을 느껴야 한다.
6) 자신을 낮추고 절대 순종하는 자세로 해야 한다.

3. 절수행 방법

1) 오체투지

불교에서 행하는 큰 절은 교만과 어리석음을 참회하고 자기를 무한히 낮추면서 삼보(三寶; 佛·法·僧)에게 절을 올려 최고의 존경을 표하는 방법이다. 오체투지란 양 무릎, 양 팔꿈치, 이마 등 신체의 다섯 부분이 땅에 닿도록 절하기 때문에 붙여진 이름이다. 절 가운데 티베트 불교의 오체투지가 많이 알려져 있다. 티베트 불교의 수행법에는 예비 수행과 본 수행 탄트라 수행이 있는데 오체투지는 예비 수행에서 중요한 방편이다. 본 수행에 들어가기 전 10만배의 오체투지를 해야 한다. 오늘날 우리나라 불자들이 하는 큰 절은 오체투지를 변형한 방식이라고 할 수 있다.

2) 수리야 나마스카라

요가의 절 수행법 중 하나로 수리야 나마스카라가 있다. 수리야 나마스카라

(Surya=태양, Namaskara=인사, 경배)는 태양예배 자세이다. 태양은 모든 생명체의 근원이자 인류 생명에너지의 원천이 된다. 이런 의미로 고대 인도의 요가 수행자는 '수리야 나마스카라' 의식을 했다. 일출 전에 태양의 신성을 찬미하고 태양을 숭배하는 일련의 요가 동작들을 한다. 이러한 태양예배는 생명의 근본이 되는 빛을 새기며 겸손하고 경건한 마음으로 하타 요가를 준비하는 단계에서 실시되었다.

오늘날 인도 전통에서 유래된 초월명상에서도 수리야 나마스카라 의식을 행하고 있다. 또한 요가원이나 수행처에서 마음의 정화와 몸과 마음의 합일을 위한 수행으로 이 자세를 응용하여 사용하고 있다. 수리야 나마스카라는 장소에 구애되지 않고 행할 수 있고, 무릎에 큰 무리가 되지 않으며 건강증진을 위해서도 좋은 수행법이다.

3) 합장 자세

합장은 손을 모아 반절을 하는 행위이다. 합장은 요가 수행자나 불자들이 서로 인사를 나눌 때 혹은 제한된 장소에서 큰 절을 올리지 못할 때 하는 인사법 혹은 의례다. 의례에서는 먼저 귀의 의례를 행하고 다음에 합장을 한다. 귀의 의례와 합장은 연결이 된다. 인도 사람들은 합장을 하면서 '나마스 떼'(당신에게 귀의합니다)라고 한다. 반절 합장에서도 큰절을 올리는 것처럼 온 마음을 다해서 존경을 표시하는 행위가 되어야 한다. 귀의하는 마음으로 나를 낮추고 내려놓는 자세로 행해야 한다.

합장에서 두 손을 모으는 행위는 자신의 흩어졌던 마음을 하나로 모으는 행위다. 본래 요가에서 의미하는 신과 나의 합일을 표시한다고 할 수 있다. 또한 인사할 때의 합장은 당신과 나와 하나라는 의미요, 개인적으로는 마음과 몸이 하나됨을 의미한다. 이런 의미를 담은 합장은 수행의 한 방편이라고 할 수 있다.

합장에는 여러 방법이 있으나 모든 합장의 의미는 같다. 합장을 할 때는 몸을 똑바로 세워 양 발꿈치를 붙이고 행한다. 발 부분은 약간 벌려도 무방하다. 무엇보다 바르면서도 안정된 자세가 중요하다. 손바닥이 서로 밀착되어 빈틈이 없어야 하며 손가락 사이가 벌여져서도, 엇갈려서도 안된다. 이러한 자세를 연화합장이라고 한다. 마치 연꽃처럼 손가락 사이가 빈틈없이 밀착되어야 하고 양 팔꿈치가 좌우 갈비

뼈에서 떨어지지 않도록 해야 한다. 두 손목은 앞가슴 명치 위 손가락 두 마디 정도 떨어진 곳에 위치하면서 자연스런 자세로 해야 한다. 손끝은 코끝을 향해 똑바로 세워야 하며 상대방 쪽으로 기울어져서는 안된다. 머리는 턱을 당겨 약간 숙인 자세가 되도록 하며 손끝이 코끝을 가리도록 해야 하고 고개를 너무 숙여서는 안된다.

참고도서

대한불교조계종교육원불학연구소 편,『수행법 연구』, 조계종 출판사, 2005.
대한불교조계종교육원불학연구소 편,『절수행 입문』, 조계종 출판사, 2009.
한경혜,『오체투지』, 작가의 집, 2011.

제7장

죽음 초탈 명상

1. 죽음 명상의 의미

"인간은 누구나 죽는다."는 말처럼 확실한 진리는 없다. 인간의 죽음은 누구에게나 일어난다. 이렇듯 누구나 맞이하는 죽음이지만 언제 어디서 일어날 지는 아무도 모른다. 부와 명예도 죽음을 연장하거나 막을 수는 없다. 그러나 살아가면서 죽음을 의식하며 죽음을 대비하는 사람은 많지 않다. 특히 젊은 사람들은 죽음을 남의 이야기로 생각하고 있는 경향이 있다.

인간에게 가장 고통스러운 순간은 의사로부터 곧 죽게 될 것이라는 진단을 받을 때일 것이다. 말기 암 환자를 돌보는 호스피스의 말에 의하면 임종 전에 사람들은 몹시 불안과 공포에 빠진다고 한다. 그들에게 "무엇이 그렇게 두렵고 무서운가?"라는 질문을 하면 "죽어서 지옥에 갈까봐 두렵다"고 대답한다고 한다. 사후의 세계를 믿지 않던 사람도 죽음 이후 지옥에 갈 수 있다는 두려움을 갖는다고 한다.

그러면 죽음의 고통과 두려움으로부터 어떻게 벗어날 수 있을까? 나는 물론 타인들의 죽음의 고통과 두려움으로부터 어떻게 벗어나게 해줄 수 있을까?'를 사유하고 깨닫는 것이 죽음 명상이다. 죽음을 초월하고 해탈하는 명상이기 때문에 '죽음 초탈 명상'이라고 명명할 수 있다. 요가, 불교, 기독교 등의 수행은 엄밀히 말하면 고통과 두려움에서 벗어나 아름답고 의미있는 죽음을 위한 것이라고 할 수 있다.

인간의 고통은 상실감에서 온다. 사랑하는 사람을 잃었거나 아끼던 물건을 잃었을 때 고통이 따른다. 그러나 상실감은 죽음 초탈 수행을 통해서 자유와 평안을 줄 수 있는 기회로 받아들일 수 있다. 상실감은 불교의 무상(無常), 고(苦), 무아(無我), 즉 삼법인(三法印)의 지혜를 깨달을 수 있는 기회이다. 죽음 초탈 수행을 통해서 죽음을 자유와 해탈을 가져오는 기회로 만들 수 있다. 죽음을 앞에 둔 환자가 죽음 초탈 명상을 통해 죽음을 수용하고 받아들인다면 고요한 마음과 평정을 찾을 수 있다.

불교에서의 삶과 죽음은 오온(五蘊)의 생멸로 설명한다. 즉 인간을 구성하는 다섯 가지 요소, 즉 물질적인 요소인 색(色), 감각의 수(受), 인식 작용의 상(想), 의지 작용의 행(行), 마음 작용의 식(識)의 결합이 삶이고 이들의 해체가 죽음이다. 오온의 파괴, 분리, 생명기관의 끊김 등이 죽음이다.

오온을 구성하는 요소들의 특징은 첫째 무상(無常)하다는 것이다. 이들 요소들은 고정불변의 형태가 없이 일어났다가 사라지는 것이다. 찰나에 일어났다가 사라진다. 오온의 두 번째 특징은 무아(無我)이다. 무아는 나의 실체가 없다는 것이다. 나라는 존재는 오온 중 물질인 몸도 나가 아니고, 정신작용인 생각이 나가 아니다. 오온이 조건에 의해 결합하고 작용하여 일으키는 의식이 있을 때 나의 실재를 자각할 수 있을 뿐이다.

오온은 무상하고 무아인데 몸을 구성하는 물질이 나라고 생각하는 잘못된 견해를 유신견(有身見)이라고 한다. 또한 자아는 과거에도 존재했고 미래에도 존재한다는 견해를 상견(常見)이라고 한다. 몸이 나라고 생각하고 소멸되지 않는다는 생각에서 인간은 몸에 대한 집착을 갖게 되고 이로부터 번뇌와 고통이 일어나게 된다.

석가모니 붓다는 왕자로 태어나서 사문유관(四門遊觀)을 통해 인간의 생로병사(生老病死)의 고통을 목격하게 되었다. 그리고 이 고통에서 벗어나는 길을 찾기 위해 출가를 하였다. 6년간의 수행과 명상을 통해 얻은 깨달음이 사성제(四聖諦)다. 사성제란 모든 고통은 집착으로부터 오는 것이고, 이 집착에서 벗어나기 위해서 팔정도 수행을 해야 함을 말한다.

팔정도에서 가장 먼저 깨달아야 하는 것이 정견(正見) 즉 바른 견해를 갖는 것이다. 바른 견해란 인간의 삶과 죽음에 대한 바른 견해이다. 바른 견해를 통해 무명에서 깨어나 자유와 해탈에 이르게 된다. 바른 견해를 갖게 될 때 바른 사유를 할 수 있고 바른 견해와 바른 사유를 통해 바른 말, 바른 일을 할 수 있고 바른 직업을 가질 수 있다.

석가모니 붓다의 깨달음은 열반에 이르는 길이다. 열반은 죽음을 극복하고 자유와 해탈에 이르는 것을 말한다. 열반에 이르게 하는 수행법이 바로 위빠사나 수행이다. 붓다는 위빠사나 수행이 인간의 생로병사의 고통에서 벗어나게 하는 유일한 길이라고 하였다. 위빠사나 수행을 엄밀하게 말하면 죽음을 극복하고 열반에 이르는 방편이라고 할 수 있다. 죽음을 초탈하는 불교 명상법에는 부정관(不淨觀), 죽음에 대한 마음챙김, 죽음에 대한 상기(想起)와 이미지 기법 등이 있다.

기독교에서는 죽음을 다른 세계로 옮겨간다는 타계(他界), 영원 수면으로 들어간다는 영면(永眠), 하늘의 부름을 받았다는 소천(召天)이라고 한다. 그러나 이러한 단어들의 의미는 알지만 진정으로 죽음을 앞에 둔 사람은 타계, 영면, 소천으로 받아들일 수 있는 사람은 많지 않을 것이다. 죽음의 의미를 받아들이기 위해서 죽음 초탈 수행이 필요하다.

기독교에서의 죽음은 육신이 흙으로 돌아가고 영은 하나님께로 돌아가는 것으로 이해한다.(전도서 12장 7절) 죽음은 영생을 위한 세계로 들어가는 것으로 이해한다. 지상에서의 삶은 바로 영생을 해야 할 내 영혼을 성장시키고 완성시키기 위한 것으로 육신은 영을 성장시키는 나무와 같다. 나무에서 열매가 익으면 떨어지는 것처럼 영이 성숙하면 육신에서 떨어져 영원한 세계로 들어간다. 따라서 육신을 쓰고 영의 열매를 위해 수행이 필요하다. 이생에서의 삶은 영생을 준비하는 기간이고 영생을 위해 갈고 닦는 것이 수행이다.

2. 부정관(不淨觀)

위빠사나 수행법을 사념처(四念處) 수행법이라고도 한다. 사념처 수행은 신(身, 몸), 수(受, 느낌), 심(心, 생각), 법(法, 현상)에 대한 주시와 알아차림을 계발하는 수행이다. 몸에 대한 주시와 알아차림 명상 가운데 부정관이 있다. 부정관이란 타인의 시체가 부패하여 백골로 변해가는 9가지 모습을 직접보거나 상상하면서 자신의 몸에 대한 무상과 무아를 깨닫는 수행이다. 자신이 죽어서 시체가 되고 썩어서 한줌의 흙으로 변해가는 것을 상상하며 부정관 수행을 한다.

인도, 네팔, 티베트 등 불교 국가에서 시체를 들판에 내다 버리는 조장이 있다. 이러한 관습은 시체까지도 동물들에게 보시한다는 의미가 있다. 시체를 들판에 내다 버리면 부패한 시체의 살점을 동물들이 뜯어먹고 피가 묻은 뼈는 백골이 된다. 부정관은 시체가 썩어서 한 줌의 흙으로 변하는 과정을 관찰하는 것을 "묘지에서 아홉 가지 알아차림"이라고 한다.

묘지에서의 아홉 가지 관찰을 통하여 나라는 존재도 이렇듯 무상하고 무아인 물질로 깨닫고 여기에서 몸에 대한 집착에서 벗어날 수가 있다. 『대념처경』에서 몸이 죽어 백골이 되는 9가지 모습을 다음과 같이 소개하고 있다.

첫째, 비구들이여! 그는 묘지에 버려진 시체가 죽은 지 하루나 이틀이나 사흘이 지나면 시체가 곧 부풀고, 검푸르고, 문드러진 것을 보는 것처럼, 그는 바로 자신의 몸을 그것에 비추어 본다. 이 몸 또한 이와 같이 속성을 가지고 있고, 이와 같이 될 것이며, 이렇게 되는 것에서 그 누구나 피할 수 없다고 안다.

둘째, 다시 비구들이여! 그는 묘지에 버려진 시체를 까마귀 떼가 달려들어 마구 쪼아 먹고, 솔개 무리가 쪼아 먹고, 독수리 떼가 쪼아 먹고, 개떼가 뜯어먹고, 자칼들이 뜯어먹고, 온갖 벌레들이 다 모여서 파먹는 것을 보는 것처럼, 그는 바로 자신의 몸을 그것에 비추어 본다. 이 몸 또한 이와 같은 속성을 가지고 있고, 이와 같이 될 것이며, 이렇게 되는 것에서 피할 수 없다고 안다.

셋째, 다시 비구들이여! 그는 묘지에 버려진 시체가 힘줄이 남아 있고, 살점이 붙어 있는 채로 해골로 변한 것을 보는 것처럼, 그는 바로 자신의 몸을 그것에 비추어 본다. 이 몸 또한 이와 같은 속성을 가지고 있고, 이와 같이 될 것이며, 이렇게 되는 것에서 피할 수 없다고 안다.

넷째, 다시 비구들이여! 그는 묘지에 버려진 시체가 힘줄이 남아 있고, 살점이 없이 핏자국만 남은 채로 해골로 변한 것을 보는 것처럼, 그는 바로 자신의 몸을 그것에 비추어 본다. 이 몸 또한 이와 같은 속성을 가지고 있고, 이와 같이 될 것이며, 이렇게 되는 것에서 피할 수 없다고 안다.

다섯째, 다시 비구들이여! 비구는 묘지에 버려진 시체가 힘줄만 남아 있고, 살점이나 핏기가 없는 채로 해골로 변한 것을 보는 것처럼, 그는 바로 자신의 몸을 그것에 비추어 본다. 이 몸 또한 이와 같은 속성을 가지고 있고, 이와 같이 될 것이며, 이렇게 되는 것에서 피할 수 없다고 안다.

여섯째, 다시 비구들이여! 비구는 묘지에 버려진 시체의 뼈가 사방으로 흩어져 여기에 손뼈, 저기에 발뼈, 정강이뼈, 넓적다리뼈, 골반, 등뼈, 두개골 등이 사방으로 흩어져 있는 것을 보는 것처럼, 그는 바로 자신의 몸을 그것에 비추어 본다. 이 몸 또한 이와 같은 속성을 가지고 있고, 이와 같이 될 것이며, 이렇게 되는 것에서 피할 수 없다고 안다.

일곱째, 다시 비구들이여! 그는 묘지에 버려진 시체의 뼈가 조개껍질 색깔처럼 백골이 된 것을 보는 것처럼, 그는 바로 자신의 몸을 그것에 비추어 본다. 이 몸 또한 이와 같은 속성을 가지고 있고, 이와 같이 될 것이며, 이렇게 되는 것에서 피할 수 없다고 안다.

여덟째, 다시 비구들이여! 그는 묘지에 버려진 시체의 뼈가 백골로 변해서 무더기로 쌓여 있는 것을 보는 것처럼, 그는 바로 자신의 몸을 그것에 비추어 본다. 이 몸 또한 이와 같은 속성을 가지고 있고, 이와 같이 될 것이며, 이렇게 되는 것에서 피할 수 없다고 안다.

아홉째, 다시 비구들이여! 그는 묘지에 버려진 시체의 뼈가 삭아서 가루가 된 것을 보는 것처럼, 그는 바로 자신의 몸을 그것에 비추어 본다. 이 몸 또한 이와 같은 속성을 가지고 있고, 이렇게 되는 것에서 피할 수 없다고 안다. 이상이 묘지에서 아홉 가지에 관하는 내용이다.

3. 죽음에 대한 마음챙김(marana-sati)

『청정도론』에 사람이 악업(惡業)을 짓지 않고 선업(善業)을 쌓기 위해서 나쁜 습관을 물리치고 좋은 습관을 들여야 한다고 한다. 좋은 습관을 들이기 위해서는 오계(五戒)를 지켜야 하고, 십수념(十隨念), 즉 10가지 마음챙김 명상 주제를 계속해서 생각해야 한다. 이 십수념을 마음챙김 하면 번뇌 망상에 빠지지 않고 선업을 쌓게 된다. 십수념은 다음과 같다.

첫째, 부처님을 계속해서 생각함(불수념, buddhanussati)
둘째, 법을 계속해서 생각함(법수념, dhammaussati)
셋째, 승가를 계속해서 생각함(승수념, sanghanussati)
넷째, 계를 계속해서 생각함(계수념, silanussati)
다섯째, 보시를 계속해서 생각함(시수념caganussati)
여섯째, 천신을 계속해서 생각함(천수념, devanussati)
일곱째, 죽음을 계속해서 생각함(사수념, maranasati)
여덟째, 몸에 대한 알아차림(신수념, kayagatasati)
아홉째, 들숨 날숨에 대한 알아차림(출입식념, anapanasati)
열째, 고요함을 계속해서 생각함(적정념, upasamanussati)

십수념 중 일곱 번째 사수념(死隨念)이 죽음에 대한 마음챙김이다. 청정도론 8장에 죽음에 대한 마음챙김의 의미와 방법이 자세하게 소개되어 있다. 여기서 죽음에 대한 마음챙김을 위해 "조용한 곳에 혼자 머물러 나에게도 죽음이 올 것이다. 생명 기능이 끊어질 것이다. 혹은 '죽음 죽음' 하면서 근원적으로 마음에 잡도리함을 일으키라"고 하였다.

사수념을 하면서 근원을 벗어난 마음에 잡도리를 하면 슬픔이나 두려움 등의 감정에 빠질 수 있으니 근원 안에서 마음을 잡도리하라고 한다. 순간적으로 강도를 만나서 목이 잘리거나 영화를 누렸던 중생들이 갑자기 생명이 끊김을 상상하면서 절박한 마음으로 죽음에 대한 마음을 챙기라고 한다.

그리고 죽음은 태어남과 같이 오는 것이고 태어남으로 다시 돌아 갈 수 없고 계속 죽음을 향하고 있을 뿐이라는 생각을 한다. 건강도 병으로 끝나고, 모든 젊음은 늙음으로 끝나고, 모든 생명은 죽음으로 끝나고, 모든 세상은 태어남에 묶여있고, 늙음은 다가오고, 병에 시달리고, 죽음에 습격당한다. 이렇듯 모든 생명의 영화는 죽음의 몰락으로 끝이 난다고 구분하여 영화가 몰락하는 것으로 죽음을 계속 생각하라고 한다.

4. 티베트 불교의 죽음 명상

1) 『티베트 사자의 서』 독송

8세기 티베트 불교의 성인 프드삼바바가 펴낸 『티베트 사자의 서』는 죽음에 이르러 환생하기까지의 과정, 사후 세계의 모습을 상세하게 설명한 책으로 삶과 죽음의 안내서다. 『사자의 서』는 사람들에게 죽음을 생각하며 삶을 더 진지하게 살도록 하는데 기여한 책이며 서양의 기독교인들에게 영혼에 대한 이해를 돕는 역할을 했으며, 심리학자 칼 융의 무의식 세계 연구에 영향을 미쳤다고 한다.

죽음의 시작부터 환생에 이르는 중간 과정을 중음(中陰)이라고 한다. 중음에서 이 책의 가르침을 들음으로 바로 해탈을 얻을 수 있다고 한다. 사람들은 죽음에 직면하면 극도의 불안과 공포에 떨게 된다. 이때 이 책을 독송해 주면 초조함과 두려움 없이 침착하게 죽음을 맞이할 수 있다고 한다. 그리고 생전에 이 책을 읽게 되면 죽음을 초연하게 맞는 죽음 준비를 할 수 있고 자신의 삶을 돌아보며 반성하고 회개하도록 한다.

평소 죽음을 준비한 사람은 임종 시에 의식이 소멸되는 과정을 스스로 지켜볼 수 있으며 사념(死念), 즉 죽음에 대한 마음을 챙길 수 있다. 의식을 연결하는 것을 재생연결이라고 한다. 사념은 곧 재생연결의 마음을 챙기면서 남의 도움 없이도 자발적인 해탈을 얻을 수 있게 한다. 만약 자발적인 사념이 되지 않는다면 다른 사람이 이 『사자의 서』를 독송하고 기도를 해준다면 해탈에 도움을 줄 수 있다.

사람은 죽은 후에 먼저 무의식 상태에 들어갔다가 나중에 다시 의식을 회복하게 된다고 한다. 의식이 다시 소생할 때부터 태(胎)에 들어가 육도를 윤회할 때까지의 중음 단계에서 고난을 헤치고 나와 해탈하게 되면 더 좋은 세상으로 윤회환생 할 수 있다고 한다. 이 과정에서 망자를 위한 사자의 서를 독송하면 해탈을 도울 수 있다.

한국에서 티베트 불교 수행을 지도하고 있는 용수 스님은 다음과 같이 9가지 죽음에 대한 진실을 말하고 있다. 다음은 죽음 명상을 위해 독송할 수 있는 자료이다.

(1) 분명히 죽을 것이다.

　안 죽는 사람 봤나. 유명한 사람과 가까운 사람의 죽음을 생각한다.

(2) 이 하루는 다시 안 온다.

　하루하루 생명이 짧아지기만 하고 길어지지 않는다. 사망할 날이 빨리 다가
온다. 그 날까지 열심히 마음공부와 자비심을 실천해야 된다.

(3) 수행할 시간이 얼마 남지 않았다.

　인간으로서 할 일을 (본성을 찾고 남도 본성을 찾도록 돕고) 하지 않으면 죽
을 때 두려움과 후회가 많을 것이다.

(4) 언제 죽을지 모른다.

　건강한 사람도, 젊은 사람도 죽는다. 걷다가 죽고 물 마시다가도 죽는다.

(5) 죽음의 원인은 많지만 생명을 살리는 요소는 거의 없다.

　이 삶과 저 삶의 차이는 한숨뿐이다.

　생명은 강물의 물거품처럼 허약하다고 한다.

(6) 우리 몸도 생명을 지원하지 않는 병 덩어리다.

　지속적으로 아프고, 완벽한 건강과 활력을 이루지 못한다.

(7) 죽을 당시에 힘들게 모은 돈과 소유가 하나도 도움이 안 된다.

　가지고 가지 못하는 집착의 고통이 견딜 수 없다.

(8) 친지들도 도움이 안 된다.

　평생 가까운 사람을 아끼고 보호하기 위해 온갖 악행을 저질렀지만 죽을 때
는 아무 도움을 못 받는다.

(9) 이 몸도 전혀 도움이 안 된다.

　평생 좋은 것만 먹이고, 입히고, 그렇게 신경을 쓴 이 몸도 죽을 때는 무능하다.

2) 샨티데바의 『입보리행론(入菩提行論)』 독송

『입보리행론』7세기경에 샨티데바가 지은 수행론으로 '보살행에 들어가는 길'을
소개한 책이다. 즉 깨달음에 들어가는 길이라는 책이다. 현대 티베트 불교의 스승
달라이라마 존자도 "보리심을 주제로 한 논(論) 가운데 이보다 더 뛰어난 논은 없
다"고 할 정도로 중요한 수행론 책이다. 예로부터 인도에서는 이 『입보리행론』을
아주 중요하게 여겼다.

『입보리행론』은 부처님께서 법을 설하신 이후 보리심에 대한 가르침을 가장 자세하고도 광범위하게 담고 있다. 『입보리행론』은 보리심에 관한 불교의 논서 가운데 가장 뛰어난 논서로 꼽히고 있다. 티베트어로 번역된 대장경은 약 100여 뻬디(티베트에서 경전을 묶는 단위) 정도 되는데, 『입보리행론』의 근간이 되는 경은 『화엄경』이다. 『화엄경』에서는 보리심에 대해 아주 구체적으로 말씀하고 있다. 『화엄경』의 중심 내용 즉 핵심은 보리심이다.

『입보리행론』 제2장 참회품은 죽음 명상을 위해 좋은 자료라고 생각되어 이 책에 소개한다. 죽음은 편안하게 받아들이려면 무엇보다도 참회가 필요하다. 참회를 통해 마음에 걸림이 없어야 편안한 죽음을 맞이할 수 있기 때문이다.

샨티데바 『입보리행론』 제2장 죄업 참회품 중에서

저는 삼보 전에 부모와 스승과 이웃들에게
번뇌의 문인 몸과 말과 마음으로 저지른 모든 악행
수많은 잘못으로 허물이 생겨 악해진 제가 범한 잘못들이
너무나 참기 힘드니 모두를 이끄시는 분들께 참회합니다.

제가 지은 죄악을 씻기도 전에 먼저 죽음으로 끝나버릴지도 모릅니다.
이에서 벗어날 때까지 속히 저를 구원해 주시옵소서!

믿을 수 없는 이 저승사자는 우리 일을 다 했건 못했건 간에
내가 병들었거나 병들지 않았거나 예고 없이 찾아드니 믿을 수가 없습니다.

모든 것을 버리고 홀로 떠나야 하는데 제가 이전에 이것을 알지 못하여
좋아하는 사람이나 미운 사람 때문에 여러 죄를 지었습니다.

미운 사람도 사라질 것이요 좋아하는 사람도 사라질 것입니다.
나도 또한 사라질 것이니 이와 같이 모든 것이 없어질 것입니다.

꿈을 꾼 것이나 다름없이 내가 좋아했고, 쓰던 물건 어떤 것들도

기억으로만 남을진데 지나간 모든 것은 다시 볼 수 없게 됩니다.

이 짧은 삶에서 또한 좋아했고 미워했던 많은 사람들이 죽어갔고
그들 때문에 저지른 없앨 수 없는 죄악만이 사라지지 않고 앞에 남아 있습니다.

이같이 이 삶은 짧고 갑자기 언제 죽을지도 제가 알아차리지 못하고
무명과 집착과 화냄으로써 많은 죄악만 저질렀습니다.

낮과 밤은 머물러 있지 않고 이 삶은 항상 줄어만 가며
결코 늘어나거나 길어지지 않으니 어찌 죽음이 오지 않겠습니까?

제가 침상에 눕게 되면 친구와 친척들에게 둘러싸여 있을지라도
숨이 끊어질 때의 느낌은 저 혼자만이 겪어야 합니다.

저승사자에게 붙잡혔을 때 친척이나 친구가 무슨 도움이 되오리까?
그때는 공덕만이 저를 지켜줄 것인데 저는 이 역시도 쌓지 못하였습니다.

보호자이신 부처님이시여! 방일한 저는 이런 공포를 알아차리지 못하고
이 무상한 삶만을 위하여 수많은 악행을 저질렀습니다.

누구든 손발이 잘릴 곳으로 오늘 끌려가게 되면 두려움에 떨고
입은 마르고 눈은 캄캄해지는 등 그의 꼴은 완전히 변하고 마는데

무서운 저승사자인 채찍을 든 이에게 붙잡혔을 때
큰 공포에 사로잡힌 처절한 불쌍한 꼴은 말해 무엇 하겠습니까?

누가 이 무서운 공포에서 저를 온전히 구해주겠습니까?
놀란 눈을 부릅뜨고 사방을 둘러보며 도움을 구해보지만

천지사방에 저를 보호해 줄 이 없음을 보고 나면 저는 완전히 처참해질 것입니다.

그곳에서 구원을 찾지 못하면 그때 저는 무엇을 할 수 있겠습니까?

그러므로 저는 세상을 보호하려고 애쓰시며 큰 위신력으로 모든 두려움을
없애주시는
중생의 보호자이신 부처님께 오늘부터 진정으로 귀의합니다.

윤회의 두려움을 없애주시는 이들이 성취하신 법과
보살의 성스러운 무리께도 이와 같이 저는 진심으로 귀의합니다.

저는 두려움에 떨면서 보현보살께 제 자신을 바칩니다.
문수보살께도 또한 저의 이 몸을 올리옵니다.

오류 없이 자비를 행하시는 구원의 관세음보살께도
가련한 울부짖음으로 외치나니 죄 많은 저를 보호해 주시옵기를 기원합니다.

성스러운 허공장보살과 지장보살께 그리고 모든 큰 자비 지닌 무리께
간절한 마음으로 구원을 부르짖습니다.

누구나 보기만 해도 무서워하는 염라왕의 사자와 지옥의 옥졸 등이
두려워하며 사방으로 줄달음치는 금강지보살께도 귀의합니다.

이전에는 당신의 말씀을 어겼습니다. 그러나 지금은 이 큰 두려움을 보았으니
당신께 귀의합니다. 속히 이 두려움을 없애주시기를 기원합니다.

하찮은 질병에도 겁을 먹고 의원의 말대로 따라야 하는데
하물며 탐욕과 같은 수많은 허물의 질병을 끊임없이 심고 있으니 말해 무엇
하겠습니까?

한 가지 죄악만으로도 세상사람 모두를 쓸어간다면
이것을 치료할 약은 세상천지 어디에서도 얻지 못하나니

이에 모든 것을 잘 아는 의원이 있어 일체 아픔을 없애준다고 해도
의원의 말대로 행하지 않는다면 지극히 어리석고 부족한 사람입니다.
조그만 낭떠러지일지라도 조심스러운 행동이 필요한데
하물며 천 길의 긴 낭떠러지는 말해 무엇 하겠습니까?

설령 오늘 당장 죽지 않는다고 해서 편하게 지낸다는 것은 당치않습니다.
제가 분명 죽어야 하는 그 순간은 틀림없이 올 것입니다.

누가 나의 두려움을 없애줄 수 있으랴 이곳에서 어떻게 확실하게 벗어날 수
있으랴
끝내 소멸하고 말 것인데 어찌 내 마음이 편하겠는가!

지난날 즐겼던 향락 중에 지금 나에게 남은 것은 무엇인가?
나는 그것들을 크게 탐하여 스승의 말씀을 어겼으니

이렇게 삶을 낭비한 것처럼 친척과 친구를 버리고
나 홀로 알지도 못하는 곳으로 가야만 하나니
친구와 원수, 모두 무슨 소용이 있단 말인가!

선하지 않은데서 고통이 생기나니
여기서 어떻게 확실히 벗어나야 하는지
밤낮으로 저는 오직 이것만을 생각함이 마땅합니다.

저의 알지 못한 무명으로 성죄와 차죄를 어기며
저지른 여러 가지 잘못을 부처님 앞에 나아가 합장하고
고통을 두려워하는 마음으로 거듭 절을 하면서 이 모든 것을 참회합니다.

중생을 이끌어 주시는 이여 저의 죄와 잘못을 어여삐 받아 주소서
이렇게 선하지 않기에 저는 앞으로 다시는 죄를 저지르지 않겠나이다.

5. 심상화 죽음 명상

최근 종교 단체, 사회복지 단체, 심리상담 센터 등에는 죽음에 대한 체험, 즉 가상 죽음 체험에 대한 프로그램들이 많이 있다. 나의 죽음을 체험하는 방법도 다양하게 있다. 내가 죽어 시체가 되어 있고 내 혼이 육체에서 분리되어 나의 장례식 과정을 지켜보는 보는 체험. 무덤 앞에 가서 무덤 안의 시체가 나라고 생각하며 명상하는 체험, 실제로 입관을 해보는 체험, 화장터의 화로에 들어가는 체험 등이 있다.

죽음 체험 후에 다음과 같은 물음에 대한 답을 글로 쓰면서 나의 죽음에 대한 관점을 정리해 보면 과거의 삶을 반성하고 미래에 대한 삶을 더욱 소중하게 꾸며갈 것이다. 나의 죽음에 대한 준비로 '3일 후에 죽는다면 무엇을 할 것인가?' '지금 죽는데 만약 1년을 더 살게 해준다면 무엇을 할 것인가?' '유언장 작성' '가족들에게 편지쓰기' 등이 있다.

필자는 15년 전 마음 수련원에서 7일 수련을 경험하였다. 이 수련원에서 반복해서 상상하는 죽음 체험은 아직도 생생하다. 그 수련 후 죽음에 대한 무상성(無常性)과 무아성(無我性)을 깨달았다. 이 수련 후 갑자기 맞을 수도 있는 죽음 준비를 위해 영정 사진을 준비해 놓고 가족들에게 유언장도 써놓았다. 이러한 준비를 통해 나는 죽음을 담담하게 맞이할 수 있을 것이다.

마음 수련원의 죽음 체험 수련은 상상 속에서 내가 죽어 마지막 모든 것이 무(無)로 돌아가는 체험이다. 어느 날 갑자기 일어난 사고로 내가 죽게 된다. 시체에서 혼이 빠져나와 나의 장례식 모든 과정을 지켜본다. 그리고 투명체인 혼은 우주 속으로 들어간다. 마지막 혼까지도 우주의 블랙 홀 속에 빨려 들어가 나라는 존재는 아무것도 남지 않는다.

이러한 죽음 체험의 목적은 죽음의 무상성과 무아성을 깨닫게 하는 것이다. 죽음에 대한 체험에서 일어나는 불안과 공포를 노출시키므로 충격을 완화시키는 효과가 있다. 그리고 지금까지의 내 삶을 반성하며 살아 있는 동안 선업을 쌓아야 하겠다는 다짐을 하게 된다. 죽음 체험을 통해 고통 원인인 집착을 내려놓게 된다. 죽을 때 가져갈 수 없는 부와 물질에 대한 욕망을 내려놓게 되며 가족, 이웃, 자연 등이 소중하게 생각되며 지금 이 순간 내가 살아있다는 것 자체를 감사하게 된다. 죽음은 이 모든 것들과의 단절을 의미한다. 죽음 직전에서 이 단절 때문에 고통스럽고 두려워한다. 죽음에 대한 체험을 통해 이 모든 것들과 연결되어 있음을 감사하게 생각한다.

참고도서

파드마삼바바, 장순용 역,『티베트 사자의 서』, 김영사, 2009.

뗀진 왕걀 린포체, 무명거사 역,『티베트의 선』, 다래현, 2011.

이은봉,『여러 종교에서 보는 죽음관』, 가톨릭출판사, 1995.

귀블러스,『인간의 죽음』, 분도출판사, 1982.

한국종교학회 편,『죽음이란 무엇인가』, 도서출판 창, 2001.

버지니아 해밀턴, 담마코리아 역,『고엔카의 위빳사나 명상 2 — 평정심으로 맞는 죽음의 기술』, 김영사, 2021.

이강옥,『죽음서사와 죽음명상』, 역락, 2020.

조아할리팩스,『죽음을 명상하다』, 민족사, 2019.

Ed. Howard M. Spiro, Mary G. McCrea, *Facing Death*, Yale University Press, 1996.

제6부

명상과 심신치유

영어로 명상을 'meditation'이라고 한다. meditation의 접두어 'med'가 'medicine (약)' 'medical(의료의)' 등 의학 용어가 앞에 붙는 것을 보면 명상도 치유와 관련되었음을 알 수 있다. 요가나 불교 명상에서 명상의 목적이 치유라고 말하지는 않지만 명상이 치유의 기능을 가지고 있음을 의미한다. 특히 명상이 서양에 유입되면서 과학적 임상을 통해 치유의 효과가 있음을 증명한 연구물들이 많이 나왔다. 이 연구 결과로 최근에는 명상을 기반으로 한 다양한 치유 프로그램들이 나왔다.

1979년도 매사추세츠 의과대학 존 카밧진(Jon Kabat-Zinn) 박사가 MBSR (mindfulness Based Stress Reduction, 마음챙김을 기반으로 한 스트레스 완화) 프로그램을 창안한 후 MBCT(Mindfulness Based Cognitive Therapy, 마음챙김을 기반으로 한 인지행동 치료), MSC(Mindfulness Self- Compassion, 마음챙김을 기반으로 한 자아 연민 치료), 등의 프로그램과 마음챙김을 응용한 ACT(Acceptance and Commitment, 수용전념 치료), DBT(Dialectical Behavior Therapy, 변증법적 행동 치료) 등의 프로그램이 창안되었다.

인간이란 몸과 마음을 분리해서 생각할 수 없다. 명상을 흔히 마음을 다스리는 기술 혹은 마음을 치유하는 기술이라고 한다. 명상 수행을 통해 마음을 다스리면 몸의 질병으로부터 오는 고통도 극복할 수 있다. 명상이 몸의 질병을 직접 치유할 수는 없어도 그 질병에서 오는 고통으로부터 마음이 지배받지는 않게 한다.

제1장

명상과 스트레스 완화

1. 스트레스와 삶

인간을 사망에 이르게 하는 3대 질병이 심장병, 암, 뇌혈관 장애 등이다. 이 중 사망의 원인 첫째가 암이다. 암에 의한 사망률이 27%이고, 심혈관계에 의한 사망은 23%에 해당한다고 한다. 학계에서는 이들 질병의 원인이 대부분 스트레스에서 비롯된다고 본다. 내과계의 병원 입원환자 70%가 정신신체장애에서 비롯된 환자라고 하며, 질병의 50%가 스트레스에 의한 생활습관에서 유발된다고 한다. 스트레스가 사망의 직접적인 원인은 아니지만 스트레스에 의해 질병이 발생하고 그 질병에 의해 사망에 이르게 된다.

흔히 행복지수가 높고 낮음이 국민의 GDP와 관련 있는 것으로 생각하지만 행복지수는 경제적 수준과 비례하는 것보다 스트레스와 상관관계가 있다고 본다. 스트레스 지수가 높은 사람은 행복지수가 떨어지고 스트레스 지수가 낮은 사람이 행복지수가 높다는 것이 보편적인 현상이다. 스트레스란 불만족의 표출이기 때문에 불만족을 느끼는 정도가 높은 사람이 행복지수가 낮은 것이다.

한국은 세계에서 유례가 없을 정도로 빠른 경제성장을 이룬 국가로 현재 선진국 수준인 국민소득 3만 달러 시대가 되었다. 그러나 저개발국가에 속하였던 예전에 비해 경제 선진국 수준에 이른 지금 한국인들의 행복지수가 더 높다고 볼 수 없다.

오히려 행복지수는 더 떨어졌다. 경제 성장 이후 오히려 스트레스가 더 많아졌기 때문이다.

한국보건사회연구원의 통계에 의하면 한국인의 행복지수는 OECD 37개국 중 35위에 해당한다. 한국인이 왜 이처럼 행복지수가 낮을까? 그것은 스트레스가 많기 때문이다. 경제 성장에 의한 삶의 질이 향상되고 거기에 따른 욕구와 기대가 높아졌다. 욕구와 기대는 불만족의 요인이고 스트레스의 요인이 된다.

한국인에게 스트레스가 높은 것은 급속한 경제 성장으로 만들어진 경쟁 사회, 또 여기에서 느끼는 상대적 빈곤감, 물질적인 부에 대한 집착, 외모나 사회적 지위에 민감함 등이 있기 때문이다. 티베트, 부탄, 스리랑카, 태국, 미얀마 등 불교 국가 국민들의 행복지수가 높다고 알려져 있다. 이들 국가 국민들은 상대적 비교나 경쟁심이 심하지 않다.

불교 국가 국민들이 스트레스를 받지 않는 것은 삼법인(三法印)이 그들의 존재론 혹은 인식론이기 때문이다. 삼법인은 무상(無常), 고(苦), 무아(無我)다. 모든 것은 변하고, 불만족은 고통이 되고, 존재는 실체가 없다고 생각한다. 이러한 이해로부터 삶에 대한 긍정적이고 낙관적인 자세를 갖게 된다. 어떤 고통이 닥쳐와도 그것은 자신의 업(業)에 의해 일어나는 것이고, 이것은 항상(恒常)하지 않으며, 그것은 지나간다는 사고와 삶의 자세가 스트레스를 받지 않는 요인이다.

독실한 기독교인들이 비신앙인보다 훨씬 스트레스를 적게 받는다고 한다. 그것은 하나님께 의존하는 삶을 살기 때문이다. 사도 바울은 "주 안에서 항상 기뻐하라 내가 다시 말하노니 기뻐하라 너희의 관용을 모든 사람에게 알게 하라 주께서 가까우시니라. 아무 것도 염려하지 말고 오직 모든 일에 기도와 간구로 너희 구할 것을 감사함으로 하나님께 아뢰라."(빌립보서 제 4장 4절－6절)고 하였다.

이 성구에 기독교적 스트레스 관리와 해소에 관한 내용이 함의되어 있다. 기독교적 스트레스 해소 기제는 기도가 된다. 믿음을 기반으로 한 기도와 명상은 스트레스 완화와 치유를 위한 방편이다. 예수는 병자를 고치신 후 '네 믿음이 너를 구원했노라'고 말씀하였다. 기도는 하나님께 보고하고 간구하는 행위이다. 그리고 명상은 하나님의 응답과 지시를 받기 위해 마음을 비우고 청정하게 하는 것이다. 자신의 삶을 하나님께 보고하고 문제의 해결을 하나님께 의탁하기 때문에 스트레스를 받지 않는다. 믿음과 기도는 스트레스를 예방하고 치유하는 기제가 된다.

2. 스트레스 반응의 특징

사람에 따라 스트레스의 유발인자(stressor)가 다르고 그 반응의 특성도 다르다. 같은 사건을 놓고도 스트레스를 받는 사람이 있고 그렇지 않은 사람도 있다. 스트레스의 반응양식도 사람마다 다르다. 스트레스를 받으면 도피하는 사람도 있고 맞서서 투쟁하는 사람도 있다. 불만족과 분노를 내적으로 삭이는 사람이 있고 외적으로 폭발시키는 사람도 있다. 스트레스에는 다음과 같은 공통적인 특징이 있다.

유발인자(stressor)가 있다.

스트레스는 정신적으로나 육체적으로 적응하기 어려운 자극이 가해졌을 때 일어난다. 또한 스트레스가 유발되는 데는 습관이나 왜곡된 인지와 같은 내적인 원인과 물리적, 사회적, 가정적 환경과 같은 외적인 원인이 있다. 외적인 원인으로는 인간관계에서의 상처, 건강 이상, 물질적인 손실, 환경적인 변화, 업무에 대한 과중함, 사건과 사고 등 다양한 유발인자가 있다. 이와 같은 유발인자들로부터 일어나는 스트레스는 각자의 가치관, 경험, 적응력 등 다양한 방식으로 내재화된다.

정신적, 신체적 변화가 일어난다.

스트레스를 받으면 그 반응에서 정신적 혹은 신체적 반응을 하게 되고 이 반응으로 심리적인 이상과 신체적 건강 문제가 일어나게 된다. 정신적인 변화로는 긴장, 분노, 외로움, 소외감, 우울감, 압박감, 자살 충동, 무기력증, 기억력 감퇴 등이 일어나고 신체적인 변화로는 신체부위의 긴장, 맥박과 심장박동의 불균형, 피로감, 두통, 요통, 소화불량, 고혈압 등의 증세가 일어난다. 이러한 신체적인 변화는 일시적으로 나타났다가 사라지기도 하지만 만성화될 수도 있다.

건설과 파괴의 양면성이 있다.

일반적으로 스트레스는 나쁜 것, 피해야 할 것으로 생각할 수 있지만 일시적으로 일어나는 정신적 신체적인 변화가 꼭 부정적인 것만은 아니다. 이러한 변화는 창조와 긍정적인 삶의 자세를 가져오기도 한다. 스트레스는 내 삶을 변화시키라는 경고이며 메시지이다. 이 경고 메시지에 의해 도전적이고 적극적인 대처를 할 수 있을 때 업무에 있어서도 더 생산적이고 효율적일 수 있다.

습관성이 있다.

스트레스 자극은 사람마다 반응양식이 다르다. 스트레스 유발인자에 더 민감한 반응을 보이는 사람이 있고 그렇지 않은 사람도 있다. 이것은 그 사람이 살아온 환경과 가치관에 의해 다르다. 스트레스 반응양식이 습관화되지 않으려면 어떻게 대처해야 하는가? 그리고 이미 습관성이 된 스트레스 반응양식에서 어떻게 탈출할 수 있을 것인가? 이 물음에 대한 대처 방식의 하나가 MBSR 프로그램이다.

3. 스트레스에 의한 질병

외부로부터 스트레스를 받게 되면 우리의 심혈관계, 근육, 신경계, 내분비계 등이 다음과 같이 반응을 한다.

심혈관계의 반응으로 혈압이 상승하고, 심장이 빨리 뛴다. 심혈관계 질환으로 고혈압, 협심증, 심근경색, 부정맥, 뇌졸중, 등이 나타난다. 스트레스는 이들 질병의 원인이 되며 혈압, 심장박동의 불규칙 현상이 만성화된다.

근육계의 반응으로 근육 위축, 근육 마비 등의 현상이 일어난다. 근육이 경직되고 통증이 온다. 스트레스가 직접적인 원인은 아니지만 스트레스는 관절염, 디스크, 골다공증 등의 질병에 의한 통증을 심화시킬 수 있다.

신경계의 반응으로 시상하부와 부신을 자극하여 아드레날린, 코르티졸 등의 호르몬을 배출하게 되는데 이러한 호르몬의 불균형으로 자율신경의 항진이나 기능 저하가 일어난다. 스트레스의 반응의 결과로 어지러움, 편두통, 위장장애 등의 질병이 일어나게 된다.

내분비계 질환으로 갑상선 기능 항진증 혹은 기능 저하증 등의 질병과 부신피질 기능 항진증 혹은 저하증 등의 질병이 나타나며 인슐린 부족으로 당뇨가 된다. 스트레스로 인해 내분비계에서 발생하는 호르몬 불균형으로 질병을 일으킬 수 있다.

4. 스트레스 반응과 마음챙김

위와 같이 스트레스를 받게 되면 정신이나 신체에서 어떤 반응이 일어나고 이 반응에 대처하지 못하고 마음에 담아두거나 끌려가게 될 때 만성적인 질병과 불안, 우울, 분노, 소외감 등의 심리적 고통을 받게 된다. 이러한 심리적 고통은 자기 정체성 상실, 자신감 결여, 통합성의 파괴, 판단력 결여 등의 장애를 가져오며 전인적 삶과 행복한 삶을 파괴한다.

마음과 몸에서 일어나는 반응은 나에게 주는 경고 메시지이다. 지금의 불만족, 불안, 불완전에 대처하라는 경고 메시지이다. 인간의 몸과 마음에는 스스로 치유하고 완전할 수 있는 요소들을 갖추고 있다. 스스로 회복하고 심신을 통합할 수 있는 능력을 가지고 있다. 그러나 이러한 메시지들을 자각하지 못하고 스트레스 반응에 대한 적절한 대처를 하지 못하게 될 때 인간의 완전성과 전인성에 대한 인자(因子)들이 작동하지 않는다.

불교심리학 차원에서 보면 스트레스는 스스로 스트레스를 받을 수 있는 조건을 만드는 것이다. 스트레스는 어떤 대상과 현상을 대하게 될 때 느낌, 감각, 생각 등 여러 조건의 결합에 의해 일어난 현상이다. 이러한 이유로 사람마다 스트레스에 대한 반응의 양식이 다르다. 이미 내 마음과 몸이 스트레스가 유발되도록 조건화된 것이다. 내 감각기관이 어떤 감각대상을 접촉하게 되면 내 안에 만들어진 스키마 혹은 반응 패턴에 따라 자동반응이 일어나게 된다. 마음챙김 명상은 이러한 조건화 됨과 그 반응을 알아차리게 한다.

자각과 통찰력 훈련이 위빠사나 명상이다. 자각과 통찰력을 통해 지혜를 계발하는 것이 위빠사나 명상의 목적이다. 위빠사나 명상을 통해 자각과 통찰력이 계발되면 내 안에서 일어나는 물질작용과 정신작용을 구별하는 지혜를 갖게 된다. 생리적 반응이 정신적 반응에 연결되고, 정신적 반응이 신체적 반응으로 연결되는 과정을 알아차릴 수 있다. 역으로 신체적 반응이 정신적 반응에 연결되고, 정신적 반응이 생리적 반응으로 연결되는 과정을 알아차리는 힘이 생긴다. 이러한 심리학적 기반을 두고 위빠사나를 응용한 명상이 마음챙김 명상(Mindfulness Meditation)이다.

마음챙김 명상을 통해 마음과 몸의 상호작용에 대한 알아차림이 함양되면 마음이 몸에 주는 영향력과 몸이 마음에 주는 영향력을 알게 된다. 스트레스도 마음에서 유발되면 몸에 영향을 주고 몸에서 유발되면 마음에 영향을 준다. 마음이 고통스러우면 몸에도 고통을 주며, 몸의 고통이 마음에 고통을 준다. 불안, 공포, 분노 등으로 마음이 불편하면 몸이 긴장되고 통증을 느끼게 되며 몸이 고단하고 피곤하면 불만족, 짜증스러움 등이 일어난다. 마음챙김 명상은 몸과 마음의 상호작용을 주시하고 알아차림으로 스트레스를 예방하고 완화시키는 기제가 된다.

마음챙김 명상을 통해 판단 없이, 분별하지 않고, 순수하게, 객관적으로 사물과 현상을 보는 능력이 계발된다. 이러한 사물에 대한 관찰 능력이 계발되면 사물과 현상의 원인과 결과를 아는 지혜가 계발된다. 마음챙김 명상은 위빠사나 명상이 추구하는 존재의 무상함과 무아를 아는 통찰력을 갖게 한다. 마음챙김에서 주시의 대상이 되는 느낌, 소리, 감각, 생각 등의 가장 현저한 특징은 무상의 존재라는 것과 실체가 없다는 것이다. 이러한 마음챙김의 주시 대상들은 항상(恒常)하지 않고 일어났다가 사라진다. 실체는 없지만 인간의 존재를 구성하는 요소가 된다. 이러한 감각대상과 현상들에 대한 무상성(無常性)과 무아성(無我性)을 이해하게 될 때 고통으로부터 자유로워질 수 있다.

스트레스에 대처하기 위해서는 스트레스 반응을 알아차려야 한다. 스트레스는 심리적, 생리적 반응을 일으키는데 이 반응은 사람의 내면세계에 만들어진 스키마 혹은 반응양식에 따라 자동반응이 일어난다. 이 반응을 알아차리지 못하면 반응에 응전 혹은 도전하지 못하고 만성 스트레스가 된다. 마음챙김 명상을 통해 스트레스로 인해 일어나는 자동반응을 주시하고 알아차리는 능력을 계발한다.

마음챙김 명상은 자동반응으로 나타나는 과정에 대한 주시와 알아차림의 힘을 길러준다. 스트레스 유발인자에 따라 자동반응 혹은 습관적 반응이 일어나면 이를 주시하며 선택적 반응을 하도록 한다. 선택적 반응이란 스트레스 자극과 반응 사이에 공간, 즉 반응 공간을 만드는 것이고 이 공간 사이에서 어떤 반응을 할 것인가를 통찰하여 선택하는 것을 말한다.

마음챙김 명상은 스트레스에 의해 일어나는 신체 반응을 알아차리고 대처할 수 있도록 한다. 신체적인 반응에 지배되지 않고 내 스스로 스트레스를 통제할 수 있다. 마음챙김을 통해 스트레스 반응에서 탈중심화, 탈민감화 등의 선택적 반응을 할 수 있게 된다. 이러한 선택적 반응으로 스트레스에 대해 적당히 대처하게 되면 삶에 활력을 주고 창조적 에너지가 될 수 있다.

수행법 1-스트레스 완화를 위한 호흡 수행법

호흡명상에는 수식관(數息觀)과 수식관(隨息觀) 두 가지 호흡법이 있다. 전자의 수식관은 호흡을 하면서 숫자를 세는 수행법이고, 후자의 호흡법은 호흡을 따라 관찰하는 것이다. 전자의 수식관(數息觀)은 콧등 밑을 관찰하면서 그곳에서 느껴지는 호흡을 관찰하며 들숨과 날숨을 하고 나서 하나에서부터 숫자를 세어나가는 방법이다. 이 수식관은 집중력 계발에 유용한 호흡법이다.

후자의 수식관(隨息觀)은 호흡을 따라가며 관찰하는 방식이다. 숨을 들이쉴 때 콧구멍, 목, 가슴, 횡격막을 거쳐 배와 단전에까지 들어가서 다시 내쉬는 호흡까지 관찰하는 호흡법이다. 전자의 수식관(數息觀)은 집중력을 계발을 위해 유용한 호흡법이며, 후자의 수식관(數息觀) 호흡법은 산소를 몸에 공급하고 이산화탄소를 배출하여 몸을 정화하고 이완하는 데 유용한 호흡법이다.

후자의 호흡법은 스트레스에 의해 만들어진 긴장과 경직된 몸을 이완시킬 수 있다. 호흡으로 몸의 경직된 부위를 마사지한다고 상상하며 숨을 들이쉬어 그 부위까지 호흡을 보낸다. 그리고 내쉬는 호흡에서 몸의 긴장과 무거움 그리고 통증을 다 배출한다고 상상하며 숨을 내쉰다.

이는 태극권, 국선도에서 수행하는 단전호흡 혹은 심호흡과 유사하다. 단전이란 배꼽 밑 2.5내지 3센티미터 부위를 말한다. 단전호흡은 이 부위에 호흡을 불어넣고 잠시 멈추었다가 배출하는 방식이다. 이 단전호흡을 통해서 폐활량을 늘리고 기를 활성화시켜 건강을 증진시킨다. 그러나 이 호흡은 지도자의 지도하에 바르게 수행하지 않으면 신체에 부작용을 가져올 수 있다는 단점이 있다.

수행법 2 - 마음챙김을 통한 스트레스 반응 완화

스트레스는 그 유발인자가 있다. 그리고 이 유발인자를 어떻게 관리하는가에 따라 스트레스를 받을 수 있고 그렇지 않을 수도 있다. 스트레스 유발인자와 접촉을 했을 때 스트레스를 받는 것은 전적으로 스트레스 반응 태도에 달려 있다. 아무리 스트레서(stressor)가 스트레스를 주어도 내가 반응하지 않거나 선택적 반응을 하게 되면 스트레스를 받지 않는다.

스트레스에 선택적 반응을 하려면 마음챙김 훈련이 필요하다. 스트레스를 줄 수 있는 대상과 접촉하게 될 때 일어나는 느낌, 감각, 생각 등에 대하여 주시하며 알아차리게 되면 자동반응을 하지 않고 선택적 반응을 할 수 있다. 마음챙김 훈련은 스트레스 유발인자와 접촉을 했을 때 느낌이 일어나고 그 느낌에서 감정이 분출되고, 생각으로 일어나는 과정에서 멈추어 자신을 돌아볼 수 있게 한다.

마음을 챙기는 기제가 불교에서 가르치는 무상, 연민심 등이다. 즉 스트레스로 인해 일어나는 느낌, 감정, 생각 등은 순간에 일어났다가 사라지는 것이라는 무상성(無常性)을 이해한다면 이러한 것들로부터 스트레스를 받지 않는다. 그리고 나 자신과 스트레서에 대한 연민심을 갖게 되면 스트레스를 받지 않는다.

마음챙김은 나를 대상화시켜 볼 수 있도록 한다. 스트레스에 대해 분노하고, 불안해 하는 자신을 대상화시키고, 객관화하여 관찰하게 되면 내 안에서 일어나는 것들이 나를 이끌어가지 못한다. 감정, 생각들을 마음에서 일어나는 한 사건으로 이해한다. TV 모니터에서 보는 드라마로 지켜볼 수 있다면 마음의 장난에 놀아나지 않고 스트레스에 대처하게 될 것이다.

참고도서

John Kabat-Zinn(2013), *Full Catastrophe Living*, New York USA; Bantam.

Selye H.(1956), *The Stress Life*, New York; McGraw, Hill.

William R. Lovallo(2016), *Stress and health-Biological and Psychological Interaction*, CA. USA; Sage Publication, Inc.

대한스트레스학회편(2013), 스트레스 과학, 서울: 대한스트레스학회.

Robert M. Sapolsky(2004), *Why Zebras Don't get Ulcers*, 이재담, 이지윤 역(2012)『Stress』, 서울; 사이언스북스.

신경희(2017), 『스트레스 핸드북』, 서울; 도서출판 씨아이알.

장현갑(2012), 『스트레스는 나의 힘』, 서울; 불광출판사.

Michale H. Antoni, Gail Ironson, and Neil Scheiderman, *Cognitive-Behavioral Stress Management-Workbook*, 최병휘, 김원 편역(2010), 『스트레스의 인지행동치료』, 서울; 시그마프레스.

제2장

명상과 통증 완화

1. 통증과 고통

아이들이 화상이나 화재를 경험해보지 않으면 불을 무서워하지 않듯이 통증을 경험해보지 않은 사람은 통증의 고통을 모른다. 필자는 30대 때 죽고 싶을 정도로 강력한 통증을 경험했다. 허리와 다리 통증으로 직장을 3개월 정도 휴직해야 했다. 걷지도 앉지도 못하고 누워있어야 했고 식사도 엎드려서 하는 고통을 3개월 정도 겪었다. 통증에 시달리던 그 시절을 회상하면 지금도 끔찍하다. 좌골신경통에서 오는 통증으로 진통제 외에는 별다른 처방도 없었다.

신앙인으로서 기도와 진통제로 견뎌야 했다. 그런데 하나님이 기도에 응답하셨는지 아니면 회복의 때가 되어서인지 3개월이 지나 하루아침에 통증이 사라지고 일어서 걷게 되었다. 고통이 사라지고 가고 싶은 곳을 걸어서 갈 수 있게 되니 새롭게 태어난 기분이었다. 그리고 이때부터 육체의 소중함과 걸어다닐 수 있음이 얼마나 감사한 일인가를 절실하게 느꼈다.

육체적 고통이 감각적 고통, 신경적 고통, 정신적 고통으로 이어진다. 감각적 고통은 통각기관의 자극에 의해 말초신경섬유가 기계적으로 반응하는 과정이다. 신경적 고통은 쑤시는 아픔, 저림, 살을 도려내는 아픔 등이 일어나는 통증을 말하며, 심리적 고통은 불만족, 불쾌감, 불안 등의 괴로운 마음으로 우울감, 불안, 자살 충동 등 정신적 장애를 유발시킨다.

한편 통증은 인간에게 순기능이 있음을 간과할 수 없다. 통증은 삶의 필수불가결한 것으로 보아야 한다. 신체가 마비되거나 죽었을 경우에는 통증을 느끼지 못한다. 만약 인간에게 어떤 외상이 있음에도 통증이 없다면 그 외상은 방치될 수 있고 더 심하게 진행될 수도 있다. 통증은 하나의 경고반응이며 어떤 조치를 하라는 메시지이다. 통증을 통해서 자신의 신체의 소중함과 건강의 의미를 새기게 될 것이다.

2. 통증의 유형과 원인

고통은 간단하게 신체적 고통과 정신적 고통으로 분류할 수 있다. 신체적 고통은 신체적 변화에 의해 유발되는 것이고 정신적 고통은 마음의 변화에 의해서 유발된다. 불교에서는 전자를 1차 화살이라 하고 후자를 2차 화살이라고 한다. 1차 화살은 신체적 이상이나 변화에 의해 어쩔 수 없이 일어나지만 2차 화살은 자신이 피할 수 있다.

신체적 고통은 감각적 고통과 신경적 고통으로 나눌 수 있다. 감각적 고통은 감각을 느끼는 통각기관에 자극된 말초신경섬유가 반응하는 과정이다. 감각적 고통은 신체적 부위에 상처를 입거나 상처 부위에 다른 물질이 접촉되었을 때 일어난다. 신경적 고통은 신경계의 손상이나 기능장애에 의한 것으로 말초신경계의 이상 혹은 중추신경계의 이상으로 나타난다. 신경적 고통은 감각장애나 혹은 역치(고통이 일어나게 하는 최소한의 기준) 이하의 자극에도 통증을 느끼게 된다. 감각적 통증은 쑤시거나 아린 느낌을 주는 반면 신경성 통증은 바늘로 찌르는 느낌, 칼로 살을 도려내는 느낌, 가려움, 무감각, 타는듯한 느낌이 든다.

정신적 고통은 정신성 고통으로 불리며 정신적, 감정적, 행동적 요인으로 고통이 유발되며 지속적이고 점차적으로 증가하게 된다. 때때로 두통, 가슴통증, 요통, 복통 같은 통증이 일어난다. 정신적 고통은 일반적으로 신체적 고통에 의해 일어나지만 때로는 정신적 고통이 신체적 고통을 유발하기도 한다. 아이러니하게도 정신적 고통은 정신질환을 앓는 환자들에게서는 드물게 일어나고 정신장애가 없는 일반인들에게서 더 많이 나타나고 있다. 고도의 경쟁사회에서 스트레스나 갈등에 의해 유발된 소외감, 우울증, 불안 등이 통증을 일으키기도 한다.

통증은 일시적인 급성통증과 만성통증으로 나눌 수 있다. 일시적인 급성통증은 갑자기 나타난 신체적 정신적 이상으로 유발되었다가 장애가 없어지면 사라지는 통증이고, 만성통증은 주로 심리적 요인에 의해 6개월 이상 지속되는 증상이다. 만성통증은 심신의 장애와 반드시 일치하지 않는다. 환상통과 같이 직접적인 장애가 없이도 나탈날 수 있는 통증이다. 이러한 만성통증은 심리적인 치유와 신체적인 치료법을 잘 조화시켜 접근할 때 효과적인 치료를 할 수 있다. 물리·화학적 치료와 더불어 최면 혹은 명상 치료법을 혼용하게 될 때 효과적인 치료를 할 수 있다.

3. 통증과 명상 치료

통증치료는 외상(外傷)의 회복으로 완화 및 치료될 수 있다. 보통 외상으로 발생하는 통증에는 약물치료, 물리치료 등을 통해 고통을 경감시킨다. 그러나 약물치료를 장기간 사용하거나 과다하게 사용할 경우 습관성이 될 수 있고 면역력을 약화시킬 수 있다. 만성통증의 경우 약물은 잠시 통증을 완화시켜주지만 근본치료는 어렵다.

최근에 서양에서는 약물치료와 함께 명상을 통한 만성통증을 경감시키는 기술을 많이 사용한다. 미국 매사추세츠 의과대학 존 카밧진 박사는 1979년 MBSR(Mindfulness Based Stress Reduction) 프로그램을 통해 만성통증을 완화시키는 방법을 개발하였다. 이 프로그램에 참여한 만성통증 환자들이 고통에서 벗어나는 효과를 산출해냈다.

존 카밧진의 MBSR 프로그램 개발 이후 Steven Hayes는 MBSR을 기반으로 한 ACT(Acceptance and Commitment Therapy) 프로그램을 만들었다. ACT는 수용전념치료다. 생각과 감정을 있는 그대로 관찰하고 수용한다는 의미다. 만성통증과 같이 그것을 유발시키는 원인도 불분명하고 치유가 어려운 경우 고통을 기꺼이 수용하여 경험하는 것이다. 통증이 있음에도 불구하고 그것에 묶이지 않고 보다 가치있는 활동에 몰두할 수 있도록 하는 것이다.

MBSR이나 ACT 등 통증 치료를 위한 프로그램은 마음챙김을 기반으로하거나 응용하고 있다. 마음챙김을 기반으로 하여 인지의 탈융합, 기능적 맥락주의, 가치의 명료화 기법 등을 사용하고 있다. 이러한 치료의 기반은 마음챙김을 통한 수용과 전념이다. 즉 경험을 회피하지 않고 그 경험을 수용하고 다른 곳으로 주시를 돌릴 수 있는 의지를 키우는 것이다.

수용적 자세

만성통증의 경우 통증을 유발하고 유지되는 요인이 불분명하고 통증을 제거하거나 완화시키는 노력을 무력화시킬 수 있다. 통증을 피하려고 노력하면 할수록 더 많은 고통을 유발하게 된다. 통증을 조절하고 회피하려는 노력으로 생산적인 활동과 인간관계에 막대한 지장을 초래하게 된다. 통증을 조절하려는 시도들이 오히려 부작용을 초래하거나 일, 관계, 문화 등의 생산적인 활동을 가로막게 된다.

통증을 피할 수 없다면 그 통증을 기꺼이 경험하고 받아들이는 것이 수용전념치료 기법이다. 이 기법은 기꺼이 통증을 경험하고 통증에도 불구하고 가치있는 삶의 활동에 몰두하는 것이다. 흔히 전장(戰場)에서 총상을 입고도 전투에 몰입하는 경우 통증을 감지하지 못한다. 어린이가 놀이 중에 입은 상처도 잊고 놀이에 전념하게 된다. 이 순간 통증이 없는 것은 아니다. 통증에도 불구하고 다른 일에 몰입하게 되면 통증을 잊게 되는 것이다.

통증과 관련된 상황, 생각, 활동 등을 피하면 피할수록 우리의 일상적인 삶은 많은 제한을 받는다. 수용전념치료는 살아있는 모든 사람이 경험할 수 있는 정상적인 감각임을 수용하는 것이다. 통증에 수반된 불안과 공포는 자연스런 반응이며 피할 수 없는 몸과 정신의 작용으로 통증을 받아들이며 동반하고 기꺼이 가치있는 일에 전념하는 것이다.

탈인지적 융합

만성통증에 갇혀있는 사람들은 생각에도 갇혀 있을 수 있다. 통증의 감각에서 한 생각이 일어나면 그 생각이 꼬리를 물고 확대된다. 이러한 현상을 '인지의 융합'이라고 하고, 이 인지의 융합에서 벗어나는 것을 '탈인지 융합'이라고 한다. 생각과 생각이 이어지는 것을 인지적 융합이라고 하고 인지적 융합을 단절시키는 것을 탈인지적 융합이라고 한다.

통증으로부터 느낌과 감각이 일어나면 '아프다' '괴롭다' '쑤신다' 등 단어가 형성되고 그 단어에 의해 판단과 분별심이 일어난다. 이러한 판단과 분별심은 통증 그 자체의 아픔에다 정신적인 아픔을 더하게 된다. 이것을 2차 화살이라고 한다. 1차 화살로 통증이 발생했는데 그 통증으로 인해 정신적인 괴로움과 불만족이 일어나게 된다. 그리고 이러한 생각은 통증을 회피하기 위한 어떤 행동을 하게 된다. 이를 테면 통증으로 괴롭다는 생각을 하게 되고 이 괴로움에서 벗어나기 위해서 약물을 복용하거나 자기 파괴적인 행동을 할 수 있다.

인지적 융합으로 인한 생각의 흐름은 어떤 맥락을 갖게 된다. 느낌과 감각은 언제나 맥락 속에 존재하며 일어나는 생각도 맥락 속에서 일어나고 행동으로 연결된다. 따라서 이러한 맥락을 주시하고 알아차려서 맥락을 바꾸면 느낌이나 생각이 바뀌고 행동을 바꿀 수가 있다. 통증으로 인해 일어나는 느낌과 감각에서 일어나는 생각을 바라보고 알아차리면 인지적 융합에서 벗어날 수 있다.

통증으로부터 일어나는 느낌과 감각과 생각들이 자동반응으로 일어나게 될 때 인지적 융합이 일어난다. 이러한 과정을 주시하고 알아차리는 것이 마음챙김 명상법이다. 현재 이 순간에 일어나는 느낌과 감정과 생각을 판단과 분별없이 알아차림으로 인지적 융합으로부터 벗어날 수 있다.

마음챙김 명상으로 통증으로부터 일어나는 느낌, 감각, 생각 등의 관찰자가 된다. 통증 부위를 나로부터 분리하여 하나의 물질로 본다. 즉 내가 아픈 것이 아니라 단지 그 물질에서 일어나는 현상으로 바라보게 된다. 이렇게 통증 부위를 대상화시켜 관찰하게 되면 내 마음이 감각과 생각으로 지배받는 것이 아니라 내 마음의 주인이 될 수 있다. 통증으로 내 감정과 생각이 지배되지 않고 그 통증을 다스릴 수 있게 된다.

필자는 통증이 일어나는 신체부위를 잘라내고 싶을 정도로 심각한 통증을 두차례 겪었다. 한번은 명상을 배우기 전이었고 다른 한번은 명상을 경험한 이후였다. 명상을 경험하기 이전은 좌골신경통에 의한 허리와 다리에서 일어나는 통증이었다. 이 통증으로 직장도 휴직을 하고 집에서 진통제로 통증을 다스리고 누워서 생활을 했다. 통증에 내 삶이 완전히 지배되어 죽고 싶다는 마음이 일어날 정도로 괴롭고 힘든 생활이었다.

다른 한번은 명상을 공부하고 난 후 일어난 통증의 경험이었다. 산에서 다른 생각을 하며 내려오다 넘어져서 발목이 골절되었다. 이때부터 마음챙김 명상을 시작했다. 주차된 차에까지 서서히 내려와 스스로 운전을 해서 병원 응급실에 도착하게 되었다. 발목에서 일어나는 통증을 주시하고 응급실 안에서 일어나는 일에 대해 호기심과 연민심으로 다른 환자들을 보게 되었다.

그리고 골절된 부위에서 일어나는 통증을 관찰하였다. 통증을 관찰하다보니 통증의 특성을 알게 되었다. 통증이 계속적으로 일어나는 것이 아니라 주기적으로 일어났다 사라지는 현상을 발견하였고 통증이 시작될 때 어떤 징후가 나타남을 알게 되었다. 통증 부위를 주시하면 그 부위에서 통증을 일으키는 에너지를 느낄 수 있었다. 그리고 이 현상을 주시하게 되면 통증을 일으키는 에너지가 분산되며 통증이 완화되는 것을 경험하였다.

수술 후에도 의사에게 소염제는 투여해도 진통제 투여는 최소화시켜달라고 부탁하였다. 통증을 경험해보고 싶어서였다. 일주일간의 입원기간 동안 통증을 주시하고 알아차리는 마음챙김 명상을 기반으로 통증에 지배되지 않는 생활을 할 수 있었다. 마음챙김 명상과 독서로 시간을 보내고 때로는 목발을 짚고 산책도 하면서 안정되고 편안한 병원생활을 할 수 있었다. 마음챙김 명상을 통해 통증을 잊거나 없애려고 하지 않고 통증을 기꺼이 경험하며 병원생활을 할 수 있었다.

참고도서

비디아말라 버치· 대니 펜맨, 김성훈 역, 『기적의 명상 치료』, 불광출판사, 2020.

Jason B. Luoma, Steven C. Hayes, 최영희 외 공역, 『수용전념 치료 배우기』, 학지사, 2012.

잭 콘필드, 이현철 역, 『마음의 숲을 거닐다』, 한언, 2006.

Jon Kabat-Zinn, *Full Catastrophe Living*, Bantam, 2013.

Jon Kabat-Zinn, 안희영 역, 온정신의 회복, 학지사, 2017.

Matthew Mckay 외, 이영순 외 역, 『변증법적 치료 워크북』, 명상상담연구원, 2013.

Steven C, Hayes, 『알아차림과 수용』, 명상상담연구원, 2009.

Ed. Ruth A. Bear, 안희영 외 역, 『마음챙김에 근거한 심리치료』, 학지사, 2009.

한자경 편집, 『괴로움－어디서 오는가』, 운주사, 2013.

제3장

명상과 분노조절장애 대처

1. 삶과 분노의 문제

한국을 분노 공화국이라고 말하는 사람들이 있다. 지금은 많이 달라졌지만 70년 대, 80년대 민주화운동, 노동운동을 하는 사람들의 시위 현장을 보면 폭력과 무질 서가 난무했고 이러한 시위 현장에서 분노의 표출로 자살, 자해 등을 하는 사람들 도 속출했다. 이렇듯 우리나라 사람들에게 분노가 많은 것은 외세로부터의 침략, 군부 독재의 억압, 빈부의 격차에 의한 박탈감 등이 작용했다고 볼 수 있다. 병자호 란, 임진왜란, 등 외세의 침략과 급속한 경제발전에 의한 빈부의 격차로 스트레스 가 쌓인 것이 분노 표출의 원인이다.

분노는 억압되었던 감정이 말과 행동으로 격렬하게 표현되는 현상으로 과도한 스트레스에 장기간 노출되거나 마음에 품고 있다가 감정을 자극하는 대상이나 상 황이 생기면 화가 폭발하게 된다. 오늘날 노인 세대들은 6.25 전쟁과 군부 독재에 의한 억압 등으로 형성된 트라우마가 분노의 감정이 되었고, 또 이들 세대로부터 억압되었던 젊은 세대들도 분노의 감정이 자라게 된 것이다.

분노의 감정을 안으로 새기는 사람이 있는가 하면 지나치게 공격적인 사람이 있 다. 전자의 경우는 한을 품고 있는 사람이라고 하며, 후자의 경우는 분노조절장애 자라고 한다. 과거의 한국인들은 분노를 가슴에 품고 살았기에 울화병 혹은 가슴앓

이 환자가 많았다. 이렇게 분노를 가슴에 품고 살았기에 우리 조상들은 한(恨)이 많은 백성이라고 하였다.

분노조절장애란 스스로 분노를 조절하지 못하고 습관적 혹은 충동적으로 분노를 폭발하는 것을 말한다. 습관적으로 분노를 폭발하는 사람은 분노를 유발하는 인자와 만나면 습관적인 패턴으로 지나친 언어와 행동이 표출된다. 충동적 분노를 표출하는 사람은 느닷없이 화를 내거나 폭력적인 행동을 한다. 위 두 가지 경우 모두가 자신과 타인을 파괴할 수 있다는 것을 생각하지 못한다. 그야말로 보이는 것이 없고 물불을 가리지 않는 행동을 하게 된다. 대수롭지 않은 일로 화를 내며 자기를 학대하거나 상대에게 상처를 입히게 된다.

분노란 꼭 외부로부터 오는 억압에 의해 형성되는 것만은 아니다. 자신의 유전적 인자 혹은 삶의 배경에서 형성된 분노가 있다. 특히 탐욕적 욕구가 강한 사람들이 분노가 많다. 자신이 기대한 바가 이루어지지 않을 때 불만족이 쌓이게 되고 불만족이 분노의 감정으로 변하게 된다.

불교에서는 탐진치(貪瞋痴), 즉 탐욕과 분노와 어리석음을 삼독(三毒)이라고 한다. 수행과 깨달음을 가로막는 세 가지 독(毒)이다. 삼독은 상호연관이 있다. 탐욕이 많은 사람은 분노가 많고, 분노가 많으면 어리석은 사람이 된다. 욕심이 많은데 그 욕심이 채워지지 않으면 분노가 일어나고, 분노가 일어나면 분별력 없는 어리석은 사람이 된다.

2. 마음챙김에 기초한 분노조절장애 대처

앞에서 언급한 것처럼 분노조절장애는 과도한 억압, 즉 스트레스로부터 유발된다. 그리고 분노조절장애자의 성격이나 성장 배경이 다르기 때문에 분노 감정의 표출 정도와 표출 방식도 다르다. 따라서 이를 다루는 치유법도 개인에 따라 달리 적용해야 할 것이지만 분노조절장애를 다루는 가장 일반적이고 임상에 의해 그 효과가 검증된 프로그램이 존 카밧진이 개발한 마음챙김을 기초한 스트레스 완화 프로그램 MBSR이다.

인간의 의식 세계와 무의식의 세계에서 끊임없이 느낌, 감각, 생각 등이 일어난다. 무의식의 세계에서는 과거의 억눌렸던 감정들에 의하여 느낌, 감각, 생각 등이 일어나고, 의식의 세계에서는 어떤 대상이나 현상과 접촉했을 때 감각이나 생각이 일어난다. 이러한 감각과 생각들을 주시하며 알아차리지 못할 때 말과 행동이 자신의 삶을 이끌어간다.

분노도 그렇다. 과거의 억눌렸던 감정이 반추되어 부정적 감정과 생각을 만든다. 생각은 계속 다른 생각이 융합하여 확대되어가고 여기에 분노의 감정이 증폭되어 어느 한계에 도달하면 그 감정이 폭발하여 폭력적 언행으로 표출된다. 심리학에서는 이를 스탬프 교환(요즈음은 쿠폰)이라고 한다. 쿠폰이 어느 상한선에 도달하면 모아둔 쿠폰과 보상 물질을 교환하듯이 분노도 쌓이다가 어느 한계에서 폭발적으로 분출되는 것이다.

마음챙김은 지금 현재 내 안에서 일어나고 있는 느낌과 감정과 생각을 주시하고 알아차리는 것을 말한다. 지금 현재 내 안에서 일어나고, 머물고, 떠나는 느낌, 감정과 생각들을 주시하며 알아차리는 것이다. 이러한 것들을 주시하고 알아차리지 못하고 그 느낌, 감정, 생각 등에 빠지거나 끌려다니는 것이 고통이 된다.

분노도 마찬가지다. 분노의 감정이 일어나고 그 감정에 빠지거나 끌려다니게 될 때 자기 자신은 물론 타인에게 상처를 주게 된다. 마음챙김 명상은 분노의 감정에 빠지거나 지배되지 않도록 하며 분노의 에너지를 건전한 방향으로 표출하도록 한다. 마음챙김 명상은 분노조절 장애에 대하여 다음과 같은 효과를 갖는다.

첫째, 분노하는 자신을 멈추게 한다. 분노의 감정은 계속 인지의 오류와 융합하도록 작용하여 감정을 표출하게 만든다. 마음챙김은 이러한 분노의 감정으로 인해 발생하는 인지의 오류와 인지의 융합을 막을 수 있도록 한다. 멈추고 호흡을 세는 수식관(數息觀)을 하거나 흐르는 호흡을 따라가며 관찰하는 수식관(隨息觀)하게 되면 분노의 감정으로부터 벗어나 지금 현재로 돌아올 수 있다.

둘째, 분노하는 자신을 보게 한다. '화가 나면 보이는 게 없다' '화가 나면 물불을 가리지 않는다.'는 말은 화를 내는 순간 이성과 판단을 잃고 감정대로 말과 행동이 표출하게 된다는 뜻이다. 이러한 순간에 마음챙김 명상을 하게 되면 화를 내고 있는 자신을 보게 되며 자신에게 멈추라는 명령을 내릴 수 있다. 마음챙김 명상을 통해서 자신을 판단 없이 객관적으로 보게 된다.

셋째, 분노하는 중심에서 빠져나올 수 있다. 분노의 감정이 일어나면 지금 자신이 무슨 생각을 하고 무슨 일을 하는지 볼 수가 없다. 분노하는 자신의 감정이 바로 자신인 것이다. 그러나 마음챙김을 통하여 멈추고 자신을 보게 되면 '분노하는 나'와 '분노하는 나를 보는 나'를 구분할 수 있다. 그리고 '분노하는 나를 보는 나'가 거리를 두고 '분노하는 나'를 볼 수 있게 한다.

참고도서

한자경 편집, 『분노-어떻게 다스릴 것인가』, 운주사, 2016.
운월야인 진각, 『탐진치』, 참극세상, 2010.
틱 낫한, 최수민 역, 『화』, 명진출판사, 2011.

제4장

명상과 불안장애 대처

1. 삶과 불안의 문제

실존 철학자들은 불안을 원초적이고 실존적인 문제로 보고 있다. 인간은 태어날 때부터 불안을 안고 태어났으며 일상에서 불안을 느끼며 사는 존재라는 것이다. 인간은 누구나 불안을 느낀다. 그러나 불안을 지나치게 느끼는 것도 문제이고 불안을 느끼지 못하는 것도 문제이다. 불안감이 지나쳐 일상생활에 지장을 받는다면 불안장애 상태라고 할 수 있다. 이러한 불안장애는 공황장애, 불안발작, 대인공포증, 강박증 등 심신 장애의 원인이 된다.

적당한 불안감은 인간의 성장과 건전한 삶의 원동력이 된다. 철학자이며 신학자인 폴 틸리히(Paul Tillich)는 불안을 "비존재의 위협에 대한 반응"이라고 하였고, 심리학자 프로이드(G. Freud)는 불안을 "인간이 무엇을 못하고 있을 때 무엇인가를 하도록 무의식적으로 권고하는 상태"라고 하였다. 이러한 반응과 내면의 경고를 주시하고 알아차린다면 불안은 인간의 삶의 질을 향상시키는 요인이 될 수 있다. 불안을 주시하고 알아차리면 나의 미해결 혹은 미완성한 일을 찾을 수 있다.

불안의 감정은 무의식의 세계에서 떠오르거나 어떤 공포의 대상과 마주치게 될 때 일어난다. 무의식의 세계에서 일어나는 불안은 원초적 불안으로 실존주의 철학자들은 인간 조상의 원죄와 관련이 있다고 말한다. 또한 과거의 외상에서 비롯된트라우마에서 불안의 감정이 일어날 수도 있고 칼 융이 말한 집단 무의식의 세계에서 일어날 수도 있다. 이러한 불안의 감정은 예상치 못하게 일어난다. 일상에서 갑자기 불안의 감정이 일어나고 이러한 감정에 휘말려 고통을 겪게 되기도 한다.

불안의 감정은 심신 이상 증상을 만든다. 기분이 가라앉거나, 강박증, 우울감 등이 유발된다. 생리적인 반응으로는 호흡이 거칠어지고 식은땀 등이 일어나며 불면증, 식욕 감퇴 등으로 일상이 깨어지게 된다. 이러한 증상들은 우리의 삶을 전환하라는 경고 신호로 받아들여야 하고 새로운 삶을 지시하는 방향타라고 보아야 한다. 이러한 증상에 대해 어떻게 반응하느냐에 따라 파괴적인 삶 혹은 건설적인 삶이 된다.

사람들이 불안에 어떻게 반응하는가를 보면 그 사람의 심신 상태를 알 수 있다. 불안에 대해 올바르게 반응하는 사람은 평정심과 안정감을 갖는다. 그러나 불안을 회피하거나 잊기 위해서 술, 마약, 혹은 쾌락에 빠지게 되면 자기 파괴는 물론 타인까지 파괴에 이르게 한다. 키에르케고르(Kierkegaard)의 말처럼 불안으로 절망에 이르게 되고 그 절망으로 사망에 이르게 된다.

불안에 반응하는 세 가지 유형이 있다. 첫째, 불안이 있어도 의식하지 못하고 그 불안에 끌려가는 사람이 있다. 그냥 '기분이 나쁘다'는 정도로 알고 불안을 안고 사는 사람이다. 이러한 사람은 불안한 감정을 안고 살게 된다. 이러한 감정에 빠지면 자기 일을 하지 못하고 고민하고 걱정하며 살게 된다.

둘째, 불안을 회피하는 사람이 있다. 불안에 대한 방어로 다른 데에 주의와 관심을 돌린다. 술이나 게임 등으로 불안을 잊으려고 한다. 불안에 대한 이러한 반응은 자신과 타인을 파괴할 수 있다. 불안의 회피는 불안 감정을 해결하는 것이 아니라 잠시 묻어두는 것이다. 이러한 반응은 불안으로부터 탈출할 수 없으며 불안 감정에 묶이게 된다.

셋째, 불안을 알고 대처하는 사람이 있다. 지금 일어나는 불안 감정을 알고, 수용하며 불안의 원인이 무엇인지, 불안에 어떻게 대처할 것인지를 모색하는 사람이다. 이러한 사람에게서 불안은 도전하고 인내하는 창조적인 힘이 되며 지금의 한계를 벗어나 미래로 향해 나갈 수 있는 추진력이 된다.

2. 마음챙김 명상에 기초한 불안 대처

마음챙김의 기본 원리는 현재 마음과 몸에서 일어나는 경험들을 판단과 분별없이 주시하며 알아차리는 것이다. 불안장애를 겪고 있는 사람은 두려움, 공포의 감정과 걱정이 마음에 머물러 있고 그러한 감정과 생각에 빠지게 된다. 이러한 감정과 생각에서 빠져나오기 위해 주시와 알아차림의 힘을 기르는 마음챙김 명상이 필요하다. 주시와 알아차림을 통해 이러한 감정과 생각을 기꺼이 수용하며 맞설 수 있게 된다. 마음챙김의 원리를 기반으로 불안장애를 극복하기 위해서는 다음과 같은 접근법들이 있다.

첫째, 수용적 자세를 갖는다. 불안의 감정이 일어날 때 이것을 통제하거나 회피하려고 하면 오히려 그 감정은 더 악화된다. 그냥 내버려두고 지켜보아야 한다. 내버려두고 지켜보면 그 감정이 사라진다. 불안의 감정이 일어날 때 '이것은 사실이 아니다' '뇌에서 습관적으로 발생하는 잘못된 경고'라고 받아들여야 한다. 수용적 자세를 갖게 될 때 거기에 빠지거나 끌려가지 않고 판단 없이 지켜 볼 수 있게 된다.

둘째, 메타인지를 사용한다. 메타인지란 인지의 방식, 인지의 융합 과정을 아는 것이다. 불안의 감정을 증폭시키는 요인은 인지의 융합이 이루어지기 때문이다. 생각이 생각을 만들고 그 생각이 꼬리를 물고 확대되는 것이 인지의 융합이다. 인지의 융합은 불교의 연기법과 같은 원리다. 감각기관이 어떤 공포의 상황이나 대상에 접하게 되면 불길한 느낌이 일어나고 이 느낌은 불안의 감정을 만들고 불안의 감정이 대응이나 회피의 행동으로 나타난다. 이러한 연기 작용 혹은 인지의 융합 과정을 주시하고 알아차리게 될 때 인지의 융합을 차단할 수 있고 불안의 감정을 약화시킬 수 있다.

셋째, 인지구조의 재구조화를 한다. 불안의 감정이 일어나는 것도 조건화된 마음의 작용이다. 과거의 경험이 무의식에서 인지방식을 만들고 인지의 스키마

(schema)를 만든다. 어떤 상황을 접하게 되면 이 스키마를 통해 인지작용이 일어난다. 뇌에 인지작용이 구조화된 것이다. 스키마를 통한 인지작용은 습관적 반응으로 나타난다. 불안의 감정에서 벗어나려면 마음챙김을 통해 습관적 반응을 일으키는 뇌의 인지구조를 재구조화해야 한다.

넷째, 현존에 집중해야 한다. 불안은 과거의 경험에 대한 반추 혹은 미래에 대한 불확실에서 온다. 이러한 경험들과 접하게 될 때 두려움, 공포, 우울감 등의 장애가 일어난다. 따라서 과거의 반추나 미래에 대한 걱정에 빠지지 말고 지금 현재 경험에 집중해야 한다. 현재의 경험을 주시하고 알아차리게 될 때 불안의 감정으로부터 자유로워질 수 있다.

다섯째, 가치와 의미있는 일에 집중한다. 보통 삶의 의미와 가치를 잃게 될 때 불안의 감정이 일어난다. 이러한 불안을 실존적 불안이라고 한다. 실존적 불안 감정이 계속될 때 우울감, 자살 충동 등이 일어나게 된다. 삶에 대한 의미와 가치를 갖게 될 때 그 의미와 가치실현을 위해 지금 현재의 삶에 충실하게 되고 기꺼이 현재에 집중하고 노력하게 된다.

참고도서

알랭드 보통, 정영목 역, 『불안』, 은행나무, 2012.

Ed. Ruth A. Bear, 안희영 외 역, 『마음챙김에 근거한 심리치료』, 학지사, 2009.

Jason B. Luoma, Steven C. Hayes, 최영희 외 공역, 『수용전념 치료 배우기』, 학지사, 2012.

Steven C, Hayes, 『알아차림과 수용』, 명상상담연구원, 2009.

크리스토퍼 거머 외, 『마음챙김과 심리치료』, 무우수, 2009.

Jack Kornfield, 『No Time Like the Present』, Atria Books, 2017.

제5장

명상과 우울증 대처

1. 삶과 우울증의 문제

우울증은 우리 주변에서 흔히 볼 수 있는 정신 장애로 원활하지 못한 대인관계, 고독감, 일에 대한 의욕 상실, 심한 경우 극단적 선택의 결과에 이를 수 있는 뇌질환이다. 자살자가 발생했을 때 '그가 평소 우울증을 앓고 있었다.'는 이야기를 많이 한다. 우울증은 자살에 이르게 하는 심리적 장애이다. 입원할 정도의 만성적 우울증환자가 자살로 이어지는 비율이 15%에 해당한다고 한다. 또한 우울증이 공황장애로 이어지는 확률이 우울증이 없는 사람보다 무려 19배나 높다고 한다.

우울증은 자신의 삶을 파괴할 뿐만 아니라 주변 사람들에게도 고통을 준다. 우울증은 기분장애로 기분이 가라앉거나 침울한 상태에 이르게 한다. 우울증 환자는 정상적인 생산 활동을 하지 못할 뿐만 아니라 정상적인 인간관계도 하지 못한다. 이를 해결하기 위해서는 많은 사회적 경비와 노력이 소요된다.

우울증은 입맛, 잠의 맛, 성욕의 맛 등을 잃게 한다. 삶의 의미와 흥미를 상실한다. 우울증은 지속적인 식욕 감퇴, 수면 장애, 집중력 상실, 절망감, 자존감 상실 등과 같은 신체적, 정신적 징후가 동반된다. 이러한 장애가 적어도 2주 이상 계속되면 우울증으로 진단한다.

우울증의 문제 중 하나는 재발율이 높다는 것이다. 미국 심리학회의 임상조사에 의하면 첫 번째 우울증 삽화에서 회복된 후 재발 확률이 22%이고, 세 번 이상 삽화가 있는 환자는 67%의 재발률이 나타났다고 한다. 우울증이 재발하면 그 치료가 더 까다로워지고 만성 우울증으로 진행될 가능성이 약 2배가 된다고 한다.

우울증의 또 다른 문제는 다른 질병과 다르게 자신이 우울증 환자라는 것을 인지하지 못하고 치료에 적극적이지 않다는 점이다. 자신이 우울증 환자라는 것을 인정하지 않으며 정신건강을 다루는 의사에게 치료적 도움 받기를 꺼려한다. 통계에 의하면 우울증 환자 중에는 의사나 상담사 등의 전문가의 도움을 받는 사람보다 받지 않는 사람이 더 많다고 한다. 이는 자신이 우울증 환자라는 사실을 자각하지 못한다는 것과 정신적 장애의 병력(病歷)이 자신의 사회생활에 도움이 되지 않는다고 생각하기 때문이다.

2. 마음챙김에 기초한 우울증 대처

우울증은 개인적으로나 사회적으로 많은 문제를 야기하지만 다행인 것은 의학적 혹은 심리상담학적 대처로 완쾌율이 70−80%에 이르는 질환이라는 것이다. 초기 우울증 환자의 치료는 심리상담이나 기분전환으로 어느 정도 완화 효과가 있지만 중증 우울증 환자 치료에는 상담과 약물처리가 병행되어야 한다. 최근에 개발된 항우울제는 뇌에 저하된 세라토닌을 증가시켜 부작용 없이 우울 증상을 완화시키는데 효과가 있다. 우울증 발병 요인으로는 유전적, 심리 사회적, 신체적 질환 등이 있다.

유전적 요인: 우울증의 유전성은 30%−70% 정도에 이른다고 한다. 직계 가족 중 우울증 병력이 있는 경우에는 우울증이 비교적 일찍 발생하고 우울증 유병률이 2~3배 높다고 한다. 그러나 우울증을 일으키는 유전자는 하나만 있는 것이 아니라 여러 종류의 유전자가 복잡하게 얽혀 있고 환경에 따라 유전자의 활성화 정도가 다르기 때문에 우울증과 유전자 요인의 관련성을 명확하게 규명하는 것은 쉽지 않다.

신경생화학적 요인: 대뇌의 신경전달물질의 불균형이 우울증의 원인이라는 가

설이다. 신경전달물질인 세라토닌, 노르에피네프린, 도파민 등의 결핍으로 우울증이 발생한다는 가설이다. 대부분의 항우울제는 이러한 가설에 근거하여 대뇌 신경전달물질을 조절함으로써 치료효과를 갖게 된다.

심리사회적 요인: 우울증의 심리사회적 요인에는 삶의 의미 상실, 급격한 환경 변화, 대인관계의 변화 등이 있다. 개인적으로 가치와 기대에 충족이 되지 않을 때, 관계하는 상대에 대한 욕구와 기대를 잃을 때, 급격한 환경변화로 인해 생체 리듬과 생리적 변화를 겪게 될 때 우울증이 발병된다. 이러한 심리사회적 변화와 상실은 기분장애, 수면장애, 인지능력 저하 등을 유발시켜 정상적인 일상생활을 어렵게 한다.

과거에는 우울증을 치료하기 위해 취미 개발, 인간관계 회복, 스포츠 등 주의 전환 및 주의 통제 방법을 사용하였다. 그러나 이러한 주의 전환이 근본적인 우울증 치료방법은 아니다. 대부분의 우울증 환자들은 우울증을 극복할 수 없을 것 같고 이러한 괴로움을 결코 극복할 수 없을 것이라는 잘못된 신념을 갖기 때문에 치유에 적극적으로 참여하지 않는다.

현재 우울증 치료법으로 가장 많이 적용하는 것이 인지행동 심리치유이다. 인지행동 심리학에서는 우울증을 인지의 오류에서 비롯된다고 본다. 사물과 현상을 있는 그대로 보지 않고 판단과 분별에 의한 주관적 생각에 빠지게 될 때 우울감이 일어나고 이러한 주관적 생각에 의한 오해, 잘못된 신념, 타인에 대한 증오 등이 우울증으로 발전한다.

현재 제3의 인지방식으로 등장한 것이 마음챙김이며 이를 기초로 한 우울증 대처법 MBCT(Mindfulness-Based Cognitive Therapy)가 있다. MBCT는 마음챙김을 기초한 스트레스 완화 프로그램 MBSR을 우울증 대처에 적용한 것이다. 따라서 MBSR의 기제가 되는 마음챙김 명상법이 우울증 예방에 사용되고 있다.

마음챙김을 통한 우울증 완화와 재발방지를 위한 핵심 기제는 탈중심화다. 탈중심이란 우울증과 같은 정신장애가 일어날 때 그 순간에서 벗어나 거리를 두고 마음과 몸에서 일어나는 현상을 있는 그대로 바라보는 것이다. 이때 거리를 둔다는 것은 이러한 현상을 회피하거나 의도적으로 다른 곳으로 주시를 돌리는 것이 아니다.

우울증 삽화로부터 일어나는 느낌, 감정, 생각에 빠지지 않고 그것들을 기꺼이 수용하고 관계를 맺는 것이다.

MBSR에서는 우울증 삽화로 일어나는 마음의 작용과 몸의 반응을 있는 그대로 주시하고 알아차리는 수련을 한다. 이때 사용하는 마음챙김 명상법에는 호흡관찰명상, 바디스캔 걷기명상, 요가 등이 있다. 이러한 명상법들은 지금까지 인지행동치료 기법으로 사용하였던 주시의 전환 및 통제, 인지의 오류에 대한 자각 등과는 다르다. 마음챙김 명상법은 지금 이 순간에 머무는 훈련이며 지금 이 순간에 일어나는 감정과 생각에 대해 수용하고 관계 맺는 수행법이다.

그러나 우울증의 정도가 심각하거나 만성적인 우울증 환자에게 마음챙김의 방식을 적용하기는 쉽지 않다. 그런 환자에게는 주시와 자각의 힘이 없기 때문이다. 증상이 심한 우울증 환자에게는 항우울제를 투약하여 어느 정도 우울한 기분이 회복되고 자각의 힘이 생겼을 때 마음챙김을 적용할 수 있다. 따라서 MBSR이나 MBCT는 우울증을 직접 치료하는 프로그램이 아니지만 우울증 재발 방지에 효과가 있는 프로그램이다.

참고도서

Aaron, T. Beck, 원호택 역,『우울증의 인지치료』, 학지사, 2005.

John Welwood, 김명권, 주해명 역,『깨달음의 심리학』, 학지사, 2008.

크리스토퍼 거머 외,『마음챙김과 심리치료』, 무우수, 2009.

Z. V. Segal, 외,『마음챙김에 명상에 기초한 인지 치료』, 학지사, 2006.

Ed. Ruth A. Bear, 안희영 외 역,『마음챙김에 근거한 심리치료』, 학지사, 2009.

제7부

생활 명상

제1장

마음챙김 명상과 일상생활

1. 일상에서의 수행

지운스님이 지은 시구(詩句)에서 수행이란 "자신이 자신을 구원하는 것"이라고 하였다. 기독교의 구원은 하나님의 인도와 은혜에 의해서 이루어지지만 불교에서는 자신의 수행에 의해 구원이 가능하다고 본다. 수행이란 글자의 의미대로 말이나 글로 배우는 것이 아니라 자신의 마음과 몸을 닦는 행위이다. 아무리 좋은 수행법을 공부하고 그 이론과 방법을 안다고 하여도 그것 자체가 수행은 아니다. 수행은 마음으로 느끼고 몸으로 실천하는 것이다

진리나 도(道)를 공부하고 그것을 몸에 배이게 하는 것을 훈습(薰習)이라고 한다. 수행은 훈습을 통해 좋은 습관을 몸에 배이게 하는 것이다. 꽃집에 들어가 오래 머물면 몸에 꽃향기가 배이고 생선 가게 오래 머물면 생선 비린내가 몸에 배이게 된다. 수행도 이처럼 진리나 도가 몸에 배여 내가 진리의 실체가 되는 것이다. 기독교 성경에서도 예수를 "말씀이 육신이 되신 분"이라고 하였다. 이를 화육(化肉)이라고 한다. 붓다는 "나를 아는 자는 법을 알고 법을 아는 자는 나를 안다"고 하였다. 붓다가 바로 법의 실체, 즉 법신(法身)이라는 말이다. 수행이란 진리의 화육을 위해서 하는 것이다.

수행은 궁극적으로 자아실현을 위해 자신의 몸과 마음을 갈고 닦는 것이다. 자아

실현을 성취한 사람은 자신의 번뇌와 고통으로부터 벗어나 세상을 위해 정의와 사랑을 실천하는 사람이다. 스스로 자신을 구원하고 중생의 구원을 위해 일하는 사람이다. 예수나 붓다와 같은 성인들은 청년기까지 자신을 갈고 닦은 후 세상으로 나아가 세상의 구원을 위해 살았다.

수행자에게는 습관이 중요하다. 습관이 말과 생각 그리고 행동을 만들기 때문이다. 말과 생각은 마음의 바탕인 정서에서 일어난다. 정서는 그 사람의 마음의 환경으로써 이 환경에 의해 말과 생각이 일어나고, 행동이 습관적으로 일어난다. 마음의 바탕인 정서에서 생각이 여과되지 않을 때 느낌과 감정의 습관적인 반응양식이 일어난다. 밭이 오염되고 기름지지 않으면 좋을 결실이 나오지 않듯이 마음의 바탕이 오염되면 부정적 느낌과 감정이 일어난다. 따라서 밭을 옥토로 일구어야 좋은 결실을 맺듯이 정서의 바탕을 청정하고 고요한 것으로 일구어야 좋은 생각, 좋은 행동이 나온다. 정서의 바탕을 청정하고 고요하게 갈고 닦는 도구가 마음챙김 명상(Mindfulness Meditation)이다.

마음챙김 명상은 불교의 위빠사나 명상을 응용해서 만든 명상법이다. 영어 'Mindfulness'는 우리말로 '알아차림' '마음챙김' 등으로 번역된다. 마음챙김 명상은 지금 현재 마음에서 일어나는 느낌, 감정, 생각, 현상 등을 판단 없이 주시하며 알아차리는 명상이다. 마음에서 일어나는 것들을 주시하고 알아차리게 될 때 그것들에 끌려가지 않고 깨어있을 수 있다. 따라서 일상에서 마음챙김이 이루어져야 한다.

가끔 수행을 통해 어떤 깨달음을 경험하고 증득하게 되면 목표를 이루었다고 생각하고 수행을 멈추고 다시 습관적인 생활에 묻혀 사는 사람도 있다. 수행을 계속하지 않으면 요요현상처럼 다시 옛 습관으로 돌아가게 된다. 깨달은 사람은 그 깨달음을 유지하기 위해서 일상에서 마음챙김 명상을 실천해야 한다. 그래서 예수는 "쉬지 말고 기도하라"고 하였고, 붓다는 "정진하라"고 하였다. 몸에 자양분을 얻기 위해 규칙적으로 음식을 섭취하는 것처럼 마음의 자양분을 위해 마음챙김을 멈추지 말아야 한다.

6세기경 보리달마가 인도로부터 중국으로 넘어와 소림사에서 9년 동안 면벽(面壁) 수행을 한 것은 자신의 깨달음을 유지하기 위함이고 깨달은 자의 모습을 보여

주기 위해서다. 그는 이미 깨달은 자이지만 그 깨달음을 유지하기 위해서 면벽 수행을 했다. 포교를 위해 아무런 가르침이 없었지만 그의 기품있고 청정한 자세를 보고 많은 사람들이 그를 따르는 제자가 되었던 것이다.

2. 마음챙김과 현존의 힘

인간의 정신적 고통은 현재에 깨어있지 못하고 과거의 경험 혹은 미래의 환상에 사로잡히기 때문에 발생한다. 우울증은 과거의 사건에서 비롯된 슬픈 감정에 빠지게 되는 것이고 과대망상은 미래의 일어날 사건에 대한 지나친 기대와 두려움 때문에 일어난다. 이러한 정신적 고통으로부터 자유롭기 위해서는 현재 일어나는 자신의 경험에 집중하고 알아차려야 한다.

현존이란 지금 나에게서 일어나는 현재의 경험을 주시하고 알아차리는 것이다. 지금 이 순간 내 안과 밖에서 일어나는 현상을 대하면서 판단과 분별하지 않고 주시하며 관찰하는 것이다. 현재의 경험을 수용하고 비판단적으로 관찰하게 될 때 자신의 무의식 가운데 부정적 기억이 쌓이지 않게 된다. 인간의 번뇌와 정신적 고통은 무의식 세계에 기억되어 있는 부정적 감정이나 생각들이 자동반응으로 유발되는 것이다.

지금 현재에 깨어있다는 것은 순간순간 자신의 안과 밖에서 일어나는 일들에 대하여 주시하고 알아차리는 것이다. 지금 이 순간 내 몸에서 일어나는 감각과 내 마음에서 일어나는 느낌, 생각 등에 깨어있는 것이다. 내 감각기관들이 접촉하는 밖의 세계의 사물과 현상들에 대해 깨어있어야 한다. 깨어있기 위해서는 내 오관(五官)이 사물과 현상을 대할 때 관념에 의한 판단이 아니라 직관과 자각으로 사물과 현상을 주시하는 것이다.

마음에서 일어나는 느낌과 생각이 몸의 반응으로 나타난다. 따라서 내 몸에서 일어나는 감각은 나에게 주는 메시지이다. 몸의 통증은 그 통증이 일어나는 부위에서의 불안전함과 불만족의 반응이고 시원하고 부드러운 감각은 몸의 만족과 계속 그 상태로 있고 싶은 반응이다. 현존이란 이러한 반응에 대하여 주시하고 알아차리는 것이다.

물론 인간은 지금 일어나는 경험에 대하여 판단하고 분별할 수 있다. 그러나 판단과 분별심이 신념이 되거나 가치체계가 될 때 인지의 왜곡이 일어나게 된다. 지금 여기서 일어나는 경험에 대하여 비판단적으로 주시하고 분별없이 알아차리게 될 때 직관과 통찰력이 계발되고 깨달음의 궁극적 목표인 지혜를 증득할 수 있게 된다.

지혜는 평화롭고 행복한 인생길의 안내자이다. 지혜란 사물의 본질과 현상을 꿰뚫어 볼 수 있는 능력이다. 지혜가 있어야 무지와 무명에서 깨어날 수 있고 평화롭고 행복한 삶을 누릴 수 있다. 평화롭고 행복한 삶을 위해서 현존에 깨어있는 훈련이 바로 마음챙김 명상이다. 마음챙김 명상으로 통찰력을 계발하고 이 통찰력으로 사물과 현상의 본질을 꿰뚫어 볼 수 있는 지혜가 증득된다.

3. 자동반응과 선택적 반응

1) 자동모드와 삶의 문제

"행동은 습관을 낳고 습관은 운명을 낳는다." "세 살 버릇이 여든까지 간다."는 등의 습관에 대한 격언이나 속담은 습관에 대한 중요성을 강조하고 있다. 인간의 습관이란 필요한 습관이 있고 불필요한 습관이 있다. 습관적 반응을 하므로 시간을 절약하고 빨리 일을 처리할 수 있다. 자동차를 운전하다 길에 장애물이 있을 때는 습관적으로 브레이크를 밟아야 한다. 만약 브레이크를 밟아야 한다고 생각하고 브레이크 위치를 파악하고 브레이크 밟는다면 사고를 초래한다. 가끔 초보 운전자가 브레이크를 밟는다는 것이 액셀러레이터를 밟아 사고를 내는 경우가 있다. 이는 브레이크 밟는 것이 온전하게 습관화되지 않았기 때문이다.

이처럼 습관이 우리의 일상에서 필요한 힘을 발휘하면 편리할 수도 있다. 그러나 습관이 통제되지 않고 자동모드(autopilot)로 움직이게 되면 습관이 우리의 삶을 이끌어 가게 된다. 마음이 몸의 행동을 통제하지 못하고 습관대로 행동을 하면 의도하지 않았던 결과를 초래한다. 버릇은 습관의 순수한 우리 말인데 주변에서 '잠버릇' '술버릇', '손버릇 등 버릇에 의해 자신을 망치는 사람을 볼 수 있다.

그러나 좋은 버릇은 성공과 행복한 삶에 기여한다. 필자는 새벽형 인간이다. 알람의 도움 없이 매일 새벽 네시에 습관적으로 일어나 일상복으로 갈아입고 책상에 앉게 된다. 보통 밤 10시에 잠자리에 들어가 새벽 4시에 일어나 하루 일과를 시작한다. 그러나 젊은 시절에는 밤늦게 잠자리에 들고 아침 늦게 일어나는 습관이 있었다. 지금은 타의 반, 자의 반에 의해 아침 일찍 일어나는 습관이 들게 되었다. 기도와 명상을 위해 집중하기 좋은 이른 새벽에 일어나기 위해서다.

자동모드는 습관을 만들어 사용할 수 있는 기억의 용량을 늘려준다. 우리가 새로운 일을 시작하면 이성(理性)의 힘으로 생각하고 수십 개의 근육과 수천 개의 신경섬유의 복잡한 작용으로 하나의 행동을 한다. 그러나 습관은 이러한 복잡한 과정을 통하지 않고도 현상에 대한 빠른 인지와 자각의 힘을 갖는다. 습관은 의식적인 마음을 거의 사용하지 않고 잠재의식과 무의식에 내재되어 있던 반응양식을 사용하게 된다.

습관은 일관된 반응양식을 만들어 낸다. 이러한 반응양식이 자동모드로 나가게 되면 의식적인 통제권을 상실하고 우리의 삶을 지배할 수가 있다. 습관은 느낌, 감정, 생각 등 하나의 패턴을 만들어 낸다. 사소한 일에 화를 잘 내는 사람은 동일한 상황에 접하면 자동모드로 화를 낸다. 이렇듯 습관은 자동반응으로 일어나 결국 습관이 내 삶을 지배하게 된다.

습관은 인지의 확대, 인지의 왜곡 등을 가져올 수 있다. 사소한 일로부터 부정적 생각과 감정이 증폭되고 그 감정에 지배되어 자신이 의도한 생각과 행동을 할 수 없는 것이다. 이러한 습관적 생각과 행동은 후회, 자기 비하 등을 가져와 불안, 죄책감, 우울감 등으로 스트레스를 받게 된다.

스티븐 코비(Stephen Covey)는 『성공하는 사람의 사람들의 7가지 습관』이라는 책을 써서 유명해졌다. 성공하는 사람들에게는 성공할 수 있는 조건을 갖고 있다. 그 조건이 좋은 습관을 들이는 것이다. 코비는 성공하는 사람들에게 일곱 가지 습관이 있는데 첫 번째가 "자기 삶을 주도하라"이다. 자동모드에 통제받지 않고 이 자동모드를 내가 주도해야 함을 말한다.

2) 마음챙김과 자동모드

스티븐 코비는『성공하는 사람들의 7가지 습관』의 책을 낸 후『성공하는 사람의 8번째 습관』책을 냈다. 이 책에서 8번째 습관은 "내면의 소리를 찾자"이다. 인간이 습관적 자동모드에 통제되지 않기 위해서는 내면의 소리를 들어야 한다. 내면의 소리는 '본심의 소리' 혹은 '양심의 소리'이다. 이러한 소리들은 지금 현재 내 삶을 자각하게 한다. 현재 내가 가고 있는 길에 안내자의 역할을 한다.

구글(Google)사의 엔지니어인 차드멍탄(Chade-Meng Tan)은『너의 내면을 검색하라』라는 책을 내놓아 세상의 주목을 받았다. 구글사 직원들을 위한 명상지도 프로그램을 소개한 책이다. 책의 제목에서 함의하는 것은 인터넷 검색 사이트에서 지식정보만 검색하지 말고 우리의 내면을 검색하자는 말이다. 자동모드로 일어난 느낌, 감정, 생각에 끌려가지 말고 마음에서 일어나는 것들을 검색하자는 것이다.

인간의 고통은 바로 마음에서 일어나는 느낌, 감정, 생각에 끌려가거나 이러한 것들에 대한 집착에서 일어난다. 불교의 위빠사나 명상은 마음에서 일어나는 느낌, 감정, 생각 등과 몸에서 일어나는 감각을 판단하지 않고 객관적으로 주시하고 알아차리는 수행이다. 판단과 집착하지 않고 주시하고 알아차림으로 고통에서 벗어나 해탈로 갈 수 있는 길이 열리게 된다.

이러한 위빠사나 수행법을 심리치유 프로그램에 적용한 것이 존 카밧진이 창안한 마음챙김을 기반으로 한 스트레스 완화 프로그램(Mindfulness Based Stress Reduction) MBSR이다. 'Mindfulness'란 불교 경전에 나오는 사티(Sati)의 번역어다. 사티란 '알아차림' '주의 기울임' '마음챙김' 등의 의미를 갖는데 우리나라 학자들은 주로 '마음챙김'이라는 용어를 사용하고 있다.

마음챙김은 자동모드의 통제로부터 벗어나는 최선의 길이다. 지금 현재 마음에서 일어나고 있는 느낌, 감정, 생각 그리고 몸에서 일어나는 감각을 판단 없이 주시하고 알아차리게 될 때 이러한 것들로부터 지배받지 않고 현재에 깨어 내 삶을 살수 있게 된다. 마음챙김이 없이 어떤 대상이나 현상을 대하게 되면 잠재의식이나 무의식에 구조화된 스키마(schema)에 의해 반응하고 관념의 틀에서 생각하게 된다.

이러한 구조화된 감정반응 양식과 관념의 틀에서 만들어진 느낌, 감정, 생각 등에 지배되지 않기 위해서는 일상에서 마음챙김이 습관화되어야 한다. 마음챙김은 자동모드에 끌려가는 자신을 볼 수 있게 한다. 자동모드에 끌려가는 자신을 볼 수 있게 될 때 자동모드를 멈출 수 있고 자동모드의 방향을 전환할 수 있다. 마음챙김은 자동모드를 포맷하거나 선택적 반응을 하게 한다.

사람이 사물과 현상에 접촉하면 자극과 반응이 일어난다. 이 자극과 반응의 간극 사이에 마음을 챙기게 되면 선택적 반응을 할 수 있다. 예를 들어 대화를 할 때 마음을 챙기게 되면 상대에게 어떻게 반응할 것인가를 선택할 수 있다. 기분이 언짢은 대화가 오고가면서 그에게 자동적으로 화를 내거나 언행의 폭력을 가하지 않고 상대에게 깨달음을 줄 수 있는 반응을 선택할 수 있다.

4. 일상에서의 마음챙김 명상

흔히 명상이란 고요하고 기품있게 앉아 사색에 잠기는 것 혹은 무념무상(無念無想)의 상태에 들어가는 것으로 알고 있으나 꼭 앉아서만 명상을 하는 것은 아니다. 명상에 대한 잘못된 견해는 명상이 세상을 등지고 신비와 환상의 세계에 빠지는 것으로 이해하는 것이다. 그래서 명상을 잘하려면 입산수도를 하거나 골방에 가부좌로 앉아 몰입과 고고한 자세를 취하는 것으로 생각하는 사람이 많다.

명상은 행주좌와(行住坐臥)가운데 이루어진다. 즉 걸으면서 하는 명상(行禪), 서서 하는 명상(住禪), 앉아서 하는 명상(坐禪), 누워서 하는 명상(臥禪)등이 있다. 마음챙김 명상은 생활 속에서 행주좌와 가운데 이루어진다. 일, 식사, 운동, 취미 활동, 청소, 대화 등 일상의 생활에서 지금 이 순간 내가 하고 있는 일에 대한 주시와 알아차림의 상태에 머무는 것이 마음챙김 명상이다. 지금 현재 내 안과 밖에서 일어나는 일을 주시하고 알아차림으로 이 순간에 깨어있게 한다.

물론 일상의 삶을 떠나 조용하고 한적한 수행처에서 마음챙김 수련을 할 수 있다. 이러한 수행은 수행 자체가 목적이 아니고 수행을 통해서 자신을 갈고 닦아 자신의 삶을 변화시키기 위함이다. 일상을 멀리하고 집중수행을 하는 것은 깨달음을 통해 일상에서 평화롭고 행복한 삶을 살기 위한 것이다. 탐진치(貪瞋痴)의 마음을 버리고 깨어있는 삶을 살기 위해서 수행을 해야 한다.

필자가 50대 때 가족과 떨어져 8년간 기러기 아빠 생활을 한 경험이 있다. 가족과 캐나다에 2년간 살다가 나 홀로 귀국하여 혼자 생활하는 것은 고통이었다. 직장일을 마치고 퇴근하여 집에 들어오면 적막함과 외로움, 우울감이 나를 지배하였다. 무엇보다도 혼자 식사하는 것이 힘든 시간이었다. 식사는 살기 위해 한 끼 때우는 것이었다.

이러한 재미없고 무의미한 삶이 위빠사나 명상 수련을 하고서 달라졌다. '평화롭고 행복한 삶은 지금 현재에 깨어있는 것이다'라는 깨달음을 얻었다. 깨달음을 통해 나의 마음에 머물렀던 우울감, 외로움, 나태함 등이 사라지고 나홀로 생활을 즐기게 되었다. 혼자 즐겁고 의미있게 살기 위한 첫째 조건이 이 순간에 깨어있는 것이다. 이 순간에 깨어있을 때 자신을 통제하고 활기찬 삶을 살 수 있다.

마음챙김 명상은 번뇌와 고통의 원인인 탐욕적 욕망을 멈추게 하고 통제하는 기술이다. 현재의 이 순간에 깨어서 내가 가고 있는 길을 보는 기술이다. 사람들이 어떤 잘못을 저지르고 하는 말이 "나도 모르게 그랬다"고 한다. 요즈음 심각한 사회문제가 되고 있는 성폭력, 성추행 등의 사건은 자신도 모르게 어떤 감각과 감정에 따라가다 저지르게 되는 범죄다. 또 자신과 타인의 삶을 파괴하는 사건들을 되풀이해서 저지르게 되는 것은 자신도 모르게 형성된 습관에서 비롯된다.

우울증, 분노, 걱정 등은 내가 불러오고, 내가 붙들고 있는 감정들이다. 내 스스로 내 마음의 바탕에 그런 부정적 정서를 심고 자리잡게 만든다. 내 마음에 찾아온 그런 감정들을 그냥 놓아두거나 지나가도록 하지 않고 그것을 갈망하고 붙들려 그 감정에 휘둘리게 된다. 내 집에 불을 밝게 켜 놓으면 집안에 도둑이 쉽게 들어오지 못하는 것처럼 마음챙김을 통해 마음을 밝히고 의식이 깨어있으면 내 마음을 지배하고 더럽히는 감각이란 도둑이 침입하지 못한다.

사람의 인격과 됨됨이의 기준은 그 사람의 하루 생활 중에 깨어있는 시간의 양으로 가름할 수 있다. 깨어있지 못하고 잠자는 상태는 죽은 것과 마찬가지다. 우리는 하루 24시간 중 의식이 깨어있는 시간이 얼마나 되는가? 비록 의식이 깨어있다고 하더라도 과거의 생각이나 미래의 환상에 잠겨있는 시간이 많다. 의식이 깨어있다는 것은 지금 이 순간 나와 주변을 주시하고 알아차리면서 현존에 충실하고, 충만하고, 충족하며 사는 것이다. 이 순간 나 그리고 나와 연결된 것들에 대해 마음을 챙기는 것이 현존에 깨어있는 삶이다.

5. 마음챙김 명상의 효과

"mindfulness(마음챙김)"의 반대 개념은 "mindlessness(비마음챙김)"이다. 우리는 일상생활에서 마음챙김을 하지 못함으로 인해 오해와 실수를 하게 된다. 인간의 고통과 스트레스는 이러한 부주의한 행동의 결과이다. 마음을 챙기지 못하고 일을 할 때, 대화를 할 때, 과거나 미래의 생각에 몰두할 때 원하지 않는 결과가 발생하게 된다. 그리고 이러한 결과가 스트레스의 원인이 된다. 마음을 챙기지 못하게 될 때는 다음과 같은 일들이 생긴다.(Germer, 2005)

- 조심하지 않고 성급하게 행동한다.
- 조심성이 없고, 부주의하며, 생각 없이 사고를 낸다.
- 심리적 긴장과 불안감에 대한 느낌과 감각을 알아차리지 못한다.
- 대화 중 상대방의 이야기 내용을 놓치게 된다.
- 과거 혹은 미래의 일에 몰두하여 현재를 놓치게 된다.
- 알아차림 없이 먹다보면 과식을 하게 된다.

마음을 챙기게 되면 지금 현재 하고 있는 일에 대해 주시하며 집중할 수 있고, 생각이 과거나 현재에 빠지지 않으며, 현재의 일어나는 일들에 대하여 비판단적이고 거부감 없이 집중할 수 있게 된다. 사람들의 고통은 현재에 주시하지 못하기 때문에 일어난다. 과거 경험에 대한 생각에 빠지므로 후회, 슬픔, 죄책감 등에 빠지게 되고 불안, 걱정, 우울감 등이 증가된다. 또한 미래에 일어나지 않을 일들에 대한 생각에 잠식되면 번뇌와 망상으로 매일의 삶이 악몽이 된다. 그러나 마음챙김 명상을 하면 현재 일어나는 일에 대해 평정심으로 대할 수 있다. 마음챙김 명상을 하면 다음과 같은 효과를 가져 올 수 있다.

1) 우울감, 화, 등 심리적 억압이 감소된다.
   덜 신경질적이며 활동적인 삶을 통해 만족감을 느끼게 한다.
2) 감정에 대한 이해와 수용 그리고 자각을 할 수 있다. 슬픈 감정에서 빨리 벗어날 수 있다.
3) 부정적 생각을 줄일 수 있고 그런 생각을 지울 수 있다.
4) 외적 대상으로부터 일어나는 반응들에 대하여 안정적이며 평정심으로 받아들인다.
5) 인간관계에서 일어나는 갈등에 대하여 수용하고 상대와 편안한 소통을 할 수 있다.
6) 다른 사람들과의 관계에서 정서적 안정감으로 협조하고 관계를 맺을 수 있다.
7) 더 높은 학문적인 성취와 개인적인 목표를 달성할 수 있는 의지를 갖는다.
8) 사람들과의 관계에서 위협을 느낄 때 방어적이고 공격적인 태도를 줄일 수 있다.
9) 주의력의 개선으로 직장에서 일을 수행하는데 생산성을 높이고 만족할 수 있다. 동료들과 관계를 개선할 수 있으며 작업에서 일어나는 스트레스를 줄일 수 있다.
10) 충동적인 반응에서 일어나는 느낌, 감정, 생각 등을 조절할 수 있다.
11) 혈액순환을 도우며, 고혈압, 긴장감, 등을 감소시키며 심장혈관 계통의 질병을 예방하고 치유할 수 있다.
12) 심장병, 암, 감염, 등의 질병으로 병원을 찾는 횟수가 줄어든다.

13) 알코올, 마약, 습관성 약물, 카페인 등의 사용을 줄여 중독 현상을 줄일 수 있다.

(Michale Chaskalson, The Mindful Workplace. 2011)

6. 마음챙김 명상의 자세

Jon Kabat-Zinn은 마음챙김을 위한 9가지 자세를 제시하였다. 그가 1990년도에 출판한 Full Catastrophe Living에서는 non-judging(비판단), patience(인내심), beginner's mind(초발심), trust(믿음), non-striving(비과욕), acceptance(수용), letting-go(내려놓음) 등 7가지 자세를 제시하였으나 최근 카밧진의 유튜브 동영상 강의에서 이 7가지에 gratitude(감사)와 generosity(관용)이 추가되었음을 알 수 있다.

필자는 위 9가지에 loving and kindness(자애)를 포함했다. 자애심은 마음챙김 명상의 기반이며 목적이 된다. 사물과 현상에 대한 자비와 연민심이 없이 마음챙김 명상은 이루어질 수 없다. 사물과 현상을 자애의 마음으로 주시하고 알아차린다는 것은 판단과 분별심이 아니다. 마음의 오염 없이 순수한 본성인 자비와 연민심으로 사물과 현상을 대한다는 의미를 가지고 있다.

위의 10가지 마음챙김 명상의 자세는 명상을 하는 사람의 기본적인 태도다. 여기에 대한 충분한 이해와 경험을 갖게 될 때 명상 수련을 통해 얻고자 하는 주시와 알아차림의 힘이 강화된다. 위 10가지가 각각 독립적인 자세는 아니나 한 자세가 확립되면 이를 기반으로 다른 자세에 대한 강화가 이루어진다.

1) 초보자의 마음(Beginner's Mind)

우리가 어떤 사물과 현상을 대할 때 이미 '알고 있다'는 생각이나 믿음에 빠지게 되면 사물과 현상의 본질을 제대로 보지 못하고 지나칠 수 있다. 이러한 것들의 형태나 특성이 당연한 것으로 여기고 지나치게 된다. 사물과 현상에 대한 깊은 이해나 친숙함을 갖기 위해서는 초보자의 마음을 가져야 한다. 초보자의 마음을 갖고 열린 마음으로 사물과 현상을 바라보게 될 때 자신의 관념세계에서 벗어날 수 있고 통찰력과 지혜 계발의 가능성을 열어놓게 된다.

모든 존재는 고정불변으로 존재하지 않고 항상 변한다. 따라서 그 존재를 관념적 혹은 습관적으로 대하게 되면 그 사물의 본질과 특성을 제대로 볼 수 없다. 그러나 기존에 익숙하게 보아왔던 것들도 처음 보는 것처럼 대하게 되면 그 사물이나 현상에서 새로운 본질과 특성을 발견하게 되어 관념으로 대하지 않고 신선하고 사랑스런 마음으로 대할 수 있다. 초보자의 마음은 인식의 확장과 창의성을 가져올 수 있게 된다.

2) 비판단적(Non Judging)

인간은 사물과 현상을 대할 때 식별(識別)하게 된다. 우리는 내 안에서 혹은 밖에서 일어나는 경험에 대하여 끊임없이 판단하여 반응한다. 이것은 '옳다' '그르다' 혹은 이것은 '좋다' '싫다' 등으로 식별하고 반응한다. 좋은 것은 따라가 취하려고 하며 싫은 것은 혐오하고 물리치려고 한다. 인간의 고통은 좋은 것에 대하여 집착하고 싫은 것은 끊고 멀리하려고 하는데서 일어난다. 물론 인간은 사물과 현상을 보면 순간적으로 판단하게 된다. 그러나 그 판단은 관념을 통과해서 습관적으로 나오기 때문에 올바른 판단이 될 수 없다. 또한 순간적으로 판단한 것이 신념이 될 때 올바른 알아차림이 될 수 없다.

식별의 과정에서 알아차림이 없을 때는 올바른 식별이 될 수 없다. 알아차림이 없이 사물과 현상을 대하게 될 때 습관적 반응을 할 수 밖에 없다. 자신의 관념적 세계나 의식의 패턴에 의해 투사된 사물과 현상을 식별하고 이 식별에 의해 가치관과 삶의 태도가 만들어진다. 이러한 현상은 색안경을 끼고 사물을 보게 될 때 올바르게 사물의 본질과 특성을 볼 수 없는 것과 마찬가지다. 색안경으로 사물을 보는 것처럼 관념에 의해 투사된 식별은 제대로 사물과 현상을 꿰뚫어 볼 수 없다. 따라서 사물과 현상을 대할 때 비판단적으로 순수한 주시가 이루어져야 한다. 순수한 주시에 의해 그 판단이 신념이 되지 않도록 해야 한다.

3) 수용(Acceptance)

수용한다는 것은 사물과 현상을 있는 그대로 본다는 의미이다. 인간은 고통에 직면했을 때 그 고통을 그대로 받아들이고 나에게 주는 하나의 메시지로 이해해야 한다. 고통은 나를 성장시키기 위한 과정으로 받아들여야 한다. 일상생활에서 일어나는 심리적 혹은 생리적 고통을 경험하게 될 때 그것을 혐오하고 물리치려고 하면 더 큰 고통이 온다. 이러한 고통이 일어나게 될 때 그것을 자신과 동일화하지 않고 그 고통이 일어나는 부위와 현상을 대상화시켜 볼 수 있어야 한다. 대상화시켜서 나를 돕기 위해 찾아온 손님으로 받아들이게 될 때 고통이 완화된다.

수용이 무엇이든지 좋아해야 한다거나 그대로 만족해야 한다는 의미는 아니다. 나쁜 습관을 그대로 두어야 한다거나 건강하고 완전하고 싶은 욕구를 피하거나 포기해야 한다는 것도 아니다. 또한 고통과 싸워서 극복하거나 이기라는 의미도 아니다. 수용이란 단지 사물과 현상이 진행되고 있는 것을 판단 없이 그대로 받아들이고 지켜보라는 의미이다. 나에게서 일어나는 일들에 대해 수용적 자세를 갖게 되면 그 일에 대하여 더 잘 알 수 있게 되며 더 명확한 판단과 대응을 할 수 있게 된다.

4) 놓아버림(Letting Go)

인도네시아 자바섬에서는 원숭이를 잡을 때 안이 텅 빈 야자수 열매에 원숭이 손이 들어갈 만한 구멍을 내고 그 안에 바나나를 넣어둔다. 원숭이가 그 구멍에 손을 넣어 바나나를 움켜쥐면 손을 뺄 수 없다. 바나나를 놓아야 손을 뺄 수 있다. 그러나 바나나를 놓지 않고 움켜쥐어 원숭이는 잡히고 만다. 이처럼 인간도 자신이 좋아하는 것을 움켜쥐고 싫어하는 것을 물리치려고 싸우게 될 때 불만족과 고통이 일어난다.

인간이 고통에서 벗어나려면 집착에서 벗어나야 한다. 소유에 대한 욕망을 비우고 버려야 한다. 어떤 대상에 대하여 비판단적으로 바라보며 '그냥 내버려 두고(let it be!)' '그냥 놓아야 한다.(let it go)' 마음챙김은 내려놓고 내버려 두는 훈련이다. 이를 통해 무집착의 태도를 기르는 것이다. 마음을 챙기는 훈련을 하게 되면 내 마음에서 일어나는 생각, 머무는 생각, 떠나는 생각을 판단 없이 지켜 볼 수 있다. 이러한 것들에서 마음을 챙기게 되면 그 생각을 따라가거나 붙들리지 않는다. 일어나고, 머물고, 떠나는 생각을 내버려 두고 지켜보게 된다.

5) 신뢰(trust)

명상 수련에서 자신에 대한 믿음과 배움에 대한 믿음은 필수적이다. 자신과 자신의 일에 대한 믿음이 있을 때 주시와 알아차림이 확고하게 된다. 주시와 알아차림은 마음이 고요하고 평정 상태에 있을 때 선명해진다. 고요하고 평정의 상태의 마음을 유지하기 위해서는 믿음의 기반이 있어야 한다.

수행을 통해서 자신이 변화할 수 있다는 믿음과 자신이 배우고 있는 내용에 대한 믿음을 갖게 될 때 기대했던 효과를 경험할 수 있다. 특히 자신의 느낌과 감각에 대한 믿음을 가져야 한다. 느낌과 감각은 자신에 주는 메시지이다. 몸의 심한 통증은 너무 무리했다는 메시지이고 몸이 경직된 것은 너무 긴장했다는 메시지다. 자신에 대한 믿음은 자신의 한계를 알고 자신에 맞는 수행을 해야 함을 의미한다. 누구를 모방한다거나 자신의 한계를 무시하고 수행을 하게 되면 잘못된 길을 갈 수 있다.

6) 인내심(Patience)

'알묘조장(揠苗助長)'이라는 말이 있다. 열매를 빨리 수확하기 위해 싹을 뽑아 올려 성장을 돕는다는 말이다. 조급한 마음에 무리하게 일을 진행하다가 오히려 일을 망치는 것을 비유하는 말이다. 수행에서도 마찬가지다. 수행의 효과를 빨리 경험하기 위해서 무리하게 수행을 하게 되면 오히려 더 안 좋은 결과를 가져온다.

삼매를 빨리 증득하기 위하여 식음(食飮)을 거르고 밤잠을 자지 않고 수행을 하는 사람이 있다. 이렇듯 성급하게 수행을 한다고 쉽게 깨달음에 이르는 것은 아니다. 인내심을 갖고 지금 이 순간에 머물며 수행에 충실하게 될 때 마음이 청정해지고 평정심을 유지할 수 있게 된다. 이 순간에 머물며 이 순간에 충만하기 위해서는 인내심이 필요하다.

7) 비과욕(Non-Striving)

붓다가 정진(精進)을 강조하고 중도(中道)를 이야기한 것은 수행에서 너무 지나치게 열심을 내지도 말고 너무 방일(放逸)하지 말라는 뜻이다. 중도는 양극단을 지양하고 정도(正道)를 가라는 의미이다. 수행에서 고행주의와 쾌락주의는 양극단이다. 이러한 양극단을 지양하고 자신에게 알맞은 수행을 하라는 의미이다. 중도의 길을 가기 위해서 인내심이 필요하다.

사람의 유형에는 행동양식(Doing Mode)의 사람과 존재양식(Being Mode)의 사람이 있다. 행동양식의 사람은 어떤 목표를 성취하기 위해서 조급하고 숙고하지 않고 습관적으로 행동한다. 한편 존재양식의 사람은 지금 현재에 깨어 있으며 수용적 자세로 행동한다. 수행을 하는 사람은 존재양식으로 행동해야 한다. 수행자는 지나치게 애쓰지 않고 있는 그대로 자신을 보고 지금 현재의 경험을 수용해야 한다. 목표에 도달하려 너무 애쓰지 않고 매 순간 있는 그대로 알아차리며 인내심을 갖고 규칙적으로 수행을 하게 되면 저절로 목표에 도달하게 되는 때가 온다.

8) 감사(Gratitude)

흔히 수행을 하는 사람을 과거 조상의 선한 공적에 의해 선택을 받은 사람이라고 말한다. 오늘의 내가 수행을 한다는 것은 과거나 현재의 모든 인연의 결실이고, 주변의 여러 조건들이 결합해서 수행을 하는 것이다. 성숙한 수행자의 표상은 감사다. 수행자는 연결되어 있음을 깨달은 자다. 내가 우주와 연결되어 있고, 자연과 연결되어 있고, 세상 사람들과 인연되어 있음을 깨달은 자다.

감사하는 마음은 마음챙김 명상의 주요한 태도다. 감사하다는 것은 탐진치(貪瞋痴)의 마음이 정화되었다는 의미이다. 수행에서 가장 걸림돌은 탐진치의 마음이다. 마음에 탐욕과 분노와 어리석음이 차 있으면 수행을 할 수가 없다. 탐진치의 마음을 정화하고 청정한 마음을 갖게 하는 자세가 감사의 마음이다.

9) 관용(Generosity)

관용이 있다는 것은 이해와 수용이 있다는 것이다. 상대의 언행에 대하여 틀렸다고 하기보다는 서로 다름을 인정하는 것이다. 수행자는 관용이 있어야 한다. 흔히 수행처에서 마음을 갈고 닦다보면 예민해져서 환경과 사람들의 행위에 대하여 판단하고 비판하는 경우를 볼 수 있다. 그것은 자신에게 충실하지 않고 깨어있지 않기 때문이다.

마음챙김 명상의 핵심개념은 비판단이다. 자신의 관념이나 지식에 의해 판단하지 않고 있는 그대로 보는 것이다. 이러한 비판단적인 알아차림이 관용의 자세를 갖게 한다. 관용은 사랑, 용서, 믿음을 위한 기본 자세다. 관용이 없이는 타인에 대한 사랑과 용서 그리고 믿음이 있을 수 없다.

10) 자애심(Loving and Kindness)

자애심은 명상 수행자가 가져야 할 가장 기본적인 자세다. 실제로 탐욕과 잡념 망상에 빠지면 명상 수행은 불가능하다. 윤리적으로 청정한 삶의 바탕 위에 사물과 현상에 대한 자애의 마음을 갖게 될 때 주시와 알아차림의 힘이 증진된다. 자애심은 명상 수행을 통해 증진되며 명상 수행이 깊어지면 그만큼 자애의 마음이 강화된다.

자애심은 연민심에서 비롯된다. 연민심이 없는 자애심을 있을 수 없다. 연민심은 상대를 인정하고 상대의 번뇌와 고통을 수용하고 공감하는 자세다. 연민심이 없으면 나를 힘들게 하는 사람에 대한 혐오와 증오심을 갖게 되고 그 사람에 대한 올바른 견해를 가질 수 없다. 따라서 연민심은 마음챙김을 계발하는 중요한 자세가 된다.

참고도서

Jon Kabat-Zinn(2013), *Full Catastrophe Living*, New York USA; Bantam.

Michael Chaskalson(2011), *The Mindful Workplace*, UK; Wiley Blackwell.

John Kabat-Zinn(2005), *Wherever you go there you are-Mindfulness meditation in everyday life*, New York; Hachette books.

Mark Williams and Danny Penman(2012), Mindfulness, New York; Rodale.

Bob Stahl and Wendy Millstine(2013), *Calming the rush of Panic*, CA, USA; New Harbinger Publications Inc.

Bhante Henepola Gunaratana(2015), *Mindfulness in plain English*, MA, USA; Wisdom Publication.

Jon Kabat-Zinn, *Coming to Our Senses-Healing Ourselves and the World Through Mindfulness*. 안희영, 김재성, 이재석 공역, 온정신의 회복, 학지사.

마음챙김 심리치료 도서

안도 오사무, 『명상의 정신의학』, 민족사, 2009.

인경스님 외, 『알아차림 명상 핸드북』, 명상상담연구원, 2018

Bob Stahl, 안희영 역, 『MBSR 워크북』, 학지사, 2014.

David Brazier, 『선치료』, 학지사, 2007.

John Teasdale · Mark Williams · Zindel Segal 『8주 마음챙김(MBCT) 워크북』, 불광출판사, 2017.

Jon Kabat-Zinn, 안희영 외 역, 『온정신의 회복』, 학지사, 2017.

John Welwood, 『깨달음의 심리학』, 학지사, 2008.

Linda Lehrhaupt & Petra Meibert, 『MBSR-마음챙김에 근거한 스트레스 완화 프로그램』, 학지사, 2020

M. Flickstein, 고형일 외 역, 『명상과 심리치료 입문』, 2007.

Mark Williams & Danny Penman, 『8주 나를 비우는 시간』 불광출판사, 2013.

잭 콘필드, 이현철 역, 『마음의 숲을 거닐다』. 2006.

Matthew Mckay · Jeffrey C. Wood · Jeffrey Brantley, 『알아차림 명상에 기반한 변증법

적 행동치료 워크북』, 명상상담연구원, 2013.

Mark Epsein, 전현수/김성철 역,『붓다의 심리학』, 학지사, 2006.

Ruth A. Bare, 안희영 외 역,『마음챙김에 근거한 심리치료』. 학지사, 2009.

Z. V. Segal, 외 지음, 이우경 외 옮김,『마음챙김 명상에 기초한 인지치료』, 2002.

크리스토퍼 거머 외 지음, 김재성 역,『마음챙김과 심리치료』, 무수, 2009.

존, 카밧진, 장현갑 외 역,『마음챙김 명상과 자기치유(상/하)』, 학지사, 2005.

Steven C. Hayes, 문현미/민영배 역,『마음에서 빠져나와 삶 속으로 들어가라』. 학지사, 2010.

Steven C. Hayes 외 편집, 고진하 역,『알아차림과 수용』, 명상상담연구원, 2009.

제2장

마음챙김 호흡관찰 명상

1. 호흡의 기능과 인간의 생명

호흡은 명상으로 들어가는 문으로 명상의 기반이 된다. 주시와 알아차림을 위한 핵심 기반이 되며 심신 치유의 도구이다. 호흡을 통해 명상에서 추구하는 이완, 집중, 안정, 현재에 머묾, 통찰력 계발 등의 효과를 증득할 수 있으며 호흡 수행 자체만으로도 깊은 이완과 삼매를 경험할 수 있다.

성경에 태초 하나님께서 인간을 창조하실 때 "흙으로 사람을 지으시고 코에다 생기(Pneuma)를 불어넣어 사람이 되게 하셨다."(창세기 2장 7절)고 하였다. 여기서 생기는 호흡을 말한다. 이렇듯 호흡은 생명의 근원이 되며 호흡을 한다는 것은 살아있다는 것을 의미한다. 호흡의 멈춤은 곧 죽음이다. 보통 인간의 사망기준을 심장의 정지에 두는 것은 호흡에 의해 운동하는 심장이 그 기능을 정지하면 인간의 모든 정신작용과 물질작용이 멈추기 때문이다.

호흡은 우리 신체에서 일어나는 물질작용과 뇌에서 일어나는 정신작용을 가능하게 하며 이 두 작용을 연결해 준다. 호흡은 인간의 신체에 필요한 에너지를 공급해 주며 신진대사를 원활하게 해준다. 호흡을 통해 공기 중의 산소와 몸속의 이산화탄소가 교환된다. 숨을 들이쉴 때 산소를 마시고 내쉴 때 연소된 산소 즉 이산화탄소를 배출하게 된다.

호흡은 인간의 육체적 건강으로부터 영향을 받지만 마음의 상태로부터도 영향을 받는다. 호흡은 감정 상태를 잘 나타내준다. 우리의 정신 상태와 밀접한 관계를 가지고 있기 때문이다. 스트레스, 고통, 불안이 있으면 호흡이 불규칙하게 되며 화가 심하게 나거나 놀라게 되면 호흡이 순간적으로 멈추기도 한다. 호흡이 잠시 멈추는 상황을 흔히 '기가 막힌다.'고 한다.

호흡이 안정될 때 정신을 집중할 수가 있다. 맑고 건강한 호흡을 하게 되면 머리가 맑아지고 정신이 밝아진다. 불안할 때 심호흡을 하면 긴장이 해소되고 올바른 판단력을 갖게 된다. 그래서 우리 조상들은 흥분하고 분노가 일어날 때 세 번의 호흡을 하라고 했다. 세 번 호흡하는 동안 자극과 반응 사이에 공간을 만들어 분노하는 자신을 주시하고 알아차림으로 선택적 반응을 할 수 있기 때문이다.

호흡은 특히 심장활동과 밀접한 관계가 있다. 호흡은 심장활동을 일으키고 유지하는 에너지다. 심장의 활동과 멈춤이 삶과 죽음을 판단하는 기준이 된다. 심장이 뛰고 있다는 것은 살아 있다는 것이고, 심장의 활동이 멈추었다는 것은 죽음을 의미한다. 심장활동은 우리가 살아 있는 한 멈춤이 없다. 심장을 구성하는 근육은 살아 있는 동안 한순간도 쉬지 않고 활동한다. 호흡을 통해 에너지가 공급되기 때문이다.

2. 호흡의 기능과 건강

호흡은 명상의 동반자이며 안내자다. 호흡을 통해 몸과 마음을 조율하여 안정된 자세를 취하고 호흡의 도움으로 집중에 들어가게 된다. 호흡에 대한 관찰은 하나의 명상을 구성하는 그 자체가 된다. 호흡은 요가 명상에서도 이완과 집중에 들어가는 안내자의 역할을 하며, 불교 명상에서도 호흡은 명상으로 들어가는 문이 되고 명상을 이끌어 준다. 명상에서 호흡의 역할을 보면 다음과 같다.

마음을 안정시킨다. 마음이 고요하고 청정하게 될 때 집중에 들어갈 수 있고 알아차림이 명료해진다. 아무리 귀한 보석이 물밑 바닥에 있어도 흙탕물과 오염된 물에서는 그 보석이 보이지 않는다. 마찬가지로 마음이 안정되지 않으면 마음의 깊은 곳에 있는 본성이 보이지 않는다. 즉 마음의 자성인 청정자심(淸淨自心)을 볼 수가 없다. 내 안에 내재된 신성(神性) 혹은 불성(佛性)이 드러나지 않는다. 호흡에 집중하고 관찰하면 마음이 청정하고 고요해진다. 호흡관찰 명상은 마음을 고요하고 청정한 상태로 만들고 사물과 현상에 대한 알아차림을 명료하게 한다.

현존에 깨어있게 한다. 명상은 지금 여기에 머물며 현재 이 순간에 깨어있는 수련이다. 인간의 번뇌 망상은 과거의 생각에 사로잡히거나 미래의 일에 공상(空想)을 하게 될 때 일어난다. 이러한 고통으로부터 자유롭기 위해서는 지금 이 순간에 깨어있어야 한다. 호흡 명상은 지금 이 순간의 나를 주시하게 해준다. 과거의 생각이나 미래의 공상으로부터 벗어나 지금 이 순간을 경험하고 수용하게 한다. 과거의 생각 혹은 미래의 공상에 빠지게 될 때 호흡을 주시하며 알아차리게 되면 의식이 현재로 돌아오게 된다. 이렇듯 호흡 명상은 의식의 정화 수준을 높여주는 역할을 한다.

무상(無常)을 경험하게 한다. 무상이란 만물은 고정불변하지 않으며 항상(恒常)하는 것은 없다는 의미이다. 인간 역시 무상한 존재다. 존재가 무상한데 인간은 물질, 사람, 명예 등을 갈망하고 집착한다. 그리고 이 집착에 의해 불만족과 고통을 겪고 있다. 호흡은 무상을 경험하고 이해할 수 있는 적합한 대상이다. 호흡은 실체가 없고 순간에 일어났다가 사라진다. 이처럼 인간의 고통 또한 무상한 것이기 때문에 호흡을 통해 무상을 경험하고 이해하면 정신적, 신체적 고통에서 벗어나는데 도움이 된다.

치유의 힘을 갖는다. 호흡관찰 명상은 마음을 고요하고 안정되게 하므로 스트레스 이완에 탁월한 효과가 있다. 또한 건강한 호흡은 건강한 심장활동을 하게 하므로 심혈관 계통의 질병 완화와 치유에 효과가 있다. 심장은 산소가 담겨진 혈액을 폐로부터 동맥과 모세혈관을 통해 몸 전체에 있는 세포로 보내 세포활동을 돕고 있다. 산소를 받은 적혈구는 세포에게 산소를 인도해 준 후 몸의 조직이 산출한 이산화탄소를 싣고 정맥을 거쳐 심장으로 돌아온다. 심장에서 폐로 보내진 이산화탄소는 내쉬는 호흡을 통해 바깥으로 품어낸다. 또 새롭게 들이쉬는 숨을 통해 헤모글로빈과 산소가 결합하여 심장근육의 재수축에 의해 온몸으로 보내진다. 이러한 산소의 공급과 이산화탄소의 원활한 배출과정에서 치유의 힘이 작용하게 된다.

3. 불교의 호흡관찰 명상

초기불교의 경전 『맛지마 니까야』 입출식념경에서 부처님이 라훌라 존자에게 들숨과 날숨에 마음챙김을 가르치고 있으며 이 호흡수행법을 『청정도론』에서 상세하게 설명하고 있다. 청정도론에는 호흡에 기반을 둔 사념처 수행에 대하여 설명하고 있다. 여기에서 들숨과 날숨에 마음챙김 정형구를 16단계로 나누고 이를 다시 4개조로 나누어 설명하고 있다.

초기불교에서 호흡관찰 수행을 안반염(安般念)이나 입출식념(入出息念, ānāpānasati)으로 부른다. 마음챙김 호흡관찰 수행은 사마타 수행의 집중력과 위빠사나 수행의 통찰력을 이끌어가는 역할을 한다. 호흡관찰 수행은 극심한 고행수행이나 방일한 수행을 지양하고 중도 수행을 지향한다. 호흡관찰 수행은 5정심관(五停心觀, 부정관, 자비관, 인연관, 수식관, 계분별관) 가운데 하나로 산란심의 성향이 강한 사람에게 적합한 수행법이다.

초기불교 경전 주석서인 『대념처경』이나 『청정도론』에서 호흡관찰 명상은 사념처 수행과 긴밀한 관계를 가지며 해탈이나 아라한과를 증득하는데 매우 중요한 수행 기반으로 설명한다. 이러한 호흡관찰 명상은 붓다가 정각(正覺)을 이루기 이전이나 이후에도 몸소 실천했던 호흡수행법으로 초기불교 수행체계의 핵심인 계(戒)·정(定)·혜(慧)의 3학 가운데 정과 혜를 견인하는 역할을 한다고 볼 수 있다.

『대념처경이』나 『청정도론』에서 설명하는 호흡관찰 수행이 선정이나 삼매를 목표로 하는 사마타 수행인지 아니면 지혜를 계발하는 위빠사나 수행에 속하는지는 명확하게 구분하기는 어렵다. 수행자의 호흡에 대한 집중 정도나 방식에 따라 들숨과 날숨이라는 호흡 자체에 집중하는 것은 삼매와 위빠사나의 통찰력과 긴밀한 관계를 가지고 있다. 호흡관찰을 통해서 마음이 고요해지고 청정해지면 직관력이 계발되기 때문이다.

대념처경에서 설명하듯이 들숨과 날숨의 호흡에 집중하면서 호흡의 길이 정도나 들숨과 날숨의 현상에 대한 관찰과 통찰을 통해 마음이 고요해지고 청정해지면 분명한 알아차림이 확립되기 때문에 호흡관찰이 위빠사나에 속한 것으로 간주될 수 있을 것이다. 대념처경에서 호흡관찰법은 사념처 가운데 신념처(身念處) 수행을 확립시키기 위해 들숨과 날숨에 대한 주의집중과 알아차림을 통해 몸의 다양한 현상들에 대한 분명한 앎과 알아차림을 견인하는 초석이 된다.

『대념처경』에서 호흡관찰법은 들숨 날숨의 수를 세는 수식관(數息觀)과 호흡을 따라 관찰하는 수식관(隨息觀)이 있다. 수식관(數息觀)관으로 어느 정도 호흡이 안정된 후에 호흡의 흐름을 전체적으로 자연스럽게 따르는 수식관(隨息觀)을 행하면 수행이 수월해진다. 호흡관찰 명상은 호흡을 감지할 수 있는 콧구멍이나 배의 움직임을 주시하면서 마음과 몸을 현재에 머물게 하고 알아차림을 확립하도록 이끌어 간다. 「입출식념경」'에 다음과 같이 16단계로 수식관을 설명한다.

신념처(身念處)
1) 길게 숨을 들이쉬면서 '숨을 길게 들이쉰다'고 알아차리고, 숨을 길게 내쉬면서 '나는 길게 내 쉰다'고 알아차린다.
2) 숨을 짧게 들이쉬면서 '짧게 들이 쉰다'고 알아차리고, 숨을 짧게 내쉬면서 '짧게 내 쉰다'고 알아차린다.
3) '온 몸을 감지하면서 숨을 들이쉴 것이다'라고 수련하며, '온몸을 감지하면서 숨을 내쉬리라'라고 수련한다.
4) '온몸의 작용을 편안히 하면서 숨을 들이쉬리라'라고 수련하고, '온 몸의 작용을 편안히 하면서 숨을 내쉬리라'라고 수련한다.

수념처(受念處)

5) '희열을 느껴 알면서 숨을 들이쉬리라'라고 수련하며, '희열을 느껴 알면서 숨을 내쉬리라' 느껴 알면서 수련한다.

6) '행복을 느껴 알면서 숨을 들이쉬리라'라고 하고 수련하며 '행복을 느껴 알면서 숨을 내쉬리라' 하며 수련한다.

7) '마음의 작용을 느껴 알면서 숨을 들이쉬리라'라고 수련하며, '마음의 작용을 경험하면서 내쉴 것이다'라고 수련한다.

8) '마음의 작용을 고요히 하면서 숨을 들이쉬리라' 하며 수련하고, '마음의 작용을 고요히 하면서 숨을 내쉬리라' 하며 수련한다.

심념처(心念處)

9) '마음을 경험히면서 들이쉬리라'며 수련하고, '마음을 경험하면서 내쉬리라'며 수련한다.

10) '마음을 기쁘게 하면서 들이쉬리라'며 수련하고 '마음을 기쁘게 하면서 내쉬리라'며 수련한다.

11) '마음을 집중하면서 들이쉬리라'며 수련하고 '마음을 집중하면서 내쉬리라'며 수련한다.

12) '마음을 해탈케 하면서 들이쉬리라'며 수련하고. '마음을 해탈케 하면서 내쉬리라'며 수련한다.

법념처(法念處)

13) '무상을 관찰하면서 들이쉬리라'라며 수련하고, '무상을 관찰하면서 내쉬리라'라고 수련한다.

14) '이욕(利慾)을 관찰하면서 들이쉬리라'라며 수련하고, '이욕을 관찰하면서 내쉬리라'라고 수련한다.

15) '소멸을 관찰하면서 들이쉬리라'며 수련하고, '소멸을 관찰하면서 내쉬리라'라고 수련한다.

16) '놓아버림을 관찰하면서 들이쉬리라'며 수련하고, '놓아버림을 관찰하면서 숨을 내쉬리라'며 수련한다."

위 과정에서 호흡관찰 명상은 집중을 통해 고요함과 청정함의 기반이 되며, 위빠사나 수행을 통해 증진되는 통찰력과 지혜를 계발하는 근간이 됨을 알 수 있으며, 사념처 수행의 과정을 이끌어 가는 견인차가 됨을 알 수 있다.

4. 일상에서 3분 호흡 공간

종교 개혁자 루터가 개혁을 위한 일로 바쁜 일상을 보낼 때 그의 친구가 물었다. "자네 요즈음 개혁을 위한 일로 바빠 기도할 시간이 없겠군!" 이에 루터는 "바쁘니까 기도할 일이 더욱 많다네!"라고 대답하였다. 그에게 주어진 많은 일을 하다보면 더 많이 사유하고, 더 많이 하나님께 묻고 응답해야 하기 때문이다.

사람들은 바쁜 일상을 살면서 "정신없이 살았다"라는 말을 한다. 자신을 돌아보지 못하고 어떤 일에 파묻혀 살았다는 말이다. 내가 무엇을 하고 있는지도 모르고 습관적으로 일상을 살기 때문이다. 이렇듯 정신없이 사는 가운데 스트레스를 받고 탈진하게 된다. 스트레스와 탈진에 의해 짜증, 화, 불안 등의 감정이 나를 지배하게 되고 이러한 감정의 맥락(context)이 정서의 바탕을 만든다.

마음챙김 명상은 스트레스와 탈진에서 벗어나고 불행한 감정의 맥락을 행복한 감정의 맥락으로 전환할 수 있도록 한다. 일상에서 3분 호흡 공간을 만들어 마음챙김을 위한 공간으로 한다면 우리의 삶을 변화시킬 수 있다. 3분 호흡 공간은 일상에서 잊고 있던 나 자신으로 돌아오는 시간을 말한다. 현재의 이 순간에 깨어있기 위한 시간 즉 현존의 시간이다. 현재의 내 감정을 점검하고 평정심으로 돌아오는 시간이다.

3분 호흡 공간은 아주 간단한 명상법이다. 하루 두세 번 일정한 시간에 하던 일을 멈추고 3분 동안 호흡을 관찰하는 명상을 한다. 코 밑이나 배를 주시하고 호흡을 알아차리면서 내 마음에서 일어나는 느낌이나 생각을, 몸에서 일어나는 감각을 주시하고 알아차리는 방법이다. 처음에는 의도적으로 정해진 시간에 멈추어 명상을 하다가 익숙해지면 수시로 자신을 주시하고 알아차리는 마음챙김 명상을 한다.

필자는 틱 낫한에 의해 설립된 태국의 플럼빌리지에서 일주일 코스 수련에 참여한 경험이 있다. 이 수련소에서는 마음챙김을 기반으로 정좌명상, 걷기명상 등을 실시한다. 특히 마음챙김 먹기, 마음챙김 일하기(Working Meditation), 마음챙김 스포츠 등 생활 가운데서 마음챙김 명상을 강조한다. 이 수련소에서 인상 깊었던 점은 매 15분마다 종이 울리면 모든 사람들이 하던 일은 멈추고 각자 있는 위치에서 움직이지 않고 잠시 마음챙김 명상을 하는 것이다.

일상생활에서 정해진 시간에 잠시 마음챙김을 하는 시간을 갖는다면 마음의 안정과 평정심을 갖고 행복한 일상을 살아갈 수 있다. 이러한 마음챙김 훈련으로 습관적인 동작에서 선택적인 동작으로 전환할 수 있도록 해야 한다. 이때 명상 벨을 일정한 시간에 울리게 한다면 잊지 않고 규칙적으로 마음챙김 명상을 할 수 있을 것이다.

참고도서

미산 스님 역(2008), 『들숨 날숨에 마음챙기는 공부』, 울산; 초기불전연구원.

전재성 역주(2009), 『맛지마 니까야』, 서울; 한국빠알리성전협회.

심준보 역(2004), 『네 가지 알아차림의 확립−사념처』, 서울; 보리수 선원.

붓다고사, 대림스님 역(2009), 『청정도론』, Ⅰ.Ⅱ.Ⅲ. 울산; 초기불전연구원.

Larry Rosenberg, Breath by Breath, 미산 스님, 권선아 역(2006), 『일상에서의 호흡명상−숨』, 서울; ㈜한언

Jon Kabat-Zinn(2013), *Full Catastrophe Living*, New York USA; Bantam.

제3장

걷기명상

1. 걷기명상의 유래와 의미

　석가모니 붓다는 깨달음을 얻고 나서 수행과 중생의 구도(求道)를 위한 설법으로 하루를 보냈다. 붓다는 새벽 2시에 기상하여 먼저 행선(行禪) 즉 걷기명상으로 하루를 시작했다고 한다. 불교 성지 인도의 부다가야에 가면 지금도 붓다가 경행(徑行)하던 길이 보전되어 있고 여행자들이 경행을 체험할 수 있다. 행선은 불교 수행법 중의 하나로 위빠사나 수행법 중 신념처에 속한다.

　통상적으로 경행은 오랫동안 좌선을 하게 되면 몸이 불편해지고 굳어지는 것을 방지하기 위한 것과 졸음을 쫓기 위한 수행법이라고 생각할 수 있다. 그러나 경행은 단지 몸을 풀고 졸음을 쫓기 위한 방편으로 사용되는 수행법은 아니다. 위빠사나의 수행법의 하나로 경행을 통해 통찰력과 지혜를 계발할 수 있다. 붓다가 경행을 통해서 선정(禪定)을 증득했다는 사실을 보더라도 경행은 중요한 불교 수행법의 하나다.

　위빠사나는 몸의 느낌, 감각 또는 이러한 느낌과 감각으로부터 일어나는 생각을 비판단적으로 주시하고 알아차리는 명상법이다. 이러한 위빠사나의 특성으로 볼 때 걷기명상은 위빠사나에서 추구하는 통찰력과 지혜 계발을 위해 유효한 수행법의 하나다. 몸을 움직이고 눈을 뜬 채로 하는 수행이기 때문에 더 많은 감각기관과 감각대상이 접촉할 수 있게 된다. 따라서 몸에서 일어나는 감각과 마음에서 일어나는 생각이 더 많이 일어나고 사라짐으로 주시와 알아차림을 계발하기 위한 수행법으로 적당하다.

2. 마음챙김 걷기명상

걷기명상은 MBSR의 다섯 공식명상 중의 하나다. MBSR에서 걷기명상은 졸음을 방지하고 몸을 이완하기 위한 방편으로 사용하지는 않는다. 마음챙김 명상에서 추구하는 주시와 알아차림을 계발하기 위한 수행법이다. 몸을 움직이면서 자신의 몸에서 일어나는 감각과 느낌을 알아차리는 것과 감각기관이 주변에서 펼쳐지는 대상들을 대하면서 일어나는 감각과 생각들을 알아차리는 수행법이다.

MBSR에서의 걷기 명상법은 위빠사나에서의 걷기명상과 약간의 차이가 있다. 주시와 알아차림의 계발이라는 목적은 같지만 그 방식은 약간 다르다. 일반적으로 가장 많은 사람들이 수행하는 마하시 위빠사나에서의 걷기명상은 주로 발목 아래 발에서 일어나는 감각을 관찰하지만 MBSR에서는 전신(全身)에서 일어나는 감각을 주시한다. 또한 마하시 위빠사나에서는 발에서 일어나는 동작에 대하여 명칭을 붙이며 움직이지만 MBSR에서는 침묵 속에서 오로지 일어나는 감각을 주시하며 알아차린다.

마하시 위빠사나에서는 가능한 한 느린 걸음으로 진행하라고 한다. 느린 걸음으로 움직여야 몸에서 일어나는 감각을 세밀하게 관찰할 수 있기 때문이다. 그러나 MBSR에서는 느린 걸음의 걷기명상도 하지만 빠른 걸음의 걷기명상도 한다. 빠른 걸음으로 걷기명상을 하게 되면 자신의 거친 감각도 알아차릴 수 있고 수시로 주시와 알아차림의 대상을 바꾸면서 전개된 현상과 대상의 변화를 직관하므로 통찰력을 계발할 수 있다.

마하시 위빠사나는 궁극적으로 위빠사나 삼매를 증득하는데 있다. 위빠사나 삼매란 뚜렷한 의식 가운데 알아차림이 이어지는 것을 말한다. 사마타 명상의 삼매가 고요함과 평정심을 증득하는 것이라면 위빠사나 명상의 삼매는 고요하고 청정한 상태에서 알아차림이 계속 이어지는 상태를 말한다. 정좌명상 위빠사나 삼매에서는 어떤 감각과 생각도 일어나지 않으면서 맑고 순수한 의식의 상태가 계속 이어진다. 마찬가지로 걷기명상에서도 주시의 대상을 바꾸면서 의식이 뚜렷한 가운데 주시와 알아차림이 이어진다.

3. 마음챙김 걷기명상의 방법

마음챙김 걷기명상에는 여러 방법이 있다. 그러나 분명한 것은 유산소 운동 혹은 사색(思索)을 위해 걷는 것과는 다르다. 마음챙김 걷기명상은 움직이면서 마음이 현재에 머무는 것이며 심신에서 일어나는 느낌, 감각, 생각 등을 주시하며 알아차리는 것이다. 움직이면서 깨어있기 위한 훈련이라고 할 수 있다.

위빠사나 명상은 수련소에 따라 걷기명상법이 다양하다. 고엔카 위빠사나에서는 걷기명상을 하지 않는다. 고엔카 위빠사나 수련원에서는 좌선 외에 스트레칭, 요가, 걷기명상 등 일체의 동작을 하지 않는다. 그것은 좌선을 통해 선정을 경험하면 마음은 물론 몸도 동시에 이완을 경험할 수 있기 때문이다. 반면에 마하시 계통의 마하시 센터와 쉐우민 센터에서는 걷기명상을 한다. 마하시 센터에서는 60분 좌선과 60분 걷기명상을 교차해서 실시하고, 쉐우민 센터에서는 좌선과 걷기명상을 수행자의 선택에 의해 실시한다.

마하시 위빠사나 걷기명상

필자가 경험한 마하시 위빠사나 계통의 빤띠따라마 수행센터에서는 새벽부터 저녁까지 식사와 잠자는 시간을 제외하고 좌선 60분과 걷기명상 60분을 교차로 실시한다. 좌선에서는 사념처를 동시에 주시하고 알아차리는 명상을 실시하며 걷기명상에서는 천천히 걸으면서 발목 아래 발등, 발바닥 등에서 일어나는 감각을 주시하며 알아차린다. 특히 발바닥이 마룻바닥에 접촉하면서 일어나는 감각을 주시하며 알아차리는데 이때 발바닥과 마룻바닥과의 접촉에서 느끼는 사대(四大; 地·水·火·風)의 요소를 관찰하며 일어나는 감각을 주시하며 알아차린다.

마하시 계통 위빠사나의 걷기명상에서는 좌선과 마찬가지로 발동작에 대한 명칭을 붙이는 특징이 있다. 손을 움직이지 않는 자세를 취하며 발을 들으면서 '듦', 발이 앞으로 향하면서 '값', 발을 디디면서 '놂' 등의 명칭을 붙인다. 이때 명칭을 붙이는 것은 '들어라' '가라' '내려놓아라.' 등의 지시어가 아니고 '들고 있음' '가고 있음' '내려놓고 있음' 등을 알아차렸다는 신호다. 명상자세로 걷다가 의도치 않게 마음이 다른 감각이나 생각으로 가게 되면 잠시 서서 그 감각이나 생각을 주시하며 알아차린 후 다시 걷기명상으로 들어간다. 그리고 돌고자 하는 마지막 지점에 다다라서는 천천히 '돎' '돎' '돎'의 명칭을 붙이면서 돌아서서 걷는다.

쉐우민 위빠사나 걷기명상

쉐우민 수행처에서는 사념처 중 심념처(心念處)를 강조한다. 즉 생각을 주시하고 알아차리는 명상이다. 생활 속에서 마음을 주시하며 일어나는 생각, 머무는 생각, 사라지는 생각 등을 주시하며 알아차린다. 이 센터에서는 정형화된 수행의 형식이 없다. 일상 속에서 알아차리는 명상을 수련한다. 먹으면서, 대화하면서, 걸으면서 일어나는 생각을 주시하며 알아차리는 것을 강조한다.

쉐우민 수행처에서의 위빠사나 명상은 그 의미와 방식이 MBSR에서 실시하는 마음챙김 명상법과 유사하다. MBSR의 정좌명상, 걷기명상, 일상에서의 마음챙김 명상은 쉐우민 위빠사나 명상에 뿌리를 두고 있다고 할 수 있다. 특히 걷기명상은 쉐우민 센터의 걷기명상 형식과 유사하다. 쉐우민 센터에서의 걷기명상과 MBSR의 걷기명상에는 정형화된 형식이 없다. 걷는 방식, 주시의 대상 등이 정해지지 않고 일상에서 걷는 것처럼 걷고 다만 '지금 현재' 걷고 있는 나를 주시하며 마음에서 일어나는 생각을 알아차린다.

MBSR의 걷기명상에서는 쉐우민 센터의 위빠사나처럼 생각만을 주시하고 알아차리는 것을 강조하지는 않는다. 느낌, 감각, 생각 등을 주시와 알아차림의 대상으로 삼고 있다. 쉐우민 센터에서도 생각을 주로 주시하고 알아차리지만 느낌과 감각도 주시와 알아차림의 대상에서 배제하지는 않는다. 그것은 느낌과 감각이 곧 생각을 일으키는 원인이 되기 때문이다.

MBSR에서의 걷기명상

필자는 걷기명상을 세 가지 유형으로 나누어 실시한다. MBSR 초반 회기 걷기명상에서는 마하시 계통에서 실시하는 걷기명상을 한다. MBSR 수업 초기에는 주시의 힘을 강화하기 위하여 마하시 계통의 걷기명상이 효과적이다. 주로 발목 아래의 발바닥과 마루바닥과의 접촉에서 일어나는 느낌과 감각을 주시하며 알아차리고 발의 동작에 명칭을 붙이면서 걷는다.

MBSR 수업 중반 회기부터는 발목 아래의 발에서 일어나는 감각의 주시와 알아차림이 익숙해지면 천천히 걸으면서 몸 전체에서 일어나는 느낌, 감각, 생각 등을 주시하면서 걷는다. 이때 주시의 대상은 순간순간 일어나는 느낌과 감각이며 어떤 생각이 일어났을 때는 잠시 멈추어 그 생각을 주시하고 알아차린 후 다시 발걸음을 옮긴다.

MBSR 후반 회기 수업에서 실시하는 걷기명상은 빠른 걸음의 걷기명상을 한다. 실내 혹은 실외에서 빠르게 걸으면서 자신에 대한 주시와 알아차림은 물론 내 시야에 들어오는 모든 사물과 현상에 대하여 주시하며 알아차린다. 이때 주시의 대상은 순간순간 바뀐다. 순간순간 주시의 대상에 대하여 판단과 분별없이 관찰하므로 직관력과 통찰력이 계발된다. 통찰력의 계발은 위빠사나 궁극적 목적인 지혜 계발의 기반이 된다.

4. 걷기명상의 효과

인간은 동물과 다르게 두발로 걸을 수 있다는 특징을 갖고 있다. 걷기명상은 단순히 목적지로 이동하기 위해서 혹은 건강을 위해서 걷는 것과는 다르다. 걷기명상은 다음과 같은 효과를 갖는다.

첫째, 집중력이 향상된다. 우리가 보통 산책을 할 때 많은 생각에 빠져서 오히려 우울하거나 불안한 마음을 더 할 수 있다. 그러나 걷기명상은 지금 이 순간에 집중하므로 잡념 망상을 떨칠 수가 있다.

둘째, 몸의 메시지를 들을 수 있다. 걷기명상을 통해 자신의 신체 부위의 이상과 한계를 알 수 있다. 걸으면서 신체의 부위에서 일어나는 감각을 주시하고 알아차리면 긍정적인 느낌의 반응과 부정적 느낌의 반응을 알게 된다.

셋째, 심리적 안정감이 든다. 일반적으로 산책을 할 때 과거의 생각에 잠식되어 우울한 마음을 가질 수 있다. 또한 미래의 생각에 빠지면서 불안한 마음이 일어날 수 있다. 그러나 걷기명상을 하게 되면 이러한 과거나 미래에 빠지지 않고 현재에 충실할 수 있다.

넷째, 건강에 도움이 된다. 좌선을 오랫동안 하게 되면 몸이 경직되거나 골반이 틀어져 신체의 불균형을 가져올 수 있다. 걷기명상은 이러한 부작용을 극복할 수 있도록 한다.

다섯째, 직관력과 통찰력이 계발된다. 걷기명상을 하면서 앞에 보이는 대상과 현상이 바뀌어서 순간순간 그 물질의 특성과 변화하는 현상을 알아차리게 되면서 직관력과 통찰력이 계발된다.

참고도서

쉐우민 수행센터(2009), 『알아차림만으로는 충분하지 않습니다.』, 쉐우민 수행센터.
쉐우민 수행센터(2013), 『수행과 지혜』, 미간행 법보시용 자료.
아신 떼자니야 사야도(2015), 『법은 어디에나』, 쉐우민 수행센터.

Sayadaw U Janaka, 김재성 역, 『위빠사나 수행』(1997), 서울; 불광출판사.

John Kabat-Zinn(2013), *Full Catastrophe Living*, New York USA; Bantam.

John Kabat-Zinn(2005), *Wherever you there you are-Mindfulness Meditation in every day*, New York USA; Hachette books.

Michael Chaskalson(2011), *The Mindful Workplace*, UK; Wiley Blackwell.

제4장

마음챙김 먹기명상(Mindfulness Eating Meditation)

1. 먹기명상의 의미

건포도 명상은 MBSR 프로그램 중 비공식 명상에 속하는 것으로 보통 첫 회기 수업에서 이루어지는 중요한 마음챙김 명상법의 하나다. 물, 과일, 포도주, 국물 등 먹을 수 있는 어떤 것도 먹기명상의 주제로 삼을 수 있지만 보통 건포도를 사용한다. 건포도는 모양새, 향, 맛, 질감 등이 특이하며 이동과 구입이 쉽기 때문이다.

건포도 명상은 건포도를 관찰하면서 일어나는 느낌, 감각, 생각 등을 주시하며 알아차리는 명상이다. 한 대상이나 지점을 주시하며 집중력을 계발하는 사마타 명상과 다르게 주시를 바꾸어가며 관찰한다. 오관을 통한 시각, 청각, 후각, 미각, 촉각 등을 관찰하는 명상이기 때문에 통찰력 계발을 위한 위빠사나 명상에 속한다. 건포도를 처음 보는 물질처럼 호기심과 비판단적으로 관찰하므로 새로운 자각과 통찰력을 함양할 수 있다.

서양 사람들이 포도주를 먹는 과정은 먹기명상과 유사하다. 그들은 포도주 한 잔을 마시면서 먼저 포도주 잔과 빛깔을 관찰하고 천천히 코 가까이 컵을 대어 향을 즐긴다. 다음 포도주를 혀끝으로 맛을 보고 한 모금 마시면서 입 안에서 느껴지는 감각과 맛을 관찰한다. 그리고 목으로 넘어가는 자극을 느끼며 조금씩 천천히 마신다.

필자는 MBSR을 공부하기 이전부터 일상의 식사에서 먹기명상을 했다. 물론 그때의 식사가 먹기명상을 위한 것은 아니지만 지금 돌아보니 '그때의 식사가 먹기명상이었구나!'라고 생각을 하게 되었다. 가족이 캐나다에 거주하기 때문에 혼밥을 할 때가 많았다. 기러기 아빠 초기에는 혼밥을 하는 것이 고통이었다. 이때의 식사는 살기 위한 하나의 방편이었고, 한 끼니를 때우기 위한 식사였다. 그러던 어느 날 문득 식사는 내 삶에서 가장 귀한 행사이며 귀한 몸을 위한 축제임을 깨달았다.

종교적으로 말하면 인간의 몸은 하나님의 신성(神性)이 내재하는 성전(聖殿)이요, 부처님의 불성(佛性)이 내재하는 불전(佛殿)이다. 이토록 귀한 몸이 단지 음식을 저장하는 곳이고 한 끼의 식사가 살기 위해 때우는 행위가 되어서는 안된다는 것을 깨달았다. 음식을 하나님과 부처님께 공양한다는 생각으로 마음을 챙기면서 정성껏 만들어 먹었다. 이때부터 음식의 맛이 새로워졌으며 식사 시간을 축제로 즐기게 되었다.

마음챙김 건포도 먹기명상은 단순하고 평범한 것 같지만 주시와 알아차림 계발에 좋은 명상법이다. 판단 없이 호기심으로 건포도를 관찰하고 먹음으로 주시, 알아차림, 통찰력을 계발하는 명상법이다. 먹기명상은 단순히 일회성의 훈련으로 끝날 것이 아니라 일상에서 식사나 음식을 먹을 때의 자세로 삼아야 한다. 하루 한 끼 혹은 간헐적으로 가족이 다함께 참여하는 먹기명상을 실시한다면 가족의 화목과 건강 증진을 위해 유익하고 의미 있는 시간이 될 것이다.

2. 건포도 명상 지시문

건포도를 손바닥에 놓고 침묵 가운데 건포도를 관찰합니다. 건포도가 내 손 안에 오기까지의 과정을 생각해 봅니다. 씨가 뿌려져 나무의 싹이 나오고 자연 속에서 자양분을 섭취하여 가지가 뻗고 잎이 나고 열매를 맺는 성장과정을 상상해 봅니다. 이 열매는 수많은 사람들의 돌봄의 과정을 통해 나의 손에 들어왔습니다.

이 돌봄의 과정에 참여했던 사람들에 대한 감사의 마음을 갖습니다. 신앙인은 먼저 신에게 감사합니다. 그리고 내가 이 건포도 명상에 참여할 수 있게 된 것을 기쁨으로 축하합니다. 다음 지시문에 따라 건포도 명상을 시작하겠습니다.

1) 잡아보기

손바닥에 건포도 한 알을 올려놓고 2－3분동안 그것의 무게를 느껴봅니다. 지금까지는 이 작은 물건의 무게를 생각해 보지 않았을 것입니다. 무게가 느껴지나요? 다음은 건포도의 온도를 느껴봅니다. 따뜻한가요? 혹은 차가운가요?

2) 관찰하기

건포도에 집중하고 잘 살펴봅니다. 한 편의 추상화를 보는 듯 건포도를 조금 멀리서 그리고 가까이서 관찰합니다. 그리고 색깔과 표면의 특징을 살펴봅니다. 지금까지 보지 못하였던 새로운 것들이 보일 것입니다. 이 건포도를 통해 새롭게 알게 된 것은 무엇인가요?

3) 만져보기

손바닥에 놓인 건포도를 엄지와 검지로 잡아봅니다. 표면에서 느껴지는 감각을 느껴 보세요. 두 손가락으로 살짝 눌러보고 또 굴려보면서 그 질감을 느껴보세요. 어떤 감각이 느껴지나요?

4) 바라보기

다시 건포도를 책상 위에 놓고 주의 깊고 면밀하게 관찰합니다. 건포도의 밝은 부분과 어두운 부분을 보며 그 빛이 어떻게 다른가를 살펴봅니다. 건포도의 주름에서 돌출된 부분과 들어간 부분의 빛과 어두움이 보이는지요? 햇빛이 비치는 쪽과 반대쪽의 빛도 살펴보기 바랍니다.

5) 냄새 맡기

건포도를 들어서 감각을 느끼면서 천천히 입 주위로 옮겨 코 가까이 대고 향기를 느껴봅니다. 코로 숨을 들이마시며 더 강하고 깊은 향을 느껴봅니다. 지금까지 건포도에서 느껴보지 못한 풍미를 경험해봅니다.

6) 입에 넣기

입술로 살며시 건포도를 물고 그 느낌과 감각을 관찰합니다. 서서히 입에 넣고 씹지는 말고 잠시 느껴봅니다. 입 안에서 도는 은은한 향을 느껴봅니다. 건포도를 혀로 대보기도 하고 입천장에 대고 감각을 느껴봅니다. 씹지 말고 이빨로 살며시 물어봅니다. 씹고 싶은 충동을 느껴봅니다.

7) 맛보기

건포도 한 알을 살짝 씹어봅니다. 그리고 다른 한 알을 씹으며 처음 씹을 때와 맛이 어떻게 다른지 살펴봅니다. 씹을 때 나온 즙의 맛을 느껴보세요. 그리고 또 다른 하나를 씹어봅니다. 처음 씹을 때의 맛과 어떻게 다른지요?

8) 씹기

건포도를 아주 천천히 씹어봅니다. 입 안에서의 소리, 질감, 향 등의 변화를 느끼며 알아차려 봅니다. 이때 더 빨리 씹고 목에 넘기고 싶은 욕구도 주시하며 알아차리기 바랍니다.

9) 삼키기

남아있는 모든 건포도를 씹고 삼켰을 때와 처음 건포도를 먹을 때의 느낌과 비교하여 보십시오. 씹은 건포도가 목구멍을 통해 배에 들어가는 과정에서 일어나는 감각을 느끼고 관찰합니다.

10) 마침

이 실습을 마치고 난 다음 내 몸의 감각은 어떤지를 느껴봅니다. 지금의 기분을 느껴보세요. 먹기명상을 하기 전 음식을 먹었을 때와 어떻게 다른지 느껴봅니다.

참고도서

쉐우민 수행센터(2009), 『알아차림만으로는 충분하지 않습니다.』, Yangon Myanmar, 쉐우민 수행센터.

쉐우민 수행센터(2013), 『수행과 지혜』, Yangon Myanmar, 쉐우민 수행센터.

아신 떼자니야(2014), 『번뇌』, Yangon Myanmar, 쉐우민 수행센터.

아신 떼자니야 사야도(2015), 『법은 어디에나』, Yangon Myanmar, 쉐우민 수행센터.

Jon Kabat-Zinn(2013), *Full Catastrophe Living*, New York USA; Bantam.

Mark Williams and Danny Penman(2012), *Mindfulness*, NY USA, Rodale.

Michael Chaskalson(2011), *The Mindful Workplace*, UK; Wiley Blackwell.

John Tessale, Mark Williams, and Zindel Segal, 안희영 역, 『8주 마음챙김 워크북』, 서울; 불광출판사.

제5장

마음챙김 대화명상

1. 인간관계와 대화

인간의 행복과 불행은 인간관계에서 비롯된다. 인간관계는 스트레스 유발의 주요한 인자(因子)가 되며 스트레스를 해소하는 요인이 되기도 한다. 홈즈(Holmes) 박사의 스트레스 지표에 나타난 상위 10개 중 6개가 인간관계에서 비롯됨을 보여주고 있고 이 중 5개는 배우자와의 관계를 나타내고 있다. 가장 가까이 접촉하며 사는 배우자가 행복의 원동력이 되기도 하고 스트레스 유발자가 되기도 한다.

종교교육학자 루엘 하우(Reuel L. Howe)는 그의 저서 『대화의 기적』에서 "혈액순환이 정지되면 몸은 죽게 마련이다. 마찬가지로 대화가 끊기면 사랑은 죽고 반감과 증오가 생기게 된다."라고 하였다. 죽은 사람을 다시 살릴 수는 없지만 올바른 대화는 끊긴 인간관계를 회복할 수 있게 한다.

"말 한 마디로 천량 빚을 갚는다." "낮에 한 말은 새가 듣고, 밤에 한 말은 쥐가 듣는다." "한 번 엎질러 진 물은 도로 담을 수 없듯이 한 번 뱉은 말은 주워 담을 수 없다" "세 치의 혀가 사람을 죽이고 살린다." 등은 말의 중요성을 강조한 속담들이다. 이렇듯 말은 행복의 원인이 되기도 하며 고통의 원인이 되기도 한다.

올바른 대화는 행복한 인간관계를 가능하게 하지만 바르지 못한 대화는 인간관계를 단절시키거나 불편하게 만든다. 종교철학자 마틴 부버는(Martin Buber, 1878

−1965)는 그의 저서 『나와 너』에서 인간관계를 '나와 너'의 관계 그리고 '나와 그것'의 관계로 말하고 있다. 나와 너의 관계는 상대적 관계로 '나'가 없는 '너'가 없고 '너'가 없는 '나'가 없음을 말한다. 반면에 나와 그것은 물질적 관계로 '그것' 없이도 '나'가 존재할 수 있는 관계를 말한다. '나와 너'의 관계는 나를 부정하면 너도 없고 너를 부정하면 나도 없는 관계다. 서로의 성장과 완성을 위해 필요한 관계다. 따라서 '나와 그것'의 관계는 마음챙김의 대화를 통해 '나와 너'의 관계로 발전하게 된다.

대화에는 플러스 대화와 마이너스 대화가 있다. 플러스 대화란 서로의 성장과 행복을 지지해 주는 대화를 말한다. 상대에 대한 사랑과 존경의 마음이 있을 때 플러스 대화가 가능하다. 마이너스 대화란 인간관계의 질을 떨어뜨리고 서로의 마음이 멀어지게 하는 대화를 말한다. 상대에게 증오와 반목을 낳게 하는 대화다. 플러스 대화를 위해서는 마음챙김 대화가 필요하다.

인간의 관계에는 '참만남(Encounter)의 관계'와 '스침(Meeting)'의 관계가 있다. 참만남의 관계는 사랑과 존경으로 만나는 관계이며, 스침의 관계는 같은 시간과 공간 안에서 만나더라도 업무상 혹은 형식적으로 만나는 관계다. 부부관계도 그렇다. 진실한 대화가 없으면 한 공간에 같이 살아도 동상이몽(同床異夢)의 관계가 된다. 마음챙김 대화는 부부가 더욱 사랑하고 친밀한 관계를 만드는 원동력이 된다.

교류분석 심리학자 에릭 번(Eric Bern)이 개발한 대화분석에서 대화의 유형을 '상보적 대화' '교차적 대화' '이면적 대화'로 분류했다. 여기서 상보적 대화란 서로 기대한 바가 이루어지고 만족하는 대화를 말한다. 교차적 대화는 서로의 말을 부정하고 반발하는 대화다. 그리고 이면적 대화란 '게임의 대화'라고도 하는데 "말 속에 뼈가 있다"는 말처럼 실제로 전달하고 싶은 말과 다른 내용의 대화를 말한다. 진정한 인간관계를 지지하고 발전시키는 대화는 상보적 대화이다. 반대로 교차 대화와 이면적 대화는 인간관계를 단절시키고 파괴하는 대화이다. 상보적 대화를 위해서 마음챙김 대화가 필요하다. 마음챙김 대화란 말하고 경청하는 중에 일어나는 느낌, 감각, 생각을 주시하고 알아차리며 하는 대화이다.

1960년대 미국에서 인간관계 훈련 그룹으로 T-Group 혹은 Encounter Group이 만들어져 회사, 학교, 기관 등에서 실시하였다. 이들 그룹의 훈련 목적은 주로 대화와 경청 능력을 향상시키는 것이다. 제품을 생산하는 회사에서 같은 부서 구성원들에게 위의 인간관계 훈련을 실시한 결과 구성원 간에 단합이 이루어지고 생산성도 높아졌다는 보고가 있다.

2. 마음챙김 대화

대화란 의미의 전달과 실천이다. 내가 전하고자 하는 의미가 제대로 전달되지 못할 때 오해와 반목이 생기고 인간관계가 단절되기도 한다. 대화가 제대로 되지 않는 여러 이유가 있겠지만 무엇보다도 습관적 언어 표현과 반응이 대화의 장애가 된다. 상대방의 말에 대해 자기 나름대로 판단하고 자기주장을 내세우게 될 때 진정한 대화는 이루어지지 않는다. 마음챙김 대화란 상대방의 말에 대해 판단 없이 객관적으로 반응해 주는 것이다.

서로 만족하고 의미를 제대로 전달하는 대화가 상보적 대화이다. 상보적 대화를 위해서는 마음챙김 대화를 해야 한다. 대화에는 질적 차원이 있다. 높은 차원의 대화란 고상하고 현학적인 말을 쓰는 것이 아니라 서로의 느낌과 감정을 완전히 개방하고 수용하는 대화를 말한다. 서로의 느낌과 감정을 알아차리며 서로가 만족할 수 있는 마음챙김의 대화이다. 의례적이고 형식적인 대화 그리고 정보전달 수준의 대화에서는 인간관계의 성장과 발전이 일어나지 않는다.

마음챙김 대화는 상대방의 말을 들으며 내 마음에서 일어나는 느낌과 감정을 알아차리고 반응하는 대화이다. 마음을 챙기지 못하고 관념적인 판단으로 반응하게 될 때 대부분 나 중심의 'You Message'가 된다. 나 중심으로 상대에 대한 평가, 충고, 비난 등의 말을 하게 된다. 그러나 마음챙김 대화는 자신의 느낌과 감정을 솔직하게 반영하는 대화로 진심과 의미를 잘 전달할 수 있다.

마음챙김 대화란 말하고 들으면서 자신의 마음만을 챙기는 것은 아니다. 듣는 사람이 말하는 사람의 느낌과 감정을 읽으면서 반응하는 것도 소통을 위해서 중요하다. 상대방의 느낌과 감정은 말의 억양, 말의 빠르기, 말하면서 하는 제스처, 그리고 얼굴 표정 등에서 읽을 수 있다. 따라서 말하는 자신과 듣는 상대의 느낌과 감정을 읽으면서 듣고 거기 맞는 반응을 할 때 상대가 듣고 싶고 만족할 수 있는 대화를 할 수 있다. 마음챙김 대화의 특성과 자세를 정리하면 다음과 같다.

전존재로서 반응한다. 진정한 대화란 지금 말하는 사람이나 듣는 사람이 지금 이 순간에 깨어있을 때 가능하다. 집중하여 말하고 집중하여 듣게 될 때 올바른 의미를 전달할 수 있다.

자신에 대한 개방이 있어야 한다. 깊고 의미있는 대화를 위해서는 자신을 개방해야 한다. 자신의 존재를 개방하지 않으면 상대도 개방하지 않는다. 자신의 개방을 통해 상대방이 나를 알게 될 때 상대방도 자신을 개방한다.

지금 현재의 감각과 느낌으로 대화한다. 의미를 전달하는 데는 정확한 내용을 전달하는 것도 중요하지만 지금 여기서의 감정을 표현하는 것도 중요하다. 지금 여기서의 감정을 있는 그대로 표현하게 될 때 나의 진심과 말의 의미를 정확하게 전달할 수 있다.

비판단적으로 대화한다. 대화를 하면서 미리 판단하고 반응하면 상대가 말하는 바를 정확하게 이해할 수 없다. 대화 중에는 판단을 유보하고 진지하게 듣고 상대의 말이 끝나면 지금 이 순간의 나의 느낌과 생각을 전달하면 대화가 활성화될 수 있다.

공감적 이해와 자애의 마음으로 대화한다. 공감이란 화자와 청자가 같은 수준으로 감정과 의미를 이해하는 것이다. 공감이 있을 때 상대의 말을 수용하고 이해할 수 있다. 공감이 있을 때 상대에 대한 사랑과 친절함이 유발된다.

3. 마음챙김 경청

좋은 대화를 위해서는 말하는 것보다 듣는 것이 중요하다. 상대방의 말에 집중하여 신중하게 경청하지 않으면 왜곡된 경청, 말의 내용 누락, 선택된 경청을 하게 된다. 따라서 올바른 경청을 하지 않으면 올바른 대화가 이루어질 수 없다. 상대가 만족할 수 있고 듣고자 하는 말을 하려면 정확하고 신중한 경청을 해야 한다. 필자의 경험에 의하면 다음과 같은 명상의 다섯 장애가 바로 경청의 장애가 된다.

탐욕적 욕망: 좋은 인간관계는 내가 더 베풀고 수고하겠다는 마음을 가질 때 이루어진다. 그러나 상대를 통해 무언가 이익을 얻고 이용하려고 하면 좋은 관계가 이루어질 수 없다. 대화에서도 마찬가지다. 상대로부터 어떤 이익을 취하거나 이용하려고 하면 좋은 대화는 이루어지지 않는다. 따라서 탐욕적 욕망을 비우고 순수한 마음을 갖게 될 때 올바른 경청을 할 수 있다.

악의(惡意): 상대에 대한 분노, 미움, 증오 등과 같은 악의가 있어서는 올바른 대화가 이루어질 수 없다. 대화에서 이러한 감정들을 갖고 듣게 되면 상대방의 말에 대하여 왜곡하여 들을 수밖에 없다. 상대방의 말에 대한 바른 이해와 수용이 없다면 비판적이고 부정적인 판단으로 반응을 하게 된다.

혼침과 졸음: 혼침과 졸음은 명상의 초보자가 가장 많이 경험하는 장애다. 마찬가지로 대화에서도 흐릿한 의식과 몸의 나른함이 있으면 상대방의 말에 집중할 수가 없다. 혼침과 졸음이 있으면 상대방에 시선을 두고 듣거나 말할 수 없다. 대화에서 먼저 이러한 마음과 감각을 알아차리면서 상대방의 말에 집중하고 알아차리려는 노력이 있어야 한다.

들뜸과 회한: 듣는다는 것은 단순히 귀라는 감각기관이 듣는 것이 아니다. 귀가 있어서 자동적으로 들리는 것이 아니다. 마음챙김이 없이 듣는다면 단순히 소리는 들을 수 있지만 말의 내용은 알 수 없는 것이다. 산만함, 근심걱정, 후회 등의 감정과 생각이 머물고 있으면 상대방의 말에 대하여 알아차림이 없다.

회의적 의심: 말하는 상대와 그 사람이 하는 말에 대하여 의심이 있을 때 말하는 내용을 제대로 이해하거나 받아들이지 못한다. 듣는 사람의 잘못된 신념이 있을 때 상대방이 말한 내용을 그 신념에 의해 판단해 버릴 수 있다.

그러면 올바른 청취를 위해 어떤 자세가 필요한가? 이것은 위의 다섯 장애의 반대 개념인 명상의 다섯 근기(根氣)를 이해하면 된다. 명상을 위한 다섯 가지 근기

(根氣)는 올바른 대화의 자세에도 적용할 수 있다.

믿음: 어느 시인의 말처럼 "인생은 여행"이다. 지구에 소풍 나온 것이다. 여행길에 가장 소중한 동반자는 믿음이다. 믿을 수 없는 사람과 여행을 한다면 그 여행은 즐거울 수가 없다. 대화에서도 상대에 대한 믿음과 존경이 있을 때 상보적인 대화를 할 수 있다.

노력: 대화에는 인내심이 필요하다. 상대방의 말을 집중해 들으려는 노력, 끝까지 들어주려는 노력이 있어야 한다. 대화하면서 이런 노력이 없을 때 상대방의 말을 끊고 내 말을 하거나 다른 생각을 하게 되면 진정한 대화를 할 수 없다.

알아차림: 대화는 의미의 전달이다. 상대방이 전달하고자 하는 의미를 제대로 이해할 수 없다면 적절하게 응답할 수가 없다. 상대방의 말에 대해 적절하게 응답하기 위해서는 대화를 하면서 나와 상대에 대한 알아차림이 필요하다.

집중: 집중하여 진지하게 말하고 경청할 때 의미를 제대로 파악할 수 있다. 그리고 상대에게 집중하여 말하고 경청할 때 상대가 나에 대한 신뢰를 갖게 된다. 서로 신뢰를 가질 때 활발한 의사소통이 될 수 있다.

지혜: 지혜란 사물의 본질을 꿰뚫어 볼 수 있는 능력이다. 마음챙김 명상을 통해 지혜가 계발되면 대화의 순간에서 올바른 판단과 견해로 상대에게 반응할 수 있다.

4. 마음챙김 대화의 자세

첫째, 느낌 대화를 한다. 좋은 대화를 위해서는 대화하는 순간의 내 느낌을 전달하면 된다. "지금 당신의 말을 들으니 기분이 좋습니다." "당신의 말을 들으니 화가 납니다" 등 내 느낌을 그대로 전달하게 될 때 상대에게 나의 분명한 메시지를 전달할 수 있다.

둘째, I-message를 쓴다. 대화에서 'You-message'를 쓰게 되면 상대에 대한 판단, 비판, 충고, 비난 등의 말이 나오게 된다. "당신은 하는 일이 서툴다" "당신은 이성적이지 못하다" 등 '당신'이 주어가 되는 말에서는 상대방의 감정을 상하게 하는 말을 하게 된다. 그러나 "내 생각에는 그것은 옳지 않다고 본다." "내가 만약 그 일을 한다면 나는 지금 당장 할 것이다" 등 'I-message'를 쓰게 되면 상대는 감정이 상하지 않고 내 말을 수용할 수 있을 것이다.

셋째, 관계 중심의 대화를 한다. 대화에는 일 중심의 대화와 관계 중심의 대화가 있다. "지금 시간이 없다. 오늘 중으로 그 일을 처리하세요." 등은 일 중심의 대화다. 그러나 "힘들고 어렵겠지만 오늘 중에 그 일을 처리할 수 있는지요?"라는 표현은 관계 중심의 대화이다. 관계 중심의 대화는 대화를 통해 더 깊은 인간관계로 성장한다.

넷째, 자애의 마음으로 대화한다. 대화는 사랑과 친절함의 바탕에서 이루어져야 한다. 사랑과 친절함으로 대화를 하게 될 때 공감하고 수용할 수 있게 된다. 자애의 마음을 가지면 상대의 성장과 행복을 지원할 수 있는 대화를 하게 된다.

다섯째, 상대의 성장과 지원을 위한 대화를 한다. 서로의 감정을 완전히 개방하고 수용하는 대화는 상대의 성장과 지원을 위한 대화가 된다. 상대에게 나를 알리고 상대가 나를 이해할 수 있을 때 더 깊은 대화로 발전할 수 있다.

참고도서

Ryuho Okawa, *The Miracle of Meditation*, NY USA; IRH Press. 2016.

Osho Rajneesh, Compiled by Swami Deva Wadud, *Meditation-The First and Last Freedom*, Poona India; Osho International Foundation, 1988.

Arnold Mindell, *Working Yourself Alone*, 정인석 역, 『명상과 심리치료의 만남』, 2011.

John M. Gottman, Joan Declaire, 정준희 역, 『부부를 위한 사랑의 기술』, 해냄, 2007.

Reuel L. Howe, *The Miracle of Dialogue*, 김관석 역, 『대화의 기적』, 서울; 대한기독교교

육협회, 1965.

크리스천 아카데미 편(1992), 『대화의 철학』, 서울; 서광사, 1992.

제6장

마음챙김 시각화 명상

1. 시각화 명상이란?

시각화(visualization) 명상이란 심상화 혹은 이미지화를 통해 이완과 치유를 이끌어가는 명상법이다. 특정한 대상 혹은 장면 등의 이미지를 떠올리면서 그 이미지와 나와의 동일화 혹은 합일을 경험하는 명상법이다. 마음속에 상상으로 만들어진 이미지에 집중하므로 잡념 망상을 물리치고 새 이미지를 내재화시키는 원리이다.

시각화 명상은 일찍이 종교교육에서 종교적 주제를 의식화하는 방법으로 사용되었다. 티베트 불교에서는 시각화 명상을 많이 사용하고 있다. 티베트 불교의 촉첸 수행에서는 합일을 위한 방법으로 시각화 명상을 사용한다. 즉 만물과 나와의 합일, 몸과 마음의 합일을 위한 방법으로 사용된다. 또한 빛을 상상하며 빛과 하나된 내가 되거나 빛을 통하여 깨달은 자의 이미지를 만들어 가는 수행법이다.

가톨릭의 관상 기도에서도 시각화를 사용하는데 주로 예수 그리스도 혹은 성모 마리아의 이미지를 시각화하여 마음속에 간직하는 수행법이다. 예수 혹은 마리아 성상(聖像)에 대한 이미지를 마음에 각인하여 탐심(貪心), 분심(分心)으로부터 자신을 보호하고 마음에 평정심을 유지하기 위해 이 명상법이 사용된다. 이러한 이미지를 마음에 새김으로 잡념 망상으로부터 자신을 보호할 수 있게 된다.

20세기 초 프랑스의 에밀 쿠에(Emile Coue)는 심리치유의 기법으로 시각화 방법을 적용하였다. 마음속에 상상으로 이미지를 만들어 신체적 정서적 반응을 유발하고 이를 통해 증상을 치료하는 방법을 도입하였다. 쿠에는 상상력의 힘이 의지력의 힘을 훨씬 증가시킨다고 믿었다. 자신의 의도만으로 이완상태에 들어가기는 어렵지만 상상력에 의해서는 이완을 경험하거나 정서적인 안정을 찾는데 용이하다는 것을 임상에 의해 밝혔다.

칼 융(Carl Jüng)은 20세기 초 '적극적 상상력(active imagination)' 기법을 스트레스, 불안 등의 정신 치유에 사용하였다. 그는 환자들에게 어떤 구체적 목표나 프로그램 없이 명상을 하도록 가르쳤다. 즉 어떤 치유에 대한 기대나 집착 없이 환자들이 자신을 관찰하고 경험하면 그 상상은 의식화된다. 그는 적극적 상상력을 통해 내담자의 스트레스를 완화시키고 내면세계의 충만감과 기쁨을 경험하도록 하였다.

게슈탈트 심리치료자들은 직관력과 상상력을 스트레스, 분노, 불안 등의 정신 치료뿐만 아니라 두통, 근육통, 만성 통증 등의 고통을 감소시키는 기법으로 사용하였다. 이들은 심상화가 마음을 정화시키고 새로운 의식을 심는 것으로 이해하였다. 이러한 정화와 내재화를 위해 주시의 전환, 되어보기, 지금 여기서의 느낌 표현하기 등을 기제로 하여 치유 프로그램을 만들었다.

정신치료나 정신력 강화를 위한 최면치료 또한 심상화 기법을 활용하여 잠재의식의 정화, 재프로그래밍, 습관적 행위의 해체 등의 효과를 이끌어내는 기법으로 사용한다. 최면치료에서는 심상화를 통해 잠재의식을 바꾸는 것으로 공포, 두려움, 분노, 증오 등의 정신적인 장애를 치료한다. 심상화는 정화와 의식화를 통해 긍정적 에너지 혹은 긍정적 흐르몬을 활성화시키는 기능을 한다.

오늘날 시각화 명상이 상담, 교육, 정화, 이완 혹은 치유 프로그램으로 다양하게 활용된다. 용서, 사랑, 관용 등의 마음자세를 확립하는 심성교육에서도 이 시각화 명상이 사용된다. 마음에 긍정적인 이미지를 심으면 외부로부터 들어오는 부정적 감각과 생각들로부터 나를 보호할 수 있고 잡념 망상을 지우고 마음의 정화와 평화로움을 경험할 수 있다.

2. 시각화의 명상의 방법

MBSR에서 비공식 명상으로 실시하는 산명상이나 호수명상이 바로 시각화 명상에 속한다. 산 혹은 호수와 내가 동일화됨을 경험하는 명상이다. 내가 직접 산에 가지 않더라도 시각화를 통하여 산 혹은 호수와 자신을 동일화하여 산이나 호수가 주는 지혜를 경험하게 된다. 이 명상을 통해 산 혹은 호수와 같이 고귀한 기품과 위엄 있는 자신이 됨을 심상화한다.

우리가 산 정상에 섰을 때 느끼는 감정과 생각은 순수하고 아름답다. 넓은 세상을 내려다보면 자연의 위대함과 경외감을 느끼게 된다. 산 정상에 선 자신에 대한 신뢰와 승리의 기쁨을 맛보게 된다. 산명상을 통해 산이 가지고 있는 이러한 특징을 나와 동일시하는 경험을 하게 되는 것이다.

필자는 MBSR 수련에서 시각화 명상으로 꽃 명상과 느티나무 명상을 하고 있다. 꽃 명상은 MBSR 수업 1회기를 시작하면서 실시하는 것으로 지금 이 시간에 나의 모습을 꽃으로 표현하게 한다. 지금 어떤 꽃이, 어디에, 어떤 모습으로 꽂혀 있는가를 이미지로 그려보도록 한다. 이 꽃을 마음에 담고 있으면서 마음챙김을 통해 꽃이 성장하는 과정을 이미지화 한다. MBSR 수업 중간과정 4회기를 마친 다음 처음의 꽃과 지금의 꽃이 어떻게 다른지 중간 점검을 하고 MBSR 마지막 수업을 통해 그 꽃이 어떻게 성장하였는지를 점검한다.

느티나무 명상은 내가 느티나무가 되어보는 경험이다. 이 명상은 MBSR 종일 수업에서 실시하는 명상으로 내가 느티나무가 되어서 느티나무의 성장과정을 나 자신의 삶으로 의인화(擬人化)하는 명상이다. 그리고 느티나무가 가지고 있는 특성을 내 자신과 동일화하는 명상이다. 이 명상을 통해 느티나무와 같이 견고하고 고고한 삶의 자세를 숙고하고 의식화하는 효과를 경험한다.

느티나무 명상 지시문

앉아서, 서서, 누워서 등 어떤 자세도 좋습니다. 편안한 자세로 시작을 합니다. 먼저 자신의 긴장과 무거움을 내려놓고 비운다는 마음으로 머리끝에서 발끝까지 천천히 훑어 내려가며 감각을 알아차립니다. 이렇게 바디스캔을 3번 정도 실시하며 주시를 호흡으로 돌립니다. 호흡의 흐름을 느끼며 배를 주시하기 바랍니다. 배의 일어남과 꺼짐을 관찰하면서 호흡을 느끼십시오.

지금 이 순간에 머물며 당신이 경험하였던 무성하고 푸른 느티나무를 상상하십시오. 하늘을 향해 우뚝 솟은 견고하고 늠름한 느티나무를 상상하십시오. 이런 나무의 경험이 없으면 광장이나 언덕에 서 있는 크고 아름다운 나무를 상상해도 됩니다. 나무 옆에는 벤치나 걸터앉을 수 있는 평상 마루가 있으면 좋습니다. 나무의 이미지를 떠올리며 마음의 눈으로 나무를 관찰합니다.

지금 내가 보고 있는 나무는 우리 조상들이 심은 나무로서 갖은 풍상을 다 겪은 몇 백년 묵은 나무입니다. 나무는 굳건히 서서 주변 사람들의 애환을 함께하며 그들의 쉼터가 되기도 했습니다. 때로는 누가 이 나무를 자르려고 시도했을 수도 있고, 불에 타버릴 위기의 때가 있었을 것입니다. 지금 나무가 어떤 자태를 가지고 있더라도 나는 그 나무를 주시하며 호흡을 합니다.

이제 내 앞에 서 있는 나무가 나를 향해 클로즈업 되면서 내 몸으로 들어와 나와 나무가 하나가 됩니다. 지금까지 마음의 눈으로 보았던 나무와 내가 하나가 되었습니다. 나는 아주 우람하고 기품이 있는 나무가 되었습니다. 내 발은 뿌리가 되어 내 몸을 바치고 있고, 내 몸통은 견고한 줄기가 되었고, 가지에 달린 무성한 나뭇잎과 열매는 내 머리가 되었습니다. 느티나무가 된 내 주변에 나무들을 내 가족이라고 상상하며 이미지화도 좋습니다. 이 나무들이 어떤 자리에 어떻게 서 있는지 상상하십시오.

지금 이 순간에 머물면서 나무와 함께 호흡하며 나무가 된 나를 주시합니다. 느낌, 감각, 생각과 더불어 어떤 이미지가 일어나도 판단하지 말고 이 모든 것을 초월하여 고요함과 평화로운 이 순간에 머물러 있습니다. 매일 매일 밤이 오고 또 낮이 되면서 별, 달, 태양이 순간순간 변하면서 일어났다가 사라집니다. 계절이 변하고 나뭇잎이 무성했다 떨어져도 나는 고요함과 평화로움이 깃들어 있는 나무 자체입니다.

지금 내 주변에는 몇 사람이 와서 쉬고 있습니다. 벤치에 앉아서 혹은 나에게 기대어 사념에 잠겨있는 사람도 있고, 졸고 있는 사람들도 있습니다. 천진난만하게 뛰노는 아이들도 있습니다. 나는 그들에게 그늘이 되기도 하고 그들의 친구가 되기도 합니다. 가끔은 나에게 업히고 싶은 사람도 있고 목말을 타려고 내 어깨에 올라타는 사람도 있습니다.

때때로 어떤 사람은 근심걱정의 표정을 하고 나를 찾아오는 사람도 있습니다. 그들은 나를 마을을 지키는 수호신으로 믿는가 봅니다. 나에게 근심걱정을 털어놓고 자신을 도와달라고 간청합니다. 나에게 절을 하며 양손바닥을 비비며 그들의 소원을 빕니다. 복을 달라고 기도를 합니다. 이럴 때 내 마음도 아프고 쓰립니다. 나는 그들에게 그늘이 되고 싶고 비를 피하는 우산이 되고 싶습니다.

여름이 되었습니다. 나는 진한 초록색 옷을 입고 있습니다. 태양이 내리쬐는 날 갈증도 있지만 시원한 소낙비에 해갈이 되기도 합니다. 사람들이 나를 보기 위해 찾아옵니다. 옛날에는 많은 사람들이 찾아와 낮잠도 자고 몇몇 사람들이 모여 대화도 나누었는데 요즈음은 사람들이 그렇게 많이 찾아오지 않습니다. 너무 바쁘거나 다른 곳으로 이사를 갔나 봅니다. 그러나 나를 찾아오는 사람이 있건 없건 나는 그냥 묵묵히 서 있습니다. 날씨가 덥거나 태양이 보이거나 보이지 않더라도 나는 나무 자체로 존재합니다.

가을이 왔습니다. 나는 갈색의 코트로 갈아입었습니다. 사람들이 아름다운 내 모습을 보려 찾아옵니다. 그들의 옷도 달라졌고 그들의 표정도 달라졌습니다. 즐거워하는 사람도 있고 우울해하는 사람도 있습니다. 나를 아름답다고 칭찬하는 사람도 있고 말이 없고 무표정한 사람도 있습니다. 나를 칭찬하거나 싫다고 해도 나는 상관하지 않습니다. 그냥 묵묵히 서서 그들의 이야기를 들어줍니다.

겨울이 되었습니다. 찬바람이 몰아치고 냉기가 내 몸을 감싸도 나는 이 자리에 이 자세로 머물러 있습니다. 때로는 하얀 담요로 내 몸을 덮기도 해서 몸이 시려웁니다. 가끔은 근심 걱정에 고개를 떨어뜨리고 찾아오는 사람도 있기는 합니다만 이제 나를 찾아오는 사람은 거의 없습니다. 사람들이 찾아오거나 그렇지 않더라도 나는 견고하고 고고하게 서 있습니다. 그리고 소리 없이 찾아오는 봄을 기다립니다.

봄이 왔습니다. 땅에서 생명이 약동하는 기운이 올라옵니다. 하늘에서 따스한 태양 빛이 나를 보드랍게 감쌉니다. 다시 새가 찾아와 나에게 앉아 노래를 합니다. 사람들도 하나둘 내 주변에 모여들기 시작합니다. 사람들의 이야기가 밝고 희망에 차 있는 것 같습니다. 나의 외모가 어떻게 변하고 세상이 어떻게 변하든 나는 묵묵히 서 있습니다.

느티나무 명상을 통해 나는 한 그루의 느티나무가 되어있음을 경험하였습니다. 느티나무의 그 자태가 바로 명상하는 자세입니다. 시간이 지나고 내 주변 환경이 변해도 나는 느티나무처럼 견고하고 고요하게 존재하는 것을 경험했습니다. 계절이 바뀌고 어떤 일이 일어나도 견고하고 묵묵히 서 있는 느티나무처럼 명상은 마음과 몸 그리고 외부에서 어떤 일이 일어나고 사라져도 묵묵히 알아차리는 것입니다.

우리는 살아가면서 폭풍과 분노, 험한 시련과 참을 수 없는 고통을 경험할 때가 있습니다. 우리들의 몸과 마음이 비바람과 추위에 시달려도, 어둠과 고통의 시간을 맞더라도 묵묵히 서 있는 느티나무처럼 있는 그대로 주시하며 알아차리십시오. 그러다보면 봄의 생기, 여름의 성장, 가을의 풍요로움, 겨울의 고요와 인내심을 배우며 평화롭고 행복한 인생여정이 될 것입니다.

참고도서

John Kabat-Zinn, *Wherever You go There you are*, New York USA; Tachette Books, 2005.

Swami Niranjanananda Saraswati, *Dharana Darshan*, New Delhi India; Yoga Publications Trust, 2006.

장현갑 외, 『이완·명상법』, 서울; 학지사, 2016.

장현갑, 『명상에 답이 있다』, 담앤북스, 2013.

곽미자, 「심리치유를 위한 요가명상 시각화 활용」, 『요가학연구』 제 8호, 한국요가학회. 2019.

제7장

자애명상

1. 자애명상이란?

자애명상(Loving & Kindness Meditation)이란 자비와 친절함을 계발하는 명상이다. 달라이 라마는 "자비란 자신과 타인의 고통에 대한 감수성"이라고 정의하였고 "자비란 타인의 고통을 덜어주는 노력에 관여하는 행위"라고 하였다. 자애명상을 자비명상이라고도 하는데 자애명상의 개념에는 영어표현과 마찬가지로 'loving and Kindness(사랑과 친절함)'의 의미가 강조되고 자비명상은 '자비와 연민심'의 개념이 강조된다.

자애명상은 불교명상에서 중요한 위치에 있다. 그러나 불교경전의 주석서인『대념처경』과 『청정도론』에서는 자애명상에 대하여 언급하지 않았다. 이들 주석서들은 초기 경전에 나오는 수행에 관련된 주석서이고 자애명상은 그 뿌리가 불교경전이지만 대승불교에 기반을 두고 있기 때문이다. 또한 불교명상의 두 기둥 사마타 명상과 위빠사나 명상은 기본적으로 자애의 마음에 기반을 두고 있다고 할 수 있다. 자애의 마음이 바탕이 되지 않으면 사마타에서 추구하는 집중과 위빠사나에서 추구하는 지혜는 결코 증득될 수 없다.

『청정도론』에 명상의 구조와 과정은 계·정·혜 삼학(三學)으로 되어 있다. 수행의 측면에서 계수행(戒修行), 정수행(定修行), 혜수행(慧修行)이라고 한다. 이 세 가지

수행은 단계적이고 상호 포월적(包越的)인 관계이다. 계수행의 단계를 거쳐 정수행에 이르고, 정수행을 거쳐 혜수행에 이른다. 계수행은 정수행과 혜수행으로 들어가기 위한 기반이 된다.

계수행은 도덕적, 윤리적 정화와 청정을 닦는 수행으로 자애명상은 계수행의 기반이 된다. 즉 자비와 친절함이 없는 계수행은 언어로는 가능하지만 실제에 있어서는 가능하지 않기 때문이다. 따라서 먼저 마음의 바탕에 중생에 대한 자애가 충만하게 될 때 집중과 지혜를 터득하는 수행이 가능한 것이다.

자애명상은 붓다의 가르침에 그 뿌리를 두고 있지만 대승불교에 기반을 두고 있다. 대승불교는 수행을 통한 자신의 구원보다는 중생의 구원을 강조한다. 중생의 구원에 참여하는 보살행이 수행 그 자체가 되는 것이다. 중생을 구원하는 보살행은 자비와 연민심 없이는 불가능하다. 보살행이란 자신과 타인을 이롭게 하는 수행을 말한다.

자애명상은 타인의 구원을 위해 먼저 자신에게 자애의 힘을 기르기 위한 수행이다. 자신에게 자비와 연민심이 없이 다른 사람을 사랑한다는 것은 순수한 사랑이라고 할 수 없다. 그 사랑은 어떤 목적이나 조건이 있는 사랑이다. 무조건적 순수한 사랑은 먼저 내 안에 자애의 의지와 힘이 있어야 한다. 내 안에 자애의 의지와 힘이 있을 때 타인의 고통을 덜어줄 수 있다.

심리학자 에릭 프롬(Erich From)은 그의 책『사랑의 기술』에서 "진정한 사랑에는 관심, 배려, 책임, 존경 등의 네 가지 조건이 있어야 한다."고 했다. 이러한 조건 없이 어떤 사람을 사랑한다는 것은 그 사람을 지배하기 위한 구실에 불과하다고 하였다. 자애명상은 조건 없이 상대에 대한 관심, 배려, 책임, 존경을 표하는 것이다.

2. 마음챙김 자애명상 방법

자애명상은 MBSR의 공식명상에 속하지 않으나 마음챙김 계발을 위한 비공식명상의 중요한 위치에 있다. MBSR의 창시자 존 카밧진이 자애명상을 공식명상으로 분류하지 않는 이유는 자애명상은 MBSR의 모든 공식명상의 기반이 되기 때문이라고 하였다. MBSR 8주과정의 종일 수련에서는 자애명상을 실시하고 있다. 필자가 진행하는 MBSR 수업에서는 자애명상을 각 회기의 수업을 마치면서 실시한다. 자애의 마음으로 귀가하여 일상을 보내라는 의미이다.

마음챙김 명상이 알아차림을 통해 고요하고 청정한 마음의 바탕을 만든다면 자애명상은 마음을 변화시키는 힘을 갖는다. 불교 신앙에서는 신심(信心)과 발심(發心)을 강조한다. 마음챙김 명상이 신심을 닦는 수행이라면 자애명상은 발심을 닦는 수행이라고 할 수 있다. 따라서 마음챙김 명상과 자애명상은 새의 양 날개처럼 깨달음을 이끌어간다.

마음챙김을 기반한 자기연민 프로그램 MSC(Mindfulness Self Compassion)를 개발한 크리스토퍼 거머(Christopher K. Germer)는 마음챙김을 기반으로 한 대부분 프로그램의 핵심 기술이 집중, 마음챙김, 연민심이라고 하였다. 이 세 기술은 각각의 기술이라기보다는 상호보완적이며 상호지지(相互支持)의 기술이라고 할 수 있다. 집중력이 계발되어야 마음챙김의 힘이 계발되며 집중력과 마음챙김은 연민심에 기반을 두어야 한다. 마음챙김을 통한 자비와 연민심을 기르는데 있어 자애명상은 다음과 같은 역할을 한다.

자애명상은 우선 자신에게 자애의 힘이 배양되도록 한다. 자신에게 자애의 힘이 없이 타인에게 자애를 기원한다면 그것은 하나의 내용 없는 형식에 불과하다. 우주에 존재하는 무한한 사랑과 연민심 그리고 지혜가 자신에게 충만할 때 타인에게 자애의 마음이 전달될 수 있다. 먼저 자신에게 자애를 기원한 후 자신과 연결된 사람들을 위한 자애의 기원을 펼쳐 나가도록 한다.

자신을 위한 자애명상으로 자애의 힘을 기른 뒤 주변사람에게 확장시켜 나간다. 가족, 스승, 친구, 직장 동료 등 나에게 사랑과 친절을 베풀었던 사람들에게 자애의 마음을 보낸다. 한번에 그룹으로 하지 말고 한 사람씩 이름을 불러가며 마음에 떠오르는 사람의 순서대로 자애의 마음을 보낸다.

주변에 가깝고 친밀했던 사람들에게 자애의 마음을 보낸 다음 중립적인 사람들, 즉 지인이나 이웃 사람들에게 자애의 마음을 보낸다. 주변의 정신적, 신체적, 경제적 고통을 겪고 있는 사람들의 이미지가 떠오르면 그들을 위해 연민심을 갖고 자애의 마음을 보내도록 한다. 자신에게 좋지 않았던 기억과 감정의 사람들, 혹은 연애의 감정으로 사귀고 있는 애인 등에 대한 자애명상은 맨 마지막으로 돌리는 것이 좋다. 그들의 이미지가 떠오르면 분노, 격정, 연정의 감정에 빠지거나 휘둘릴 수 있기 때문이다. 먼저 가깝고 친근한 사람들을 위한 자애의 힘을 충분히 기른 다음 온전한 마음챙김의 기반 위에 자애명상을 하는 것이 좋다.

자애명상은 상대에 대한 사랑, 연민, 건강, 안전 등 적절한 단어가 포함된 기원문으로 한다. 일반적인 자애명상의 지시문을 그대로 사용하거나 자신이 만든 지시문을 사용할 수 있다. 또 자애명상의 대상에 따라 그에 맞는 기원문을 만들 수도 있다. 간단명료한 기원문을 만들어 한 대상에게 3번 혹은 그 이상을 반복한다.

자애명상은 정좌 혹은 누워서 할 수 있다. 무엇보다도 마음을 챙기면서 흐트러지지 않은 자세가 좋다. 올바른 자세와 기원문에 온전한 주시와 알아차림이 있는 자애명상이 되어야 한다. 한 대상에 대한 지시문을 암송한 다음 잠시 쉬었다가 다음 사람으로 넘어가는 것이 좋다. 자애명상의 시간은 30분 정도가 좋지만 사정에 따라 10분 혹은 15분동안 실시할 수도 있다.

3. 자애명상의 효과

자애명상은 나에게 자애의 힘을 배양하기 위해서 실시한다. 나에 대한 사랑과 연민심 그리고 친절함을 배양하기 위한 명상이다. 우리는 나 자신을 홀대하거나 무시하며 살 때가 많다. 나 자신을 위한다고 하지만 본연의 나를 위하는 것이 아니라 껍데기에 불과한 몸을 사랑하고 있는 것은 아닌지 돌아보아야 한다.

자애명상은 나 자신을 돌아보고 나에 대한 더 깊은 사랑과 연민심을 경험하도록 한다. 그동안 탐욕과 분노와 증오로 오염된 내 마음을 정화한다. 탐욕과 분노와 어리석음으로 중독된 마음을 중화시키는 수행을 한다. 자애명상의 시간은 자신을 돌보지 못하고 때로는 자신을 비난했던 지금까지의 삶을 돌아보고 나 자신과 화해하는 시간이다.

필자는 자애명상을 통해 자신의 마음이 정화되고 평안이 회복되었음을 경험하였으나 타인에게 보내는 자애의 기원이 과연 효과가 있을까 하는 의구심을 가진 적이 있었다. 그러나 자애명상을 반복하면서 나 자신의 변화는 물론 자애의 힘이 전달되어 타인에게도 큰 변화가 있음을 경험하였다.

필자가 재직하던 직장에서 한 동료와 인사(人事) 문제로 심한 다툼이 있었다. 다툼 후에 이 동료는 나를 원수시하고 비난하며 복도에서 마주쳐도 서로 눈길을 돌리고 지나갈 정도로 관계가 틀어졌다. 그와 마주치거나 그의 이미지가 떠오르면 분노, 증오 등으로 마음이 불편하고 고통스러웠다. 그 동료도 나와 같은 마음이었을 것이다.

자애명상을 공부한 후 그를 위한 자애명상을 한 달 정도 계속했다. 그에게 자애를 기원하나 내 마음에서 용서의 마음과 연민심이 일어났다. 그리고 그가 나를 외면하고 무시해도 마음이 흔들리지 않고 평정심과 연민심으로 그를 볼 수 있었고 내 마음이 정화되고 평안함을 느낄 수 있었다.

어느 날 그를 직장에 중요한 부서의 책임자로 추천하였다. 그에 대한 개인의 판단과 분별심을 내려놓고 그의 능력과 자질을 보고 추천하게 된 것이다. 그 이후 그와의 친밀한 관계는 회복되었고 그는 나를 지지하고 내 일을 적극적으로 도와주는 동료요, 동반자가 되었다.

이처럼 어떤 사람에게 자애의 기원을 보내면 실제로 나의 자애의 힘이 그에게 전달된다. 이는 자연과학에서 볼 수 있는 에너지 이동법칙과 같다. 공기 중의 파장이 우주 공간에 이동 되듯이 내가 어떤 사람에게 자애를 기원하면 자애의 힘이 그에게 전달되는 것이다. 내가 보내는 사랑의 힘은 상대에게 전달되고 그에게 변화를 가져오게 한다는 것은 자연의 이치다. 마음챙김 자애명상의 효과는 다음과 같다.

탐욕과 집착에서 벗어나게 한다. 인간의 고통은 집착과 탐욕에서 비롯된다. 마음챙김 자애명상은 마음에서 일어나는 집착과 탐욕에 대해 관찰을 할 수 있게 한다. 마음챙김 자애명상은 탐욕과 집착으로 끓어오르는 욕망과 분노를 가라앉힐 수 있다.

생각의 흐름에서 벗어날 수 있다. 인간의 고통은 생각에 휘말리고 그 생각이 만들어낸 감정과 기분에 빠지는데서 비롯된다. 마음챙김 자애명상은 이러한 생각이 만들어낸 감정과 기분에서 빠져나오도록 한다.

자동적인 반응으로부터 자유롭다. 인간은 자신의 마음에 형성된 인지구조에 따라 습관적인 반응을 한다. 마음챙김 자애명상은 타인에 대해 습관적 반응하는 것으로부터 선택적 반응을 할 수 있도록 한다.

마음에서 만들어지는 고통을 바라보게 한다. 마음챙김 자애명상은 마음에서 일어나는 고통이 어떻게 만들어지고 어떻게 소멸되는가를 알아차리게 한다. 자애심은 주시와 알아차림 가운데 마음이 고요하고 평정한 상태에서 일어난다.

공감 능력을 배양할 수 있다. 마음챙김 자애명상은 우리가 서로 연결되어 있음을 알도록 한다. 나 자신이 고통의 중심에서 벗어나 안정된 마음으로 머물러 있을 때 다른 사람들도 고통을 겪고 있다는 사실을 볼 수 있다.

지혜가 계발된다. 마음챙김 자애명상은 나와 타인의 고통을 알아차리게도 하지만 그 고통에서 벗어날 수 있는 현실적인 길을 찾도록 한다. 마음챙김 자애명상은 사물의 현상과 본질을 꿰뚫어 볼 수 있는 능력을 계발하기 때문이다.

감사한 마음이 계발된다. 마음챙김 자애명상을 통해 자각과 통찰력이 계발되면 나는 우주와 그 우주 안에 존재하는 삼라만상과 연결되었음을 자각하게 된다. 연결되었음에 대한 자각이 타인에 대한 감사의 마음을 일으키게 한다.

자애명상 지시문

<들어가기>

조용하고 편안한 장소에 정좌 혹은 의자에 앉습니다. 누워서도 할 수 있지만 졸음에 빠지기 쉽습니다. 먼저 호흡을 주시하고 알아차리면서 들뜨고 산란한 마음을 가라앉힙니다. 처음에는 호흡의 흐름을 관찰하다가 배의 호흡으로 주시를 옮겨 배의 부름과 꺼짐을 관찰합니다. 계속 호흡을 주시하면서 지금 자신에게서 일어나는 감각과 생각을 판단 없이 조용히 주시하며 알아차립니다.

이제 천천히 의식을 심장박동으로 옮겨 심장의 소리와 함께 심장의 운동을 관찰하면서 심장에 대한 자비와 연민심을 갖습니다. 이때 심장의 운동을 더 잘 느끼기 위해 오른손을 심장 위에 놓고 자애명상을 할 수도 있습니다. 심장의 고동소리와 함께 모든 생명있는 존재에 대한 사랑과 연민심을 느껴봅니다.

이제 사랑과 연민의 마음으로 자신의 생명과 삶이 얼마나 소중한 것인가를 느껴봅니다. 지금까지 자신에 대한 소중함을 모르고 함부로 내 자신을 대했던 것을 반추해봅니다. 자신에게 자애의 마음을 보내는 것은 마치 따스한 태양빛이 생명이 있는 존재에게 내려쬐는 것과 같습니다. 자신의 신체 각 부위에 자애의 힘을 보냄으로 충만한 사랑과 연민심이 내 몸을 감싸고 있다고 상상합니다.

이제 몇 분동안 다음 구절로 마음의 문을 열고 사랑과 연민심으로 내 몸과 마음이 충만되어 있음을 경험하도록 합니다. 다음의 한 구절을 세 번씩 암송합니다.

<나에게>
내게 번뇌와 고통이 사라지고
평화롭고 행복하기를 기원합니다.

<중생들에게>
우주의 모든 중생들이 위험과 고통에서 벗어나
안전하고 평화롭기를 기원합니다.

<가족들에게>
내 어머니 00에게 근심과 질병이 없고
건강하고 평안하시기를 기원합니다.

내 아내 00에게 걱정과 고통이 없고
평화롭고 행복하기를 기원합니다.

내 아이 00에게 무탈하고
건강하고 행복하기를 기원합니다.

<이웃과 친지에게>
나의 선생님 00씨에게 번뇌와 고통이 없고
건강하고 평화롭기를 기원합니다.
나의 소중한 친구 00에게 번뇌와 고통이 없고
평화롭고 행복하기를 기원합니다.

<불편한 관계의 사람에게>
번뇌와 고통을 받는 00씨에게 원망과 미움이 사라지고
평화롭고 행복하기를 기원합니다.

<인연된 모든 사람들에게>
나와 인연된 모든 사람들에게 번뇌와 고통이 사라지고
평화롭고 행복하기를 기원합니다.

4. 빛몸 자애명상

빛몸 자애명상은 이미지를 통해 자애의 힘을 기르는 명상법이다. 이러한 심상화 자애명상은 주로 티베트불교 명상법에서 사용하는 것으로 이미지를 통해 자비와 연민심을 배양하는 기법이다. 앞의 자애명상이 만트라와 같이 언어를 사용해 자비와 연민심을 배양하는 기법이라면 심상화 자애명상은 상상과 이미지를 통한 자비와 연민심을 기르는 방법이다.

심상화 자애명상은 내 몸에 충만하고 생기있는 에너지가 번뇌와 고통에 빠져 있는 사람을 변화시키고 치유한다는 가정에서 이루어지는 것이다. 필자는 MBSR 지도에서 내담자들이 이미지 자애명상을 통해 깊은 이완감, 용서의 마음, 자비와 연민심이 증진되었음을 경험하였다.

〈빛몸 자애 명상 지시문〉

먼저 정좌 혹은 의자에 앉아서 호흡을 주시하고 알아차리는 명상을 합니다. 콧구멍 밑 인중에서 스치는 호흡의 느낌을 관찰하여 마음을 고요하고 안정되게 합니다. 그 다음 호흡의 흐름을 관찰하면서 머리 정수리에서 발끝까지 천천히 스캔해 나갑니다. 스캔을 통해 몸과 마음을 고요하고 청정하게 만들어 자애명상의 기반을 놓습니다.

이제 내 머리 정수리를 주시하면서 정수리에 동전 크기의 구멍이 있다고 상상하고 이 구멍을 통해 아주 밝고 찬란한 태양 빛이 내 몸에 들어온다고 상상합니다. 들숨에 정수리 구멍으로 빛이 들어오고 내쉬는 숨에 긴장과 탁한 공기가 내 몸에서 빠져나간다고 상상합니다.

이러한 호흡을 몇 번 한 다음 호흡과 더불어 어떤 사람의 이미지를 떠올립니다. 들이쉬는 숨에 떠오른 이미지의 사람이 내 몸에 들어오고, 내쉬는 숨에 그 이미지의 사람이 빠져나간다고 상상합니다. 이때 들숨에 들어오는 사람은 무겁고 고통스런 모습의 이미지이고, 날숨에 나를 거쳐 나가는 이미지의 사람은 밝고 평화로운 모습의 이미지로 상상합니다.

앞의 자애명상에서처럼 먼저 나로부터 시작해서 가족, 가까운 친지, 직장 동료, 주변에 고통받는 사람 등의 순서로 이미지를 떠올리면서 그들이 내 안에서 평화롭고 행복한 사람으로 변화되어 나가는 심상화 명상을 계속합니다.

참고도서

Ed. Christopher, K. Germer and Ronald D. Siegel(2012), *Wisdom and Compassion in Psychotherapy, NY USA; Guilford.*

Jeffrey Hopkins(2004), 김충현 역『자비명상』, 서울; 불교시대사.

Jon Kabat-Zinn(2005), *Wherever You go There you are*, New York USA; Tachette Books.

Jon Kabat-Zinn, *Coming to Our Senses*, 안희영, 김재성, 이재석 공역,『온정신의 회복』, 서울; 학지사.

Christopher, K. Germer, *The Mindful Path Compassion*, 한창호 역,『셀프 컴패션』, 경기 파주; 아름드리미디어.

Paul Gilbert, *Cognitive Behavior Therapies*, 조현주·박성현 역(2014),『자비중심치료』, 서울; 학지사.

샤우나 사피로, 박미경 역,『마음챙김: 뇌를 재설계하는 자기연민수행』, 안드로 메디안, 2021.

제8장

용서를 위한 명상

1. 용서와 행복

용서에는 세 가지 차원이 있다. 첫째, 타인에게 상처를 주거나 아프게 한 것을 용서하는 것이다. 둘째, 나 자신을 아프게 하거나 고통스럽게 한 나에 대한 용서다. 셋째는 나에게 상처를 주거나 해친 사람에 대한 용서다. 이 세 가지 모두 내 마음을 아프게 하고 나를 괴롭힌다. 이러한 마음을 치유하는 것이 용서다.

용서는 나의 행복과 건강을 가져오는 요인이 된다. 의학계의 연구 보고에 의하면 용서를 하면 육체적 건강과 정신적인 건강이 증진된다고 한다. 용서는 스트레스를 풀어주어 혈압을 낮추고 심장이 건강해지며 면역력을 높여 준다고 한다. 정신적인 면에서도 행복감을 높여주고 친밀한 인간관계에 도움을 준다. 따라서 용서는 상대를 위한 것이 아니라 나 자신을 위한 것이라고 할 수 있다.

우리가 어떤 사람으로부터 말 혹은 행동으로 해를 당하게 되면 마음에 상처를 입게 된다. 상처받은 마음에서 시시때때로 분노, 적개심, 원망, 슬픔, 수치심 등이 일어나 나를 괴롭힌다. 이러한 감정들을 지우려고 하면 할수록 감정들이 더 강화되어 자신을 괴롭힌다. 이러한 마음은 근육의 힘을 저하시키고 면역력도 떨어뜨린다. 또한 소외감과 우울감 등으로 정신적인 고통을 당하게 된다.

용서란 나를 해친 사람의 행위를 정당화하거나 묵인하는 것이 아니라 내 마음에 자리잡은 악마와 같은 감정을 비우는 것이다. 이 감정을 비우려고 특별히 노력할 필요는 없다. 'let it be' 'let it go'이다. 가해자가 반성이 없고 책임감이 없다고 하더라도 그것은 상대방의 일로 내버려 두는 것이다. 내버려 두고 나는 보다 가치있는 일을 하는 것이다. 나에게 위해를 가한 사람을 만나 용서를 받는다거나 내가 용서를 선언하거나 할 필요는 없다.

성경 골로새서 3장은 "어떤 사람에게 혐의가 있거든 용납하고 피차 용서하고 사랑하라"고 가르치고 있다. 그렇게 될 때 그리스도의 평강이 나에게 임한다고 하였다. 용서는 결국 나의 평강을 위해 하는 것이다. 용납과 용서는 그리스도와 나를 하나로 묶는 띠라고 하였다. 예수 그리스도는 "형제가 나에게 죄를 범하면 몇 번이나 용서를 해주나?"고 묻는 제자 베드로에게 "일곱 번씩 일흔 번이라도 하라"고 하였다.(마태복음 8장 21절―22절) 이어서 "너희가 서로 용서하지 않으면 나도 너희를 용서하지 못한다."고 하였다.

불교에서는 깨달음을 위한 수행법 중에 인욕바라밀(忍辱波羅蜜)이 있다. 상대방의 어떠한 행동에도 그러한 행동에 대해 원망하거나 미워하지 말라는 의미다. 그렇다고 원망과 미움을 억지로 참거나 억누르는 것은 아니다. 그러한 감정이 일어나게 되면 "이 또한 지나가리라"고 생각한다. 그리고 상대방이 나에게 위해를 가하더라도 그 일로 인해 2차 화살을 맞지 말라는 것이 부처님의 가르침이다. 받은 상처로 정신적인 고통을 받지 말라는 말이다. 수행으로 중생에 대한 연민심과 지혜를 계발하면 남에 대한 원망이나 미움은 일어나지 않는다. 원망과 미움은 나를 어리석게 만든다.

2. 용서를 위한 명상

용서를 위한 명상의 원리는 상대에 대한 미움, 원망, 적개심 등의 감정을 비우는 것이다. 이를 비우기 위해 마음챙김 명상, 자애명상 등을 적용해 볼 수 있다. 마음챙김을 통한 용서의 명상은 과거 상처받은 일로 인해 일어나는 감정을 주시하고 알아

제8부

이재영 교수의 수행 체험

제1장

내가 만약 명상을 하지 않았다면!

필자는 요즈음 생애에서 가장 평화롭고 행복한 삶을 살고 있다. 『100세를 살다 보니』의 저자 김형석 교수는 인생의 황금기를 65세에서 75세까지의 10년이라고 했다. 그렇다면 70대에 들어선 필자도 인생의 황금기를 살고 있다고 할 수 있다. 항상 긴장하며 열정을 바쳤던 직장도 퇴직하고 후학들을 위해 책을 남기려고 매일 글을 쓰고 있다. 그리고 텃밭을 가꾸며 생명의 소중함과 신비함을 느끼고 있다. 무엇보다도 같이 살고 있는 어린 손주들과 동심으로 돌아가 놀이하는 시간이 나의 즐거움과 행복을 더하고 있다.

어떤 이는 자신을 행복하게 만드는 것이 잘 갖추어진 환경이라고 하겠지만 꼭 그런 것만은 아니다. 행복의 근원은 자족이다. 과거를 돌아보거나 미래를 걱정하지 않는다. 지금 이 순간 나는 완전한 행복을 누리고 있다고 생각한다. 더 이상 바랄 것이 없고 성취하려고 애쓰지 않는다. 그렇다고 게으르지는 않고 무리하지 않게 운동도 하고 일도 한다. 지나치지도 않고 모자람도 없는 중도의 삶을 살아가고 있다.

이렇듯 내가 평화롭고 행복한 노년의 삶을 영위하는 것은 명상 수행 덕분이다. 내가 만약 명상을 하지 않았다면 우울함과 회한으로 노년의 나날을 보낼 수도 있었을 것이다. 아니면 노욕(老慾)에 젖어 무언가 성취하려고 동분서주했을 것이다. 나는 야망과 꿈이 컸던 사람이었다. 어렸을 때의 불우한 환경이 나를 그런 사람으로 만들었다. 내가 명상을 하지 않았다면 졸부(拙夫)가 되어 쾌락을 즐기는 사람이 되었거나 좌절하고 되는대로 사는 폐인이 되었을 수도 있다.

명상을 하면서 부와 명예에 대한 탐욕도 버리게 되었고 타인에 대한 원망과 미움도 버리고 순리와 중도의 삶을 살겠다는 생각과 태도를 갖게 되었다. 보통 퇴임 후 소외감, 허탈감 등으로 고통을 받는 사람도 있지만 필자는 퇴임할 날을 기다렸다. 그리고 퇴임하면서 자유와 평화를 맛보게 되었다.

50대 중반 내 자신의 치유를 위해 시작한 명상이지만 지금은 명상 수행이 직업이 되어 대학과 명상센터에서 명상을 가르치고 있다. 현재 나의 삶의 화두는 회향(廻向)이다. 명상센터를 운영하면서 사람을 만나는 즐거움이 있고 내가 쌓은 공덕을 회향하는 보람도 느낀다. 한편 후학들을 위해 책을 쓰는데 열정을 쏟아붓고 있다. 그동안 하나님으로부터 받은 은혜와 사랑을 나누어 주겠다는 자세로 살고 있다.

내가 명상을 하지 않았다면 지금처럼 평화롭고 행복한 나의 삶은 없었을 것이다. 아마 노탐에 젖어 명예와 부를 움켜쥐려고 애쓰고 분주했을 것이다. 그렇지 않으면 건강을 잃고 병상에 있을지도 모른다. 명상 덕분에 주변 사람들을 자애와 연민심으로 볼 수 있게 되었다. 그리고 무엇보다 죽음의 날이 그리 두렵지 않다. 언제 어떻게 죽는다고 해도 인생의 한 과정으로 담담하게 받아들일 수 있을 것 같다.

제2장

이재영 교수의 명상 체험

1. 집중기도: 신비경과 황홀감

필자는 교파를 초월하여 지리적 여건과 미션의 선호에 따라 교회를 선택하고 신앙을 하였다. 어려서는 어머니를 따라 고등학교 졸업할 때까지 천주교 신앙을 했다. 대학에 들어가 개신교 신앙인이 되었고 대학을 졸업하고 장로교 계통의 신학대학원에서 신학을 전공하였다. 미국에서 목회학 박사과정을 공부하면서 감리교 계통의 교회에서 부목사로 사역을 하였고 목회학박사학위를 취득하고 한국에 돌아와 신학대학 교수로서 대학교회 목회를 하였다. 대학에서 신학을 연구하고 가르치면서 불교에 대한 관심을 갖고 불교대학원대학에서 불교 명상학을 전공하여 명상학 박사학위를 취득했다.

필자가 교파와 종파를 넘나들면서 신앙을 하였지만 분명한 것은 유일신 신앙자라는 것이다. 하나님을 믿고 기도하면 하나님이 응답하신다는 믿음을 가지고 있다. 기도하는 중에 여러 번 하나님과의 교통과 응답을 체험하였다. 나는 기도를 통해 살아계신 하나님, 사랑의 하나님이시라는 경험을 하였다. 하나님의 응답에 대한 체험 몇 가지를 소개하고자 한다.

대학을 졸업하고 대학생들을 지도하는 사역자가 되어 봉사하는 중에 허리 통증으로 말할 수 없는 고생을 하였다. 걷기도 어려웠고 앉기도 어려웠다. 너무 허리 통증이 심하여 누워 잠을 잘 수가 없었다. 진통제를 먹어야 겨우 두세 시간 잠을 잘 수가 있었다. 병원에 가서 검사를 하였으나 특별한 원인을 발견하지 못하였다. 나는 곰곰이 하늘의 뜻을 거스른 것이 무엇인가를 회상해 보던 중 하나님의 뜻을 거스른 일이 생각났다. 당시 나는 대학생 지도 사역자로 급여도 없고 자립해서 생활해야 하는 자리에서 일했다. 이 생활이 너무 힘들어 회사에 취업을 하려고 준비를 하고 있었다. 이런 생각을 하고 있을 때 문득 신성한 대학생 선교 사역을 포기하려고 한 것이 내 허리통증의 원인이라고 생각하였다. 그 때 취업을 포기하고 하나님께 회개 기도를 시작하였다. '하나님 잘못했습니다. 지금부터 하나님 뜻을 위해 살겠습니다.' '순종하겠습니다.'라고 기도하였다. 이러한 기도를 한 후 정확하게 40일 지나 순간적으로 허리 통증이 사라졌다.

이러한 경험 후부터는 내 삶을 하늘에 맡기고 하나님의 뜻대로 살기로 하였다. 순종과 근면과 배움이라는 것을 나의 삶의 덕목으로 삼았다. 신학을 전공하지도 않았고 목회의 경험도 없는 사람이 대학생을 지도하는 사역자가 되었으니 하나님께 의존하는 길 밖에 없었다. 그래서 대학생 사역자로 부임하면서 매일 새벽 4시에 일어나 냉수 목욕을 하고 기도하였다. 이러한 정성에 하늘이 감동했는지 나에게 주신 능력이 하나 있었다. 꿈에 일상에서 일어날 일들이 보이거나 하늘의 가르침을 받는 것이다. 나의 센터에 소속된 학생들이 밖에서 비신앙적인 행동을 하게 되면 꿈에 그 학생의 생활이 보이는 것이다. 나는 이러한 몽시(夢視)를 참고하여 학생들을 지도할 수가 있었다.

50대 초반에 경험하였던 일이다. 이때 대학의 교수로서 학교의 교무처장이라는 막중한 보직을 수행하다가 과로 스트레스로 탈진 상태에 이르게 되었다. 방학 중에 독방에 기거하면서 21일간 집중기도와 명상을 하였다. 이때 많은 영적인 신비한 현상을 경험하였다. 이때에 경험하였던 현상들은 기도와 명상에서 경험할 수 있는 모든 것들이었다. 몸의 진동, 앉은 자세에서 공중으로 20−30센티미터 부양하여 자리를 옮기는 현상, 내 입에서 내 의지가 아닌 어떤 영적 존재가 말을 하게 되는 방언, 시원한 바람이 내 몸을 감싸는 현상, 벽에 걸린 사진 속의 인물이 나에게 말을 하는 현상, 꿈꾼 내용들이 다음날 일상에서 일어나는 현상 등을 경험하게 되었다.

2. 단학선원 수행: 차크라의 열림과 기(氣) 순환

필자가 최초로 접한 명상은 단학선원의 기체조와 뇌호흡 명상이다. 단학선원(현재 단월드)은 일지 이승헌 선생에 의해 1985년에 창설되었으며 전국에 지부를 두고 도인체조, 기감수련, 단전호흡, 단무(丹舞), 단학행공, 운기심공, 뇌호흡 수련 등의 다양한 수행법을 수련한다.

2000년도에 필자가 스트레스와 탈진으로 고통받고 있을 때 지인의 소개로 단학선원에서 약 8개월 간 매일 기체조, 뇌호흡 명상 등을 수련하였다. 이 수행을 통해 어느 정도 신체의 원기와 우울한 기분을 회복할 수 있었다. 단학선원에서 지도하는 수행법들은 일상에서 받은 스트레스를 풀고 활기찬 삶을 사는데 도움이 되었다.

특별한 경험으로는 기수련을 하는 중에 기맥(氣脈)의 흐름과 의념(意念)을 체험했다. 기공수련 중에 머리의 정수리에서 기가 들어와 장심으로 빠져가는 경험을 하였다. 몸의 차크라를 주시하면 그 곳에 기가 모이고 열리는 현상(의념)을 경험했다. 그리고 6개월 정도 단전호흡을 수행하면서 기(氣)가 몸에서 도는 소주천과 대주천을 경험했다. 뇌호흡을 통해서는 내 몸이 없어지고 우주와 하나된 경험을 했다.

의념을 통해서 긴장과 경직된 부분에 기를 보내면 그 곳이 이완되고 시원함을 느끼기도 하였다. 이러한 수행을 통해 감각을 관찰하는 고엔카 위빠사나 명상에서는 다른 사람보다 수월하게 감각을 느끼고 관찰할 수 있었으며 삼매를 경험할 수 있었다. 이 경험은 지금도 이어져 머리가 무겁고 어깨가 경직되면 바디스캔을 통해 스스로 긴장을 풀고 스트레스를 다스릴 수 있게 되었다.

3. 간화선: 나와 우주의 경계가 허물어짐

필자는 서울불교대학원대학 박사과정에서 김호귀 교수의 지도로 한 학기 동안 간화선에 대한 공부와 수행을 하였다. 간화선을 통해 돈오는 경험하지는 못하였지만 수업과 일상에서 화두를 드는 수행을 하였다. 일상에서 화두를 드는 수행을 한

후 그 경험을 지도교수로부터 점검을 받는 수업이었다.

간화선 수행에 들어가면 지도자로부터 백척간두(百尺竿頭), 은산철벽(銀山鐵壁) 앞에 선 자세를 가지라는 가르침을 받는다. 그리고 용맹정진(勇猛精進)하라고 한다. 마음으로는 대신심(大信心), 대의단(大疑團), 대분심(大憤心)을 일으켜야 한다고 한다. 이러한 몸과 마음의 자세는 집중수련에서 가능하다. 일상에서의 간화선 수행은 위빠사나의 자세처럼 화두에 마음을 챙겨야 하는 수행이다.

간화선 수업에서 학생들에게 주어진 화두는 "이 팔을 움직이는 놈은 누구인가"였다. 한 학기 동안 간화선 공부를 하면서 매일 한 시간에서 두 시간 좌선 자세로 화두참선 수행을 하였다. 처음에는 화두참선의 의미를 잘 모르고 수행을 하면서 다소의 혼돈에 빠지기도 하였으며 습관적으로 화두를 분석하고 그 답을 얻으려 하였다.

수행하면서 깨달은 것은 간화선에서 화두를 두는 것은 물음에 답을 구하기 위한 것이 아니고 화두는 집중과 깨달음을 위한 방편이라는 사실을 알게 되었다. 따라서 화두를 두면 수행의 장애가 되는 혼침과 졸음을 방지할 수 있었고 잡념 망상에 빠지지 않고 뚜렷한 의식을 가질 수 있음을 경험하였다. 일상의 삶에서 잡념 망상이나 걱정 근심에 빠져 있을 때 화두를 참구하면 이러한 상태에서 빠져나올 수 있음을 경험하였다. 화두를 통해 위빠사나에서 추구하는 집중과 통찰지를 증득할 수 있음을 알게 되었다.

두 시간 집중수행 중에 가끔 경험한 삐띠 현상은 내 몸의 경계를 허무는 것이었다. 집중에 들어가면 내 몸이 짙은 안개로 감싸이면서 눈앞의 외부환경도 내 몸도 보이지 않았다. 눈을 뜨고 수행을 하는 중에 짙은 안개가 내 몸을 감싸는 것이다. 이때 마음은 고요하고 청정하였으며 의식은 티 없이 맑았다. 지도교수에게 보고하니 많은 수행의 진전이 있다고 하였다.

그 후 일상에서도 행주좌와(行住坐臥) 가운데 화두참선 수행을 하였다. 잡념 망상이 일어나거나 불안과 부정적 마음이 일어날 때 '이 뭐꼬'라는 화두를 든다. 필자는 이 화두를 주력(呪力) 수행처럼 사용하였다. 잡념 망상이나 부정적 감정이 떠오를 때 화두를 들게 되면 이러한 감정과 생각이 사라지게 된다. 그리고 지금 이 순간 자신에게 깨어있게 된다.

4. 고엔카 위빠사나 수행: 삼매를 경험

우리나라에서는 2000년대 초 충북 다보사 수련원에서 고엔카 위빠사나 수행이 처음 시작되었다. 인도에서 요가명상을 전공한 김재창 선생이 이 수행을 주관하였는데 필자는 이 수행에 참여했었다. 고엔카 위빠사나의 수행 지도자는 고엔카 선생이라 할 수 있다. 매일 녹음된 고엔카 선생의 법문을 통해 이 수행법을 지도하기 때문이다.

수련은 10박 11일 코스로 전반부 3일간은 아나빠나사티(호흡관찰 명상) 수행을 하고 나머지 후반에는 사념처 중 '수(受)', 즉 몸의 감각을 관찰하는 위빠사나 수행을 한다. 중반부터는 호흡관찰에서 감각의 관찰로 전환된다. 감각관찰 초기에는 신체 부분별로 나누어 그 부분에서 일어나는 감각을 관찰하다가 점차로 빠르게 몸을 스캔하면서 몸의 감각을 관찰한다. 수련 후반부에서는 정수리에서부터 발가락까지 몸 전체를 빠르게 스캔하면서 감각을 관찰한다. 이때는 마치 감각이 흐르는 것처럼 미세한 감각까지 관찰되면서 의식을 따라서 감각이 흐르는 것을 느낄 수 있었다.

필자는 전반부 3일째 아나빠나사티 수행 중 삼매를 경험하였다. '삼매가 무엇이다'를 언어로 설명하기는 어렵지만 필자가 경험한 삼매는 몸과 마음이 완전하게 이완되면서 티끌만큼의 잡념 망상도 없이 고요하고 뚜렷한 의식이 계속되는 상태에 머무는 것이었다. 시간과 공간의 경계가 소멸되어 몇 시간을 앉아 있어도 순간이었던 것처럼 느껴진다. 법당 바닥에 앉아있어도 내가 공간에 떠 있는 것처럼 편안하고 주변의 물건이나 사람들이 전혀 의식되지 않았다.

수행 초반기에는 수행처를 뛰쳐나오고 싶을 정도로 힘들고 고통스러웠다. 이른 새벽부터 밤 9시까지 이어지는 수행에서 몸이 경직되고 몸 각 부위에서 심한 통증이 일어났다. 그러나 고엔카 위빠사나 수행처의 규칙에는 스트레칭을 통해 몸을 이완하는 것도 금지되었다. 또한 마하시 위빠사나처럼 걷기명상도 없고 오로지 좌선의 자세에서 몸의 감각을 주시하고 알아차리는 수행이다.

현재 내 몸에서 일어나는 감각과 통증도 주시와 알아차림의 대상이므로 그대로 지켜보라는 것이다. 그러나 초반 3일이 지난 후 기적처럼 이러한 경직과 통증이 사라지고 깊은 심신의 이완을 경험하게 되었다. 발걸음이 공중을 걷는 것처럼 가벼웠고 마음은 천하를 얻은 듯 희열과 충만감이 넘쳤다. 삼일 동안 잠을 자지 않아도 의식이 뚜렷했으며 전혀 심신의 피곤함이 없었다. 이후 주시와 알아차림이 확고하게 되었고 위빠사나 후반부 수행 중 삼매에 들어가고 나오는 것 즉, 입정(入定)과 출정(出定)의 자유로운 경지를 경험하였다.

5. 마하시 위빠사나: 삐띠 무상의 체험

위빠사나의 본산지라고 할 수 있는 미얀마에는 마하시, 빤띠따라마, 쉐우민, 모곡, 빠욱 등 많은 위빠사나 수행처가 있고 이들 수행처에서 가르치는 위빠사나 수행 방식도 각각 다르다. 필자가 경험한 위빠사나 수행은 한국에서 고엔카 위빠사나, 미얀마 빤띠따라마 수행처의 위빠사나와 쉐우민 수행처의 위빠사나다.

필자는 2011년 1월 미얀마 빤띠따라마 위빠사나 센터에서 21일간 세계 각지에서 참여한 60여명의 수련생들과 같이 수행을 했다. 이 수행처는 일명 해병대라고 할 정도로 규율이 엄격하고 수련 일정이 타이트하다. 새벽 3시 30분부터 저녁 9시까지 식사시간을 제외하고는 60분 단위로 경행과 좌선을 교차하면서 수행을 한다. 사전보고 없이 수행에 출석하지 않아 경고가 누적되면 수행처에서 쫓겨나게 된다.

빤띠따라마 수행처는 마하시 계통의 수행처로 배의 호흡을 주시하며 신수심법(身受心法, 감각, 느낌, 생각, 법) 사념처를 동시에 관찰한다. 초보자에게는 사념처를 동시에 관찰한다는 것이 쉽지 않다. 필자 역시 처음에는 이 사념처 수행이 쉽지 않았다. 그러나 3일이 지나 삐띠 현상으로 몸의 진동과 이빨이 계속 부딪치는 경험을 했다. 이 경험 후 심신의 이완과 몰입이 되니 사념처 수행에 익숙해지면서 근접 삼매와 몰입 삼매를 경험하게 되었다.

마하시 위빠사나 역시 수행방법은 간단하다. 그러나 그 수행을 통해 삼매를 증득한다는 것은 쉽지 않았다. 삼매를 증득하기 위해서는 자신과의 싸움에서 이겨야 하고 정진해야 한다. 그리고 정해진 규율을 엄격하게 지켜야 좋은 수행의 결실을 얻게 된다. 이 수행처에서 수행의 과정인 계정혜(戒定慧)를 경험할 수 있었다.

저녁 시간에 수행 센터 원장이신 큰스님의 법문이 있다. 심오한 법문을 들으면서 미얀마에 와서 수행해야 하는 의미를 알게 되었다. 그리고 2─3일에 한 번씩 법사님과의 수행 인터뷰가 있었다. 큰스님과 법사님의 깊은 수행지도를 통해 불교 수행에 대한 이론적 기초와 굳건한 수행의 자세를 다질 수 있었다.

6. 쉐우민 위빠사나: 일상에서의 마음챙김

필자는 2018년 1월 9일부터 19일까지 10일간 쉐우민 센터에서 위빠사나 수행을 했다. 1월 8일 늦은 밤에 미얀마 수도 양곤에 도착하여 호텔에서 1박을 하고 다음날 아침에 쉐우민 센터에 도착했다. 센터는 시내를 약간 벗어난 변두리에 위치해 있었고 주변의 낡고 초라한 주택들과는 다르게 현대식 건물들이 배치되어 있었다.

숙소는 외부의 건물과 다르게 시설은 매우 열악하여 냉난방 시설도 없고, 딱딱한 나무 침대에 모기장이 걸려있었다. 화장실과 샤워시설은 공동으로 사용하고 식당은 약 5백명에서 6백명 정도 수용할 수 있는 꽤 큰 공간이었다. 정해진 회비는 없었고 자율보시로 공양과 센터 운영을 한다. 식사 때마다 보시자의 이름을 호명하며 감사의 뜻을 보낸다.

오전에 접수를 마치고 오리엔테이션이 있었는데 오리엔테이션은 한국인 청현 스님이 맡아서 생활규칙과 쉐우민 수행 센터의 수행방법을 간단히 소개하였다. 수행방법에 대한 자세한 오리엔테이션을 하지 않기 때문에 쉐우민 센터에 가기 전에 쉐우민 수행센터에서 발간한 책『수행과 지혜』『법은 어디에나』『번뇌를 가볍게 여기지 마십시오』『알아차림만으로는 충분하지 않습니다』 등을 미리 공부하고 가면 도움이 된다. 이 책들은 한국의 쉐우민 센터 분원을 맡고 계신 냐누따라 스님에게 부탁하면 보내준다.

명상센터의 일과는 새벽 3시에 시작하여 오후 9시에 끝난다. 수행자들은 하루 8시간의 좌선과 6시간의 경행을 한다. 이 센터 역시 불교의 계율에 따라 오후 불식

(不食)이다. 새벽 5시 30분에 아침 공양을 하고 오전 10시 30분 점심 공양을 한 후로는 다음 날 아침 식사시간까지 불교 계율인 '오후불식'을 철저히 지킨다.

상당히 타이트한 일정이지만 엄격한 규제나 통제를 받지는 않았다. 그리고 다른 수행처와 다르게 침묵 수행을 하지 않아도 된다. 이는 생활 속에서 알아차림을 하라는 의미이다. 다른 수행처와 같이 생활에 있어 남녀 구별은 분명하며 숙소도 다른 건물에 배치되었으며 수행 법당도 구분되어 있다.

쉐우민 명상센터는 위빠사나 수행처로 사념처(四念處) 가운데 주로 심념처(心念處) 수행을 한다. 이 센터는 순수 위빠사나 수행처로 사마타 수행 없이 순수한 주시와 사티(알아차림)를 계발하는 위빠사나를 수행한다. 그러나 심념처 수행이라고 해서 마음만을 주시하고 알아차리는 것은 아니다. 신수심법(身受心法) 사념처를 주시와 알아차림의 대상으로 하지만 마음의 생멸(生滅)에 대해 분별없이 있는 그대로 관찰하는 것이 중심이다. 마음을 중심으로 관찰하게 되면 느낌, 감각, 법 등이 일어남과 함께 마음부수들이 생멸하게 되는 것을 알아차릴 수 있기 때문이다.

마음에는 대상을 주시하는 마음이 있고, 대상과 더불어 주시하는 마음을 지켜보는 마음이 있다. 따라서 수행자는 대상을 주시하는 마음뿐만 아니라 그것을 아는 마음도 알아차려야 한다. 심념처란 아는 마음 즉 주시하는 마음을 알아차리는 것이다. 이를테면 통증이 일어났을 대 그 통증을 주시하는 것이 아니라 통증에 의해 일어나는 감각과 그 감각으로부터 일어나는 마음을 보는 것이다.

마하시 계통의 위빠사나에서는 보통 배의 호흡을 관찰한다. 호흡에 의해 일어나고 꺼지는 배를 주시하면서 몸과 마음에서 일어나는 현상을 관찰한다. 쉐우민 센터 역시 호흡을 관찰하지만 코에서 느끼는 호흡과 배에서 느끼는 호흡 중 어느 것을 관찰해도 된다. 그것은 호흡을 관찰하는 것 자체가 중심이 아니라 호흡은 마음을 잘 관찰하기 위한 채널이기 때문이다. 마음이 잘 알아차려지지 않을 때 호흡을 통해 마음을 고요하고 청정하게 한 다음 마음에서 일어나는 생각의 생멸을 관찰한다.

쉐우민 센터에서는 좌선과 경행을 한 시간씩 교대로 수행한다. 경행을 하면서 몸에서 일어나는 느낌을 관찰하고 그것을 아는 마음도 관찰한다. 이곳은 마하시 센터에서처럼 발목 아래에서 일어나는 느낌과 감각만을 관찰하지 않고 자연스럽게 걸으면서 몸에서 일어나는 느낌과 그 느낌으로부터 일어나는 마음을 관찰한다.

쉐우민 센터의 특징은 수행을 통해 무엇이 되겠다거나 무엇을 만들겠다는 의도를 갖지 말라는 것이다. 정진은 하되 애쓰지 않고, 긴장하지 않으면서 편한 마음으로 자연스럽게 수행하는 자세가 필요하다. 수행을 하면서 긴장을 하거나 너무 욕심을 부리게 되면 마음을 있는 그대로 주시하고 알아차리지 못한다. 주시하는 마음과 주시하는 마음을 관찰하는 마음을 알아차리기 위해 너무 애쓰거나 나태하지 않고 있는 그대로 자연스럽게 수행해야 한다.

7. 초월명상(TM): 고요와 평정심

초월명상은 1950년대 말 인도 마하리시 마헤시가 창안한 명상법의 하나로 단음절로 된 만트라를 암송하는 명상법이다. 일정기간(7일) 교육을 받으면 수행자에게 하나의 만트라가 부여되며 하루 20분씩 2번 만트라 명상을 하게 되면 초월을 경험할 수 있다. 초월의식의 세계로 들어가 신성을 경험하는 것이 만트라 명상의 목적이지만 이 명상을 통해 깊은 이완을 경험하여 우울증, 불안장애, 불면증 등의 치유에 효과를 볼 수 있다.

TM은 인도의 베다 전통에서 유래되었으며 1960년대 서양에서 선풍적인 관심을 불러일으키게 되었고, 한국에서는 1975년 주한 미군과 한국인 군무원에 의해 서울 유엔 빌리지 센터에서 명상 수련이 시작되었다. 필자는 2007년도 한국초월명상원 개원 초기에 초월명상을 수행하였다.

필자가 위빠사나 명상을 공부하기 전에는 일상에서 초월명상을 주로 수행하였다. 초월명상을 통해 주의를 만트라에 돌려 몰입을 할 수 있었으며 심신이 이완됨을 경험하였다. 초월명상은 언제 어디서나 쉽게 할 수 있는 명상법이다. 필자는 무더운 여름 기차 좌석을 구하지 못해 사람들이 빽빽이 들어선 통로에 서서 짜증스런 여행을 하게 되었다. 이때 초월명상에서 배운 만트라를 암송하니 바로 짜증이 가시고 고요와 안정된 마음이 되었다. 1시간 30분의 여행시간이 10분의 여행 정도로 짧게 느껴졌다. 이처럼 TM은 집중력 향상과 스트레스 해소에 도움이 되는 훌륭한 명상법 중의 하나이다.

8. 소리관찰 명상: 비판단적 소리관찰

소리관찰 명상은 인도 요가 명상법의 하나로 귀를 통해서 주변에서 들려오는 모든 소리를 듣는 명상법이다. 크고 작은 소리, 멀리 혹은 가까이에서 들려오는 소리를 판단하거나 분별하지 않고 듣는 것이다. 들리는 소리를 몰입해서 집중하면 잡념 망상에 빠지지 않고 고요한 의식의 세계에 머물 수 있다.

필자는 2000년대 초 서울 아오마 요가원에서 지도하는 3박 4일 소리관찰 집중명상 수련 경험이 있다. 처음에는 귀를 통해서 소리들 듣고 몰입을 하게 되면 이마 부분에 아즈나 차크라로 소리가 빨려 들어오는 듯하고 소리에 대한 주시와 몰입에 이르게 되면 몸 전체로 소리를 듣는 것처럼 느껴진다.

이 명상법은 쉽고 간단해서 초보자도 쉽게 따라 할 수 있고, 일상의 모든 생활에 적용할 수 있다. 소리관찰 명상 수행은 집중력을 향상시키고 고요하고 청정한 마음을 갖게 하며 생활 속에서 들려오는 소음에도 초연할 수 있다. 그리고 행주좌와(行住坐臥) 어떤 자세에서도 가능한 명상법으로 시장과 같은 복잡한 장소에서도 이 명상을 통해 고요하고 안정된 마음을 가질 수 있다. 필자는 등산을 하다가 가끔 조용한 숲에 머물러 소리관찰 명상을 할 때가 있다. 나뭇잎 부딪는 소리, 새소리, 계곡의 물 흐르는 소리 등에 몰입하다 보면 마음의 정화와 충만함을 만끽할 수 있다.

소리 관찰은 MBSR 정좌명상의 명상 주제의 하나이다. MBSR 정좌명상은 호흡, 소리, 느낌, 감각, 생각 등의 명상 주제들에 대한 관찰로 구성되어 있다. 이 다섯 가지 관찰의 대상들 중 소리 관찰만 제외하고 나머지는 불교 전통 명상 위빠사나의 사념처(四念處)에 해당한다. 사념처는 내 안에서 일어나는 명상 주제들에 대한 관찰이지만 소리는 외부로부터 오는 관찰 대상이다. 그러나 사념처와 소리의 공통점은 무상과 무아를 가장 잘 경험할 수 있는 관찰 대상이라는 점이다.

9. 오쇼 라즈니시 동적(動的) 명상: 카타르시스와 이완

필자는 2014년 인도 뿌네에 있는 오쇼 라즈니시 국제명상리조트(OSHO International Meditation Resort)에서 2주간 수행을 하였다. 일주일간은 공식수행 일정이고 나머지 일주일은 개인 선택수행 일정을 보냈다. 오쇼 라즈니시 수행센터는 과히 명상 박물관이라고 해도 과언이 아니다. 터치스크린에 40여개의 다양한 명상프로그램이 소개되고 있다.

일주일간의 공식 일정은 Dynamic Meditation, Kundalini Meditation, Nadabrahma Meditation 등의 다양한 동적 명상으로 구성되어 있다. 물론 동적(動的) 명상과 정적(靜的) 명상이 로테이션으로 한 세션에 동적인 명상과 정적인 명상이 어우러져 있다. 오쇼의 동적 명상법에는 춤 동작이 많다. 춤을 통해 카타르시스가 되고 희열을 경험할 수 있기 때문이다.

일주일간의 공식 명상을 마치면 선택 프로그램이 있다. 오쇼는 112 가지의 명상법을 개발하였는데 오쇼 국제 명상 센터의 안내 책자에는 약 40여개의 명상 프로그램이 편성되어 있었다. 1일에서 3일간의 짧은 수행 프로그램이 있는가 하면 7일 이상 21일 간 수행하는 프로그램도 있다. 필자는 7일 정규 과정을 마치고 1일 혹은 2일간의 단기 프로그램인 "Inner Skills" "위빠사나" "기수련" 등을 선택하여 수행을 경험하였다.

오쇼 명상법의 특징은 정화와 내면의 희열을 경험하는 것이다. 정화와 희열을 통해 현대인의 스트레스 해소를 다루고 있다. 오쇼의 동적명상은 심신의 스트레스 해소를 통해 깊은 이완의 상태에서 침묵과 깨달음의 세계로 들어가는 과정이다. 스트레스를 해소하는 과정으로는 먼저 몸을 이완시키는 동적명상을 수행하고 이어서 침묵 수행을 통해 정신세계의 이완을 경험하면서 전개된다.

오쇼의 명상법의 목적은 MBSR과 상당히 일치한다. MBSR의 목적이 스트레스 완화에 있다는 것과 오쇼의 명상의 목적이 카타르시스라고 하는 점이 일치한다. 특히 오쇼의 명상에서는 몸의 움직임을 통해 일어나는 호흡과 감각을 관찰하므로 집중력과 정화를 경험할 수 있다. 이 집중력과 정화가 스트레스를 해소하며 즐겁고 평화로운 삶으로 이끌게 된다.

10. 춤 명상(Dance Meditation): 심신의 정화와 환희

최근에 춤 치유(Dance Therapy), 춤 명상(Dance Meditation) 기공 춤(Energy Dance Therapy) 등이 심신을 치유하는 도구로 주목을 받고 있다. 필자도 박선영 선생, 문홍만 선생 등이 지도하는 춤 치유 워크숍에 참여하여 '춤 치유' 지도를 받은 경험이 있다. 그리고 송순원 선생의 '저절로 신선춤' 워크숍에 참여한 경험도 있다. 이들 춤을 종합하여 "춤 치유명상"이라고 명명해도 좋을 것이다.

춤 치유명상은 심신의 정화, 스트레스 완화, 심신의 통일, 몸의 감각 알아차림, 관계 맺기 등을 목적으로 한다. 춤 치유명상은 내면세계에서 일어난 느낌과 감각대로 홀로 추는 춤이 있고, 파트너와 더불어 관계를 맺는 춤, 혹은 그룹이 리듬에 따라 춤을 추는 방식이 등이 있다. 송순현 선생이 지도하는 저절로 신선춤은 음악을 사용하지 않고 자신의 내면세계에서 나오는 리듬과 에너지에 따라 춤을 춘다. 이 춤을 "저절로 신선춤" 혹은 "자발기공 명상 춤"이라고 한다.

필자는 문홍만 선생의 춤 치유 워크숍에 참여하여 내면아이와 춤을 추며 내면아이가 치유가 되는 것을 경험하였다. 상처받고 고통 가운데 있는 내면아이가 내 앞에 있다고 상상하며 같이 춤을 추는 것이다. 이 춤을 추는 동안 눈물이 멈추지 않았고 춤 치유 경험 후 마음의 정화와 희열을 느꼈다.

춤 치유 명상은 이완과 정화를 통한 스트레스 완화를 목적으로 한다는 면에서 MBSR의 목적과 일치한다. 방법에 있어서도 심신에서 일어나는 감각의 알아차림과 깨어남을 목적으로 한다는 면에서도 일치한다. 느리고 고요한 춤을 통해서 자신의 내면세계와의 만남을 경험하고, 때로는 빠르고 격렬한 춤을 통해 카타르시스를 경험하기도 한다. 필자는 MBSR 수업 과정에서 비공식적 명상으로 오쇼 라즈니시가 개발한 쿤달리니 명상(Kundalni Meditation)을 한다. 몸의 동작, 춤, 명상 등으로 구성된 이 명상에서 참여자들로부터 긍정적 피드백을 받았다.

11. 플럼빌리지 마음챙김 명상: 선택적 반응

필자는 2019년 여름 틱 낫한 스님이 세운 태국 플럼빌리지 국제 수행센터 7일간 수련에 참여하였다. 태국 휴양도시 팩청에 세워진 플럼빌리지는 넓은 초원에 소재한다. 수행처 이름은 플럼빌리지인데 플럼(자두)은 보이지 않았고 망고 과수원이 있었다. 아마 프랑스 플럼빌리지에는 자두 농원이 있는가 보다.

이곳에서의 수련은 주로 마음챙김 명상으로 걷기명상, 먹기명상, 음악명상, 일명상, 휴식명상 등 다양한 마음챙김 명상 콘텐츠로 구성되었다. 새벽 4시 30분부터 법당에서 한 시간 좌선 및 경전 읽기로 시작해서 야외에서 걷기명상(Walking Meditation), 식당에서 먹기명상(Eating Meditation), 농원에서 일명상(Working Meditation), 법당에서 휴식명상, 광장에서 대나무 봉 체조(Bamboo Exercise) 등으로 일과가 짜여있다.

이곳은 편안하고 자유로운 생활 가운데 마음챙김 훈련을 한다. 일반인들과 출가스님들이 벽 없이 함께 수행을 하며 한 가족처럼 서로 친절함과 보살핌으로 생활한다. 스님과 일반 수련생이 스포츠, 노래도 즐기고, 밭에서 일도 함께 하며 대화도 나눈다. 이 모든 과정에서 순간순간 마음을 챙기는 것이 중요하다.

인상 깊었던 프로그램 중 하나가 멈춤의 시간이다. 매 15분마다 종이 울리면 수련소 모든 구성원들은 하던 일을 멈추고 그 자리에서 마음을 챙겨야 한다. 흐트러진 마음을 내 자신으로 불러오는 시간으로 멈추어 자신을 돌아보며 잠시 마음을 챙기는 것이다. 이러한 훈련은 멈추어 마음을 챙기는 것을 우리의 생활 속에서 익숙해지도록 하는 것이다.

12. 마음수련: 무상과 무아의 자각

필자는 2000년 계룡산 소재 마음수련원 7일 수련에 참여하였다. 꽤 오래 전에 받았던 수련이지만 그때의 수련 경험이 생생하다. 아마 한 가지 수행법을 7일간 반복하여 실행하였기 때문인 것 같다. 상상으로 자신을 죽이는 작업을 계속 반복하는 수련이다. 즉 자아를 죽이는 일을 반복하는 수행이었다. 지금 돌아보니 인간의 무상(無常)함과 무아(無我)를 깨닫는 수련이었다.

마음수련은 우명 선생에 의해 창안된 수련법으로 1996년 자신의 깨달음을 전해야 한다는 소명을 받고 마음수련을 시작하였다. "진리를 깨닫는 길은 누구나 갈 수 있어야 하고, 과학적이며 체계적이어야 하고, 수련에 의해 누구든지 깨침을 경험할 수 있어야 한다."는 생각으로 아주 쉽고 체계적인 '마음 빼기' 혹은 '자아 죽이기'라고 하는 수련법을 창안하게 되었다.

마음수련원의 죽음과정에 대한 관찰은 불교의 부정관에서 비롯되었다고 본다. 불교의 부정관은 시체를 주시하며 무상과 무아를 경험하는 신념처에 속한다. 부정관 수행을 통해 판단과 분별심을 없애고 몸에 대한 집착을 버리게 된다. 시체를 보면서 한줌의 재가 흙이 되는 과정을 상상하며 육체의 집착을 내려놓는 수행을 한다. 이러한 과정에서 무상과 무아를 경험하게 된다.

마음수련원에 입소하여 수강한 첫 강의는 거짓된 자아, 허상인 자아를 버리는 것이었다. 인간은 자신 안에서 거짓 왕이라는 것이다. 자신이 경험한 세계를 사진처럼 저장해 놓고 거기에서 만들어진 자신만의 세계를 만들고 그 세계에 갇혀서 살고 있다는 것이다. 인간의 이 사진 속의 허상을 실제로 착각하고 살게 됨으로 번뇌와 고통 속에 살게 된다.

따라서 참자아를 찾고 참된 삶을 위해서는 자신이 만들어 놓은 가짜 세상에서 벗어나야 한다. 인간은 허상의 세계, 가짜 사진의 세계에서 벗어나기 위해 자신(에고)을 죽여야 한다. 내가 찍은 마음속 허상의 사진들을 지워서 순수하고 깨끗한 의식의 세계를 회복해야 한다. 이렇게 거듭난 나는 우주의 마음, 우주의 인간이 된다는 것이 마음수련의 수행 목적이다.

가짜 마음, 즉 허상의 마음을 버리는 방법은 간단한다. 먼저 강의를 통해 거짓된 나를 발견하고 본래의 우주가 나임을 알게 된다. 그리고 자기의 거짓된 상과 본래의 나는 없음을 알고 상상으로 자기 죽이기를 한다. 이 과정에서 자신이 질병, 사고, 재해에 의해 갑자기 죽는 것을 상상하라고 한다. 즉 가상의 죽음을 경험한다.

자신의 죽음으로 시체와 혼이 분리된다. 그리고 혼이 죽은 나의 시체를 바라본다. 여기서 나라고 하는 것은 물질에 불과함을 깨닫게 된다. 지금 자신이 나라고 생각했던 몸과 마음은 허상이었음을 알게 된다. 그리고 몸은 한 줌의 흙에 불과하였던 것임을 깨닫게 된다.

다음으로 혼은 우주 속으로 날아감을 상상한다. 이때 혼은 인간의 형태를 가진 투명한 비닐과 같은 것으로 상상하게 한다. 광활한 우주 속으로 내 혼이 들어가서 내가 우주 속에 있고 우주가 나임을 깨닫게 된다. 영혼이 시신으로 분리됨으로 의식은 정화되고 맑은 의식이 흐른다. 아무런 번뇌와 고통이 없는 의식이다.

다음 단계는 투명한 혼까지도 버리는 과정이다. 본래의 자기와 우주가 된 나까지도 소멸하는 것을 상상한다. 이때 투명체로 있던 우주적 나가 블랙홀에 빠져 사라지거나 밝은 빛에 소멸되는 것을 상상한다. 자기가 없어져 우주와 합일된 것이다. 본래의 나가 된 것이다.

이러한 과정을 통해서 마음이 정화됨을 경험하게 된다. 지상에서 깨끗하고 순수하고 청정한 삶을 살아야 함을 깨닫게 된다. 삶의 집착을 내려놓아야 함을 깨닫게 된다. 그리고 내가 우주적 존재요 가치가 있음을 알게 된다.

13. 자아실현 교회(Self Realization Fellowship): 초종교 예배

필자는 2000년 초 캐나다 토론토에 2년간 거주할 때 다운타운에 소재한 자아실현 교회(Self Realization Fellowship)의 명상 예배에 참석한 경험이 있다. 영어 명칭 'Self Realization Fellowship'을 '자아실현 협회' 혹은 '자아실현 교회'로 번역할 수 있다. 필자가 경험한 바에 의하면 '자아실현 교회'로 번역하는 것이 옳다고 본다. 그들은 하나님 이름으로 기도하는 모임을 갖기 때문이다.

자아실현 교회는 1920년 인디안 스와미 파라만사 요가난다(Paramahansa Yogananda, 1893년-1952년)에 의해 미국에서 창설되었다. 법적으로는 비영리 종교단체로 1935년 등록이 되었고 현재 세계 각처에 전파되었다. 목요일과 일요일에 예배를 드리는데 형식은 명상을 기반한 것이었다.

자아실현이란 자신의 인격통합을 성취하는 것을 말한다. 여기서 실현이라는 말은 현실화(Actualization)라는 의미보다는 깨달음 혹은 자각의 성취(Realization) 의미에 가깝다. 스스로의 수행에 의해 자신을 아는 것이고, 자신을 변형시키는 것이고, 자아(ego)로부터 초월하는 것이다. 자아초월을 실현하기 위해 수행을 통한 절정체험(peak experience)을 중요시하고 있다.

필자가 자아실현 교회에서 인상 깊었던 점은 초종교 형태의 명상을 기반으로 한 예배 형식이었다. 명상은 크리야 요가를 적용한 것으로 동작, 찬팅, 명상 등을 혼합한 형식을 차용하고 있다. 신학과 불교 명상을 전공한 필자로서 언젠가 실현해 보고 싶은 초종교 형태의 예배를 자아실현 교회에서 경험하였다.

예배당은 엄숙하고 성스러운 분위기는 아니었지만 실용적으로 꾸며진 것 같았다. 일어서서 기체조 혹은 요가를 할 수 있도록 널찍한 간격으로 의자를 놓았다. 예배당 앞에는 6명의 성인들의 초상화가 걸려있다. 이들 초상화에서 자아실현 교회가 초종교를 지향하고 있었음을 알 수 있었다. 맨 가운데 예수와 석가모니 초상이 있고 양 옆에 바가반 크리슈나, 요가난다 등의 성인들 초상화가 걸려 있었다.

예배의 처음 순서는 '원기충전 체조'로 서서 하는 요가 동작, 양생체조라고 할 수 있는 기체조였다. 필자도 첫 예배에 참석하여 이 체조를 따라했다. 한 스텝이 다가와 이 체조는 사전에 수련을 받은 사람만 할 수 있는 것으로 따라하지 말라고 하였다. 나도 "한국에서 하타요가를 하였다."고 하니 앞의 인도자가 체조를 해도 좋다고 허락하였다.

약 20여 분간 체조를 마친 후 여는 기도(Opening Prayer)를 하는데 "사랑의 하나님(Beloved God)"라고 시작하였고, '하나님 아버지 어머니(Heavenly Father and Mother)'라는 호칭을 썼다. 긍정적인 면에서 이 교회의 정체성을 알 수 있었다. 그리고 여는 기도는 끝에 옴(Aum), 샨티(Shanti), 평화(Peace), 아멘(Amen)으로 마쳤다.

여는 기도를 마치고 호흡 수행에 들어간다. 몸과 마음의 고요와 안정을 위한 호흡 수행을 시작하였다. 호흡은 정신과 물질을 연결하는 것이기 때문에 앞에서 몸을 이완시키는 체조를 한 후 호흡으로 마음을 이완시키는 것 같았다. 호흡은 불교의 호흡관찰 명상과 다르게 요가 행법의 호흡 수행을 하였다. 호흡을 들어 마시고 잠시 멈추고 두 배 길게 내쉬라고 하였다.

호흡 수행을 마치고 인도의 전통 악기에 의한 찬팅과 함께 요가난다의 염불과 같은 주문이 흘러나왔다. 설교는 자아실현을 위해 자신을 비우라는 내용이었다. 설교 후 인도자의 기도 역시 옴, 샨티, 아멘으로 끝을 맺었다.

설교 후 기도가 있는데 기독교로 볼 때는 중보 기도이고, 불교의 전통의 자애명상과 같은 것이며, 요가 전통의 딕샤와 같은 형식으로 고통받고 있는 사람을 위해 에너지를 보내는 형식이었다. 손을 비벼 에너지를 일으키고 고통받는 사람들에게 에너지를 보낸다. 마무리 기도는 하나님, 예수 그리스도, 성인들의 이름으로 기도하고 역시 옴 만트라와 아멘으로 마무리하였다.

자아실현 교회의 예배를 통해서 느끼고 배운 것은 성인들을 절대 신앙의 대상으로 삼지 않고 하나님을 절대 신앙의 대상으로 삼았다는 점이다. 여기서 성인들은 우리의 그루(스승)와 중보자의 위치에 있는 것이다. 기체조를 통한 몸의 이완을 경험한 후 침묵하는 명상에서 집중력이 강화됨을 알았다. 명상을 예배에 적용하므로 침묵을 통한 마음의 고요와 평화를 경험할 수 있었다.

14. 원네스(Oneness): 딕샤와 환희

원네스는 한국인들에게 잘 알려지지 않은 영적 집단이다. 필자는 2010년경 서울 서대문 연신내 소재한 원네스 센터에서 수행을 경험하였다. 이때 센터를 운영하며 수행을 지도한 분은 비구이신 혜산 스님이다. 필자는 혜산 스님으로부터 3일간 원네스 수행지도를 받았다.

원네스는 슈리 바가반(1949년생)과 암마 바가반(1954년생) 부부에 의해 창시되었다. 그들은 부부가 되기 전부터 각각 영적 능력을 소유한 지도자로 일하다가 그들이 깨달음의 내용과 추구하는 가치가 같음을 알면서 결혼을 하게 되었다고 한다. 부부는 인도에 원네스 대학을 창설하고 원네스 수련생과 지도자를 배출하고 있다.

필자는 혜산 스님으로부터 3일간의 수행 지도를 받았지만 원네스의 이념과 추구하는 목적이 무엇인가를 정확하게 이해하지 못하였다. 원네스에서 소개한 책자를 찾아보기 어려웠고 또한 원네스 지도를 받으면서 메모하는 것을 허락하지 않았으며, 수련 중 강의안과 수행에 관한 워크북을 나누어주었다가 다시 회수하였다. 이렇듯 수행법을 공개하지 않는 것은 원네스 수행에 대한 것을 비밀로 전수하는 것이며 지도자 외에 함부로 지도하지 말라는 의미가 있는 것 같다.

원네스의 사상은 불교, 기독교, 이슬람교, 힌두교 사상을 융합한 것이다. 따라서 수행법 또한 다양하다. 호흡법, 차크라 계발, 위빠사나, 향기 테라피, 가족치유, 조상 해원 등 다양한 수행법을 제시하고 있다. 필자가 조금 혼동하는 것은 이러한 수행법들이 바가반으로부터 유래된 것들인지 아니면 혜산 스님 개인적으로 경험한 것들인지 구분되지 않기 때문이다. 어디까지가 원네스 수행 전통이고 어디까지가 혜산 스님의 개인 역량으로 지도하는 것인지 애매하였다.

다만 혜산 스님의 수행지도가 바가반의 가르침에 기반하고 있다는 것은 알 수가 있었다. 원네스 수행의 목적은 인간을 고통으로부터 벗어나 자유롭게 하는 것이다. 바가반은 인간의 문제의 90% 이상이 자신이 만든 것이고 이 문제 해결능력 또한 90% 이상 자신 안에 내재하고 있다고 본다. 이러한 문제 해결과 치유를 위해서 목적의식 회복, 트라우마 감소, 깨어진 인간관계 치유, 딕샤를 통한 육체적 정신적 건강 회복을 위해 수행의 필요성을 강조하고 있다. 원네스 수행은 자신 안에 내재한 신성을 계발하여 이 힘으로 자신을 치유할 수 있다고 본다.

필자가 경험한 수행은 어머니 배속에서 잉태되어 성장해 오늘의 나가 되기까지의 트라우마를 회상하며 고통받은 자아에 대한 연민심을 보내는 것이다. 이것은 심리 치유에서 내면아이의 치유 방법과 비슷한 것이다. 다만 원네스에서는 지도자가 내면아이에게 딕샤를 불어넣는다.

원네스에서 경험하였던 수행법 중에 가장 강렬한 경험은 만트라였다. 이 만트라 수행은 지금까지도 생생하게 기억한다. 만트라 수행은 49분동안 "나의 의식은 환희다"라는 만트라를 반복하여 암송하는 것이다. 처음에 이 만트라를 암송할 때는 왜 이 만트라를 하는 것인지? 이 만트라의 의미는 무엇인지? 판단하고 분별하고자 하였다. 그리고 만트라를 하고 있는 나에 대한 의식이 강해 만트라에 집중하지 못하였다. 그러나 약 30분 쯤 지나자 신비하고 황홀한 경험을 했다. 갑자기 머리 정수리에서 강력한 기운이 들어와 내 몸 전체를 통과하면서 빠져나갔다. 이 경험 후에 정화와 이완 그리고 희열을 경험하였다. 49분 될 때까지 세상의 아무런 경계를 의식하지 못하고 환희에 찬 상태로 이 만트라를 반복하게 되었다.

3일간의 수행 마지막 날 바가반으로부터 딕샤를 받는 시간을 가졌다. 바가반의 신발을 상징하는 나무를 조각하여 만든 큰 신발에 손을 얹고 오체투지의 자세를 취하면 지도자가 딕샤를 주는 것이다. 이 의식을 하면서 약간 미신적이고 우상숭배인 것 같아 주저하는 마음이 있었다. 그러나 수행자의 가장 기본자세와 근기는 믿음이라는 것을 알기 때문에 일단 믿고 따라보자는 마음으로 정성껏 이 의식에 참여하였다. 영적 능력자에게 딕샤를 받는다는 것은 수행에서 근기가 됨을 믿기 때문이다.

New MBSR 수련 안내

위빠사나 주말 수련

◉ 일시: 매월 마지막 주 주말(토~일)

◉ 대상: 명상에 관심 있는 누구나

　　　MBSR 수련신청자 예비과정

New MBSR 8주 일반과정

◉ 일시: 연 2회(4~5월, 10~11월)

◉ 대상: 위빠사나 명상 12시간 이상 이수자

New MBSR 8주 지도자과정

◉ 일시: 연 2회(1~2월, 7~8월)

◉ 대상: MBSR 8주 일반과정 수료자

장　　소: 선문명상원(충남 아산시 탕정면 매곡로 33번길 33-1)

연 락 처: 010-3408-4656

신　　청: 카페에서 신청서 다운로드하여 이메일로 발송

　　　　네이버카페 "선문명상원"(http://cafe.naver.com/newmbsr)

입금계좌: 인봉숙(선문명상원)

　　　　국민은행 484601-04-127407

기도와 명상의 만남 – 통합명상

초판 1쇄 인쇄일	2022년 8월 12일
초판 1쇄 발행일	2022년 8월 19일

지은이	이재영
펴낸이	한선희
편집/디자인	우정민 김보선
마케팅	정찬용 정구형
영업관리	한선희 남지호 손현수
책임편집	김보선
펴낸곳	국학자료원 새미 (주)
	등록일 2005 03 15 제25100-2005-000008호
	경기도 고양시 일산동구 중앙로 1261번길 79 하이베라스 405호
	Tel 442-4623 Fax 6499-3082
	www.kookhak.co.kr
	kookhak2001@hanmail.net

ISBN	979-11-6797-069-5 *13180
가격	18,000원